工运先驱邓培研究

佛山历史文化丛书

第七辑

『佛山历史文化丛书』编委会 编

邱泉 著

SPM
南方传媒 广东人民出版社
·广州·

图书在版编目（CIP）数据

工运先驱邓培研究 / 邱泉著. —广州：广东人民
出版社，2022.11
（佛山历史文化丛书. 第七辑）
ISBN 978-7-218-15893-8

Ⅰ. ①工⋯　Ⅱ. ①邱⋯　Ⅲ. ①邓培—人物研究
Ⅳ. ①K827=6

中国版本图书馆CIP数据核字（2022）第128711号

GONGYUN XIANQU DENG PEI YANJIU

工运先驱邓培研究

邱　泉　著

出 版 人：肖风华

责任编辑：古海阳　王　鹏
责任技编：吴彦斌　周星奎
封面设计：集力书装　彭　力
装帧设计：友间文化

出版发行：广东人民出版社
地　　址：广州市越秀区大沙头四马路10号（邮政编码：510199）
电　　话：（020）85716809（总编室）
传　　真：（020）83289585
网　　址：http://www.gdpph.com
印　　刷：佛山市高明领航彩色印刷有限公司
开　　本：787毫米×1092毫米　1/16
印　　张：23　字　数：330千
版　　次：2022年11月第1版
印　　次：2022年11月第1次印刷
定　　价：80.00元

如发现印装质量问题，影响阅读，请与出版社（020-85716849）联系调换。
售书热线：（020）87716172

"佛山历史文化丛书"编辑委员会

成员单位

中共佛山市委宣传部　　佛山市文化广电旅游体育局

佛山市社会科学界联合会　　佛山市文学艺术界联合会

佛山传媒集团　　佛山日报社

顾　问

岑　桑　　罗一星

学术委员会

（按姓氏笔画顺序排列）

龙建刚　任　流　巫小黎　杨河源

肖海明　陈　希　陈忠烈　陈恩维

罗一星　钟　声　凌　建　黄国扬

戴斗勇　温春来

佛山——站在文明续谱的桥头堡上

罗一星

假如把两千年来的岭南历史文化比喻为一串人文项链，那么在这串人文项链上就有几颗耀眼的明珠，秦汉时期的南越国文明、隋唐时期的广州贡舶贸易、宋元时期的珠玑巷南迁、明清时期的佛山崛起和珠江三角洲的开发、清代的广州中西贸易、近代中华民国政府的建立，都是既有地方特色也有全国意义的"和璧隋珠"。

"未有佛山，先有塔坡"的谚语，浓缩了"佛山"之名的渊源。据说东晋时有西域僧到塔坡冈结茅讲经，不久西还。唐贞观二年（628），乡人见塔坡冈夜放金光，掘地得铜佛像三尊和圆顶石碑一块，碑有联云："胜地骤开，一千年前青山我是佛；莲花极顶，五百载后说法起何人。"乡人十分诧异，遂建塔崇奉，并因此名其乡曰"佛山"。唐宋时期，中国的经济重心不断南移。尤其是北宋末年以来，建炎南渡、元兵入主，大批的士民渡岭南来。佛山也在此时形成聚落，史称"乡之成聚相传肇于汴宋"。明清时期佛山迅速崛起，成为举世闻名的"四大名镇"和"天下四聚"之一，以出产精美的"广锅"而誉满天下。时人"春风走马满街红，打铁炉过接打铜"的诗句，就是对佛山冶铁业盛况的生动写照。佛山在制造业上的成就和中心市场功能，决定了她在中国城市发展史上的重要地位。然而，佛山所具有的价值还不仅在于此。佛山是明清时期因经济因素发展起来的中心城市，不同于传统的郡县城市。在其兴起发展的过程中，传统社会结构与新兴经济因素之间相互调适，兼容发展，透射着理性之光。因此，研究佛山都市化的过程与社会结构的互动变迁，有助于我们理解和把握传统中国城市发展的多样性，有助于我们摒弃概念化的中国城市发展形态的认知模式。此外，佛山还集中了岭南传统社会的各种文化现象，它们五色杂陈，大放异彩，其典型性远胜于广州，这又使研究佛山的文化现象具有非同一般的意义。

纵观佛山的历史地位和文化价值，每一点都离不开岭南独特地缘人文的滋养，每一页都关联着中华悠久文化的传承。如此既有结构性因素又有精致性内容的文明篇章，值得每一位热爱佛山历史文化的人士投身书写、共同编织。笔者在此仅发其端要，以就教于方家。

佛山是"广佛周期"的双主角之一

历史是时间和空间发展次序的结合体。自17世纪初至19世纪末，岭南区域出现了一个经济发展的高峰期——广佛周期。在广佛周期存在的时间内，以广州、佛山为中心的城市体系得到空间的迅速布局和层级的系统发展，其城市化的程度居全国领先地位。广州、佛山两大中心城市外贸和内贸互补功能的发挥，使因地理和人文环境差异而形成的岭南独特的三种市镇空间结构整合为一体。此时佛山扮演着双重城市角色，既是岭南二元中心市场体系的中心城市，承担广货与北货宏大交流的商贸枢纽；又是国内最大的综合型民生日用品生产基地，满足国内及海外的产品多样性需求。从佛山运出的精美广货及其丰厚利润，吸引了十八省商人和四远来谋生的手工业者。"走广"成为全国商人的时髦行动和共同追求。当时"汾江船满客匆匆，若个西来若个东"的大规模商品流转的盛况，常年不辍。

在广佛周期，佛山商业繁荣远胜于广州的情景见诸中外史籍。法国传教士道塔·塔鲁塔鲁和道·冯塔耐，分别于1701年和1703年到过佛山，他们描述佛山是一个约有100万人口的巨大聚落，并称佛山既没有城墙也没有特别长官，在汾江河上的大船有5000艘以上。康熙时人吴震方《岭南杂记》记载："佛山镇……天下商贾皆聚焉。烟火万家，百货骈集，会城百不及一也。"《南越游记》的作者陈徽言也说："俗称天下四大镇，粤之佛山与焉。镇属南海，商贾辐辏，百货汇集，夹岸楼阁参差，绵亘数十里。南中富饶繁会之区，无逾此者。"徐珂的《清稗类钞》也说：佛山的"汾水旧槟榔街，为最繁盛之区。商贾丛集，阛阓殷厚，冲天招牌，较京师尤大，万家灯火，百货充盈，省垣不及也"。清代到佛山的徽州商人也记载："佛山，居天下四镇之一，生意比省城大。"这里说的"会城""省垣""省城"均指广州。在此举例说明清代佛山商业规模比广州大的历史事实，并不是刻意夸大佛山的历史地位，而是指出，佛山的历史地位显然被长期低估，应该给予应有的重视和正确评价。

只要对广州、佛山两个市场的商品结构、商人组织和市场网络进行比较研究，就可知广州市场上各省运来的货物绝大多数是清朝允许出口的商品；各省运回的商品更是清一色的洋货，这说明广州商品与对外贸易相联系。佛山市场上，洋货寥寥，广货（或称"南货"）充斥，生产用品和民生日用品占主导地位，这表明佛山市场的商品与国内、省内贸易相联系。各省商人运来的"北货"（或称外江货）在佛山市场与广货大规模交流。佛山林立的外省商人会馆和形成的外省商人聚居区，都表明佛山与广州是两个功能不同的中心市场。

广佛周期开始于17世纪初的明朝末年，迄于19世纪末的清朝末年，历时三百年左右。这一周期以广州、佛山为中心形成一个地跨两广、河海相连的岭南市场体系。如果把岭南中心市场比喻成一座巨大的中外贸易桥梁，那么，广州和佛山，就犹如这座桥梁的两个桥头堡，一头连接海外市场，一头连接国内市场，它们功能各异，自成一体，然又互相联系、互相配合。这种二元中心市场模式，是因佛山城市地位的迅速上升并成为双主角之一而确立的。

佛山是中华铸造文明的重要支点

冶铁业是明清时期佛山的支柱产业，带动了佛山众多制造行业的共同发展。但是佛山冶铁业的真正贡献，却是对中华铸造文明的传承和支撑。人类从史前时代进入文明时代，是以金属的发现、金属工具的制作使用为标志的。有了对冶金术的规律性把握和持续控制的技能，人类才能从自在走向自为。世界文明史上，古埃及、古巴比伦、古印度和中国是四大铸造文明古国，也是东方铸造文明的典型代表。他们以其先进的铸造技术成为所在区域的核心国家，并依靠铸造技术优势与周边国家进行交流。中国在夏代开始进入青铜时代。铸造技术支撑了礼仪大国的呈现，西周铸造的大型礼器作为镇国之宝，把礼仪文字和刑法文字铸在鼎上，形成了中华独特的铸造文明。中国在战国时期进入铁器时代，锐利的刀剑和犁耙，高大的铁塔和钟鼎，每一件铸铁品，都记录了华夏文明的历程。西汉时中国的生铁冶铸技术传到中亚地区，东汉三国时中国的刀剑制作技术传到日本并发展为倭刀锻造技术。日本、越南的铸钟、铸镜、失蜡法、生铁冶铸等技艺也是从中国传入的。正如华觉明先生指出："中国以生铁铸造为基础的整个钢铁生产，产生了焕发异彩的钢铁文化。在世界文化史上，青铜礼器制作和两千年的铁水长流，均为中国所独有。所以说，中国的文明是铜和铁浇灌的文明。"

唐代以后冶铁技术不断南移，南汉时广州光孝寺的东西两铁塔的铸造技术已臻完美，塔身铸有上千个佛像，称为千佛塔。南宋著名学者洪咨夔的《大冶赋》这样讴歌了南方冶铸产品运输的盛况："铁往铜来，锡至铅续。川浮舳舻之衔尾，陆走车担之褔属。出岭峤，下荆蜀。绝彭蠡洞庭而星驰，沂重淮大江而电逐。"这里所说的"岭峤"，指的就是五岭山脉。明代后起的广铁誉满天下，佛山承接了中华传统失蜡法铸造技术，又独创了"红模铸造法"，成为与遵化齐名的两大冶铁中心之一。遵化冶铁业在正德八年（1513）被明王朝停办后，佛山更是后来居上，一枝独秀。祖庙现存的大型铜铁礼器中，有明景泰年间铸造的北帝铜像，重2.5吨，是明代国内最大的青铜造像；有明成化年间的铜钟，重约1吨，钮钟设计为精细的龙身造型，独具匠心，造型精美；有明嘉靖年间的铜镜，铜质光泽如新，形制巨大，为祖庙重器，是明代国内最大的铜镜；有铸于嘉庆年间的大铁鼎，该鼎通高2.6米，以镂空金钱图案装饰，铭文工整古朴，全鼎浑然一体，气势非凡。明清两代，中国铁钟为东南亚诸国所追求。作为庙宇的镇庙之宝，佛山铸造的铁钟尤为当地寺庙首选，占据了东南亚诸国寺庙梵钟的主导地位。佛山的大铁锅更是备受欢迎。明清时期，广锅出口日本，大获盈利，大者一口价银一两。雍正年间，佛山铁锅大量销往外洋，洋船每船所载多者两万斤，少者五六百斤。"其不买铁锅之船，十不过一二。"清中叶后，出国谋生的广府华侨群体，也把广锅传入美国旧金山、澳大利亚墨尔本。两广总督张之洞就曾在给光绪皇帝的奏折中称：佛山铁锅每年出口新加坡、新旧金山约五十万口。从此英语出现了"WOK"（粤语"镬"音）一词，专指圆形尖底的中国锅（Chinese Wok）。

《左传》有云："国之大事，在祀与戎。"除了礼器、民生用品和生产器具外，佛山铸造还担负起了皇朝的国防任务。明清两朝均用佛山铸造的铁炮在全国布防，从辽东到宣大边塞，从虎门到广州城防，从水师战船到海关缉私艇，比比皆然。佛山生产的铁炮从五百斤到一万斤皆有，清道光年间，佛山成为国内供应海防大炮的最大军火基地，广东官府曾一次性订购铜铁炮2400余门。作为支柱产业，佛山铸造业带动了佛山手工业体系的其他上百个金属加工业的发展。佛山的铜铁铅锡金等锻造行业，门类齐全，制造精细，所出产品涵盖了建筑装饰、民生日用的各个方面。入清以后，佛山的手工业进入全面发展阶段，以冶铁业为主干，以陶瓷业和纺织业为辅助，带动了造纸业、成药业、颜料业、爆竹业、衣帽业、扎作门神业的百业兴旺。多样性、派生性、互补性，构成了此时佛山手工业体系的有机结合形态。

世界科技史泰斗李约瑟认为，欧洲的生铁铸造技术是从中国传入的。因为在中世纪，只有中国能提供数量庞大的铁和钢。由此可见，中国的铸铁技术在古代和中世纪曾长期处于领先地位。而自16世纪至19世纪持续兴旺的佛山制造业，既是中国铸造技术和产品输出的高地，更是中华铸造文明的重要支点。它支撑着几千年来中华铸造文明的光荣延续，支撑着中国作为东方铸造文明大国地位的世代辉煌。

佛山既是岭南文化的核心基地，也是中华传统文化的宝库所在

岭南文化有四大内容在佛山诞生发展，它们是明儒心学、状元文化、祖庙文化和粤剧文化。

明儒心学发端于江门，而传播于西樵。明儒心学为明代广东新会学者陈献章（号白沙）所创，陈白沙提倡"道心合一"，以静坐体认天理为宗旨。湛若水（号甘泉）师从陈献章十余年，成为白沙先生最有成就的学生。弘治十八年（1505）湛若水会试第二，授官翰林院编修，当时王守仁（号阳明）在吏部讲学，湛若水"与相应和"。其后各立宗旨。"守仁以致良知为宗，若水以随处体认天理为宗。"时称"王湛之学"，分执明中叶理学之牛耳。正德年间，湛若水到西樵山筑舍讲学。当时致仕归家的方献夫、霍韬也相继进入西樵山与湛若水切磋砥砺，日研经书，讲学授徒。湛若水建大科书院，方献夫建石泉书院，霍韬建四峰书院，西樵山中三院鼎峙，藏修讲学，四方士子入山求学者甚众。霍韬在此时撰著了《诗经注解》《象山学辨》《程朱训释》等书，后刊行于世。当时方献夫致信王阳明说："西樵山中近来士类渐集，亦颇知向方……甘泉大有倡率讲明之意。近构学舍数十于山，以延学者，将来必有成就，此亦一盛事也。"王阳明对此嘉许，称"英贤之生，同时共地，良不易得。乘此机会，毋虚岁月，是所望也"。西樵山中的书院，培养出一批像霍与瑕这样的佛山子弟。湛若水在嘉靖初年复回朝，历任礼、吏、兵三部尚书。方献夫、霍韬亦踵其后，于嘉靖年间分别继任吏部、礼部尚书。此时的南海士大夫均以理学相高，如梁焯（曾任兵部职方司员外郎）成进士后，即游学于王阳明处，并录有《阳明先生问答传习录》传世；庞嵩（曾任应天通判）早年亦游学王阳明门下，以后复从湛若水游。湛若水曾说"北有吕泾野，南有庞弼唐，江门之学遂不坠"。何维柏（曾任南京礼部尚书）年轻时负笈于西樵山，与湛若水、霍韬论学"多所默契"，致仕后创立天山书院，"阐发陈白沙绪论，四方从游者甚众"。冼桂奇（曾任南京刑部主事）登第前即"师事湛甘泉"，致仕归家后筑精舍讲学，遂"以一代理学为世儒宗"。南海士大夫在西樵山研讨理学的学术圈子，还吸引了当时当政的两广官员。例如广东巡按御史洪垣，嘉靖十一年（1532）进士，湛若水在京师讲学时，"垣受业其门"，后出按广东，经常到西樵山求学。这样，湛若水、方献夫、霍韬以及南海士大夫群体，以西樵山为平台，传播易理，弘扬白沙心学，并以其理学上的学问和为官实践，深刻地影响了中国的儒家文化。五百年来，西樵山一直作为中华士子见贤思齐的文化名山而存在。正如明代学者方豪所言："西樵者，天下之西樵，非岭南之西樵也。"

　　状元文化不属佛山独有，但以佛山最为杰出。佛山自古科甲鼎盛，南汉的状元简文会和南宋的状元张镇孙名节自持，是佛山士子中初露头角者；而明代不断涌现的状元和会元，则令佛山科名雄视岭南。明成化年间石啃乡的梁储考中会元（官至内阁首辅），明弘治年间黎涌乡的伦文叙状元及第，明正德年间石头乡的霍韬亦夺魁会元。其后，伦文叙之子伦以训亦中会元。黎涌、石啃、石头相隔不到五里，人称"五里四会元"。而伦文叙一家父子四人，文叙连捷会元、状元，以训连捷会元、榜眼，以谅为解元、进士，以诜亦为进士，因而又有"父子四元双进士"之誉，人称"海内科名之盛，无出其右，所谓南伦北许也"。还有明万历年间状元黄士俊亦蟾宫折桂，清末时状元梁耀枢也独占鳌头。明清两代，佛山一共出了五个状元、三个会元。清代佛山科名依然头角峥嵘，时人有"广郡科第之盛甲于粤中，南海科第之盛甲于广郡，佛山科第之盛又甲于南海"之说。以科举出仕的有湖南巡抚吴荣光，四川总督骆秉章，咸丰探花李文田（礼部右侍郎），梁僧宝（鸿胪寺少卿兼军机），戴鸿慈（协办大学士、法部尚书，出洋五大臣之一），张荫桓（户部左侍郎、驻美国公使）。还有在三湖书院就读的康有为和在佛山书院就读的梁启超、署理邮传部大臣梁士诒等。这些人才的出现，使佛山成为名副其实的"气标两广的人文之邦"。为什么佛山状元、会元在明代中叶呈群体性涌现？为什么明代佛山籍大吏在嘉靖朝宠命优渥？状元文化留下了何种文化基因？要回答这些问题，就要对科举制度进行探讨，对皇权体制进行分析，对中华传统文化进行整体把握。唯其如此，研究佛山的状元文化，就具有了特殊的价值。

祖庙文化为佛山所独有。在中国城市发展史上，如果说有一座庙宇与一座城市的命运休戚相关，那就是佛山祖庙。明清时期的祖庙，是当时佛山人的信仰高地和心灵归宿。可以这样形容两者之间的关系：祖庙之于佛山镇，事事相关；祖庙之于佛山人，代代相系。明正统十四年（1449）发生的一场长达半年的佛山保卫战，把祖庙和北帝深植在佛山先民心中。当时为了保卫佛山自明初以来积累的劳动成果，佛山先民有二十二老以祖庙为指挥部，罄其财产，分铺防卫，万人一心，众志成城，终于保住佛山不受掠夺。事平之后，明王朝敕赐祖庙为灵应祠，列入官府谕祭。佛山先民遂把佛山全境分为二十四铺，分区管理，从此佛山脱离乡村形态，走上了城市化的发展之路。祖庙也成为珠江三角洲最大的北帝庙，并诞生了出秋色、烧大爆、北帝坐祠堂等民俗庆会和祖庙建筑群。明清时期，祖庙还是佛山士绅议事决事的中心，佛山民间自治组织明代的"嘉会堂"和清代的"大魁堂"均设于此。至今悬挂于祖庙大殿外的"廿七铺奉此为祖，亿万年惟我独尊"的对联，就是对祖庙在佛山地位的精辟写照。千百年来，祖庙以其独特的人文之光滋养着佛山这片土地，也给这片土地留下了享誉千年的人文瑰宝和古建华章。因此，研究祖庙千百年来亦庙亦祠的发展脉络，可以发现岭南人文的精彩篇章。从这个意义上说，解读了祖庙的文化内涵，就可以理解佛山的民间信仰；解读了佛山的民间信仰，就可以理解中华文化之博大。

粤剧文化的诞生和发展与佛山有直接的关系。粤剧行语有云："未有吉庆，先有琼花。""吉庆"是指同治年间设在广州的粤剧吉庆公所，"琼花"是指雍正年间设在佛山的琼花会馆，两个都是粤剧的行会组织。琼花会馆在前，吉庆公所在后，二者有明显的承继关系，然时间相差上百年。粤剧在佛山的诞生，并不是偶然的。戏剧的发展与社会经济发展密切相关。首先，佛山神庙和宗族祠堂众多，需要大量的神功戏酬神；其次，商人和侨寓的大量涌入，使会馆以及单身汉的数量迅速增加，需要演剧酬谢行业神和丰富业余生活；再者，数量庞大的手工业者常常要庆贺师傅诞和满师礼。土著的祭祀需要、侨寓的文化生活需要和工商业者的行业惯例需要三者相结合，为粤剧的诞生提供了"肥沃的土壤"。雍正年间，北京名伶张五，号称"摊手五"，南来佛山，寄居佛山镇大基尾。张五以京戏昆曲授诸红船子弟，变其组织，张其规模，创立琼花会馆。琼花会馆建立于雍正年代的事实，可以在乾隆十七年（1752）陈炎宗修《佛山忠义乡志》之《佛山总图》中标出的"琼花会馆"一建筑得到证实。琼花会馆建立后，规范了粤剧剧种和十行角色，培养了大批粤剧人才，从而使粤剧走向蓬勃发展的阶段。粤剧宛如逾淮之橘、出谷之莺，从而独树一帜，向广州、珠江三角洲乃至广西东南部迅速发展。张五从此被粤剧艺人尊奉为"张师傅"。咸丰四年（1854），因琼花会馆戏班参加红巾军起义，清军平毁了琼花会馆。此后粤剧班子均散向四乡及流集于广州谋生，同治年间遂在广州设立吉庆公所。由此可见，佛山是粤剧诞生的地方，又是粤剧发展的基地。粤剧与佛山社会生活息息相关，互相依存，共同发展，并成为中华传统戏剧的重要剧种。

上述岭南文化的四大内容都在佛山诞生或发展，其成长过程中的"佛山"烙印固然明显，而其对中华文化的影响也是显而易见的。此外佛山收藏的木鱼书、木版年画、扎作工艺品、石湾瓦脊、石湾公仔等文物作品，现存的祠堂和锅耳形建筑，以及北帝巡游、出秋色、行通济等习俗庆会和武术、中药、传统广府菜肴等，都具有典型的岭南特色，其中不少属于非物质文化遗产。所以说佛山既是岭南文化的核心基地，也是中华传统文化的宝库所在。

　　唯书有华，赠人如锦。"佛山历史文化丛书"将以各位著者多年的研究成果和独特视角，为您展开丰富多彩、颇具价值的佛山历史文化长卷，让海内外朋友捧如甘饴，感受佛山的内涵与精彩；让生于斯长于斯的老佛山人重拾瑰宝，不忘初衷；让来自他乡的新佛山人感受传统，仰之爱之。笔者身非佛山公，却心萦佛山乡，几十年来对佛山历史文化持续关注与爱护，情有独钟，从未释怀。因为笔者深深地知道，从古到今，佛山一直站在文明续谱的桥头堡上。

　　（作者系历史学博士、中国社会经济史学者、佛山史专家、广州市东方实录研究院院长，著有《明清佛山经济发展与社会变迁》）

"佛山历史文化丛书"
编撰凡例

一、国家历史文化名城佛山，明清时期与汉口镇、景德镇、朱仙镇并称全国"四大名镇"，与北京、汉口、苏州并称"天下四聚"，文化积淀深厚。"佛山历史文化丛书"（简称丛书）于2016年启动，每年一辑，每辑10种，是佛山市一项系统性大型文化工程。

二、丛书以习近平新时代中国特色社会主义思想为指导，坚持以人民为中心的创作导向，坚持为人民服务、为社会主义服务的根本方向，坚持百花齐放、百家争鸣的方针，深入反映佛山历史文化的总体风貌，多角度、多层面地发掘佛山多姿多彩的历史文化，全面、系统地解读佛山优秀历史文化的底蕴和创造力。

三、丛书旨在用当代眼光审视佛山历史，开掘源远流长、积淀深厚的佛山历史文化内蕴，揭橥历史上的佛山如何得天时、出地利、尽人和地创造，为佛山经济社会的可持续发展，提供可借鉴的文化资源。

四、丛书的写作，基于丰富深厚的历史文献、历史文物，并配以彩图，图文并茂，力争兼具学术性与通俗性，将佛山优秀历史文化的诸多层面，立体呈现出来，激励兹土兹民以及关注佛山在中国历史文化和现实改革开放版图地位的各界贤良，让他们更深入地理解和认同佛山。

五、丛书所称"佛山"，指今天广东省佛山市行政区划而不限于历史上的佛山镇，包括禅城、南海、顺德、高明、三水五区约3800平方公里范围内与历史文化相关的人、地、物、事。如果课题内容与相邻区域有交叉，撰稿人应根据史实，酌情处理。

六、丛书内容大致可分为：佛山历史环境地理、佛山工商业、岭南文化遗产、佛山历史人物。具体展开为八大方面：（1）红色文化主题：对新中国成立和建设作出较为重要贡献的人物和群体，需要关注；（2）变革与创新主题：在政治、经济和社会创新变革等方面有重大的贡献，推动中国历史进程的历史人物和事件，应该总结；（3）历史地理主题：近海水文化环境格局，以及和广州的双城面貌，对于成陆的佛山和佛山产业布局、产业调整，关系极大，因而佛山水环境、地名、地理、古人类活动等，均需梳理；（4）生态文明主题：佛山先民创造性地利用湿热低洼的地理气候条件，广筑堤围，在地少人稠的佛山，以可持续、立体种养的"基塘"农业，率先实现农桑的商品化生产，一些世家大族、名村名镇应运而生，其成就和遗产对于今天乃至未来，仍不乏启示，理应关注；（5）工商业主题：以工商业著称的佛山，其丰富的工商业史料、商业伦理、工商业品牌、企业、产业、行业、行会等，都在网罗之内；（6）岭南文化主题：作为广府文化重镇，广府文化的代表性符号诸如粤剧、南音、南狮、粤语、粤菜、广锅、石湾瓦、秋色、剪纸、武术等，或者由佛山发轫，或者由佛山光大，正该系统整理；（7）历史名人主题：佛山百业兴旺，名匠作手代不乏人，而且科甲之盛，傲视岭南，名医留下的验方良药、名师传下的武功招式、大家留下的丹青墨迹、名人书写的诗文传说，至今还滋养着这块土地，甚至进入中国文化的谱系，应予整理；（8）对外交流主题：佛山是海上丝绸之路的重要节点之一，更是重要的产品制造输出地，从佛山出发以及归往、过境佛山的客流物流，在一个覆盖南洋群岛、遍及全球的范围内，留下了鲜明印迹，值得挖掘。

七、丛书立传所涉人物，原则上为历史上的佛山籍优秀先贤，包括原籍佛山者、入籍佛山者和寄籍佛山者，他们在经济、政治、文化、社会、科技等领域为本土、为国家作出过重大和杰出贡献。

八、丛书以研究性著述为主，凡引用佛山历史文献和其他历史文献，均须经由作者消化释读，转换为作品论证说明的有机成分。

九、丛书属原创性研究论著，原则上不主张集体作品。著述者必须严格遵守《中华人民共和国著作权法》等相关规定，在引用文献和使用图片时，不得引用版权不明或有争议的作品。

十、除学术委员会指定邀请的相关学者撰述外，丛书绝大多数课题，都面向全社会公开征集作者。作者根据丛书编辑部所悬标的，提出书面申请，完成作者学术履历、团队构成、先期成果和著述大纲等内容的填写，经学术委员会审定通过后，与编辑部签约，进入课题调研和文本写作程序。

十一、丛书所用文字，除引用古籍而又无相应简化汉字的特殊情况外，行文一律使用通用规范汉字，避免异体字和繁体字。例外而非用不可时，须出注说明。

十二、丛书使用的标点符号和数字，须遵照国家相关出版法规的规定。

十三、丛书所用人名、地名、书名、民族名、外文名、机构名、专业术语、专有名词等，全书应统一。外来译名，应注明原文，以便核查、检索。

十四、丛书从第三辑开始，回溯提供已出版书目，供公众参考，提供线索，不断丰富课题、及时调整选目，裨益丛书。

目录

绪　论　/ 001

第一章　风雨中的成长　/ 005

第一节　出生于广东三水　/ 006

第二节　漂泊与坚持　/ 008

一、艰苦的学徒生活　/ 008

二、入职唐山修车厂　/ 009

三、入职后的自发斗争　/ 012

第三节　广东帮首领　/ 014

一、唐山"广帮"　/ 014

二、团结同乡斗争　/ 015

第四节　接受民主革命熏陶　/ 016

第五节　组建早期唐山工人团体　/ 017

一、发起组织唐山工党　/ 017

二、参加华民工党　/ 020

三、坚定爱国信念　/ 021

第二章　五四运动中的锤炼 / 023

第一节　工、学联合 / 024
　　一、一战风云 / 024
　　二、五四时期的唐山学生爱国运动 / 025
第二节　领导建立新式工人组织 / 028
　　一、建立"同人联合会" / 028
　　二、组织"救国十人团" / 028
第三节　唐山五四风潮 / 030
　　一、唐山第一次公民大会和唐山工人首次政治罢工 / 030
　　二、唐山第二次公民大会 / 032
　　三、参加唐山各界联合会 / 034
　　四、声讨马良祸鲁 / 037
　　五、支援"闽案" / 039
　　六、反对中日政府就山东问题直接交涉 / 041

第三章　新的征程 / 045

第一节　接受马列主义 / 046
　　一、李大钊的指引 / 046
　　二、北京大学马克思学说研究会 / 048
　　三、天津革命力量的帮助 / 052
　　四、苏俄革命的影响 / 053
第二节　创建工会 / 055
　　一、北京共产党早期组织与筹建工会 / 055
　　二、改造同人联合会 / 057
　　三、唐山铁路职工学校 / 057

　　　　四、唐山制造厂工会的确立　/ 059

　　第三节　创建唐山团组织　/ 063

　　　　一、筹建唐山团组织　/ 063

　　　　二、首创唐山团组织　/ 064

　　第四节　加入中国共产党　/ 067

　　　　一、中共一大的召开　/ 067

　　　　二、光荣入党　/ 069

　　　　三、入党时间考证　/ 072

　　第五节　苏俄之行　/ 078

　　　　一、远东各民族代表大会　/ 078

　　　　二、拜见列宁　/ 085

　　　　三、反对无政府主义　/ 087

　　　　四、向苏俄学习　/ 092

　　第六节　创建唐山党组织　/ 095

　　　　一、唐山建立党组织前的准备　/ 096

　　　　二、建立中共唐山党组织　/ 098

　　第七节　推进唐山革命工作　/ 100

　　　　一、创办唐山工人图书馆和大同社　/ 100

　　　　二、推进唐山工会发展　/ 111

　　　　三、发展壮大唐山青年团　/ 116

　　　　四、中共唐山地委的发展　/ 120

　　第八节　中共三大当选中央候补委员　/ 123

第四章　风起云涌的唐山工人运动　/ 127

　　第一节　参加全国劳动立法运动　/ 128

　　　　一、全国劳动立法运动的兴起　/ 128

二、唐山的最先响应　/133

三、组织唐山劳动立法大同盟　/137

第二节　领导唐山制造厂工人罢工　/140

一、筹划罢工　/140

二、提出要求　/142

三、援助山海关工人罢工　/146

四、准备罢工　/148

五、罢工风潮　/151

第三节　发动开滦煤矿工人同盟大罢工　/165

一、开滦煤矿工人的早期斗争　/165

二、领导开滦煤矿革命组织建设　/169

三、组织开滦各矿工人俱乐部　/171

四、指导开滦工人提出要求　/173

五、筹划罢工前的准备工作　/174

六、开滦大罢工　/179

七、驱逐杨以德　/192

八、反对矿方对罢工的破坏　/198

九、处理罢工内部问题　/200

十、开滦罢工的结束　/202

十一、开滦罢工之总结　/203

第四节　指导启新洋灰公司工人罢工　/208

一、启新洋灰公司早期工人状况　/208

二、1922年启新工人罢工　/210

第五节　支持唐大学生支援罢工　/222

一、唐大学生赈助工人罢工　/222

二、驱俞学潮　/224

三、学工联盟　/227

第六节 "五卅"前后的唐山工运 / 228

　　一、保存和发展唐山工人革命力量 / 228

　　二、领导华新纺织厂童工大罢工 / 230

　　三、领导唐山制造厂失业工人复工斗争 / 232

　　四、领导唐山华新纺织厂工人罢工 / 236

　　五、领导五卅运动时期的唐山反帝爱国运动 / 239

　　六、参加领导开滦赵各庄煤矿工人罢工 / 243

第五章　波澜壮阔的全国铁路工人运动 / 249

第一节 筹建各地铁路总工会 / 250

　　一、领导成立京奉铁路职工总会 / 250

　　二、援助全国各地铁路工人运动 / 251

第二节 建立全国铁路总工会 / 254

　　一、筹建全国铁路总工会 / 254

　　二、领导全国铁路总工会早期斗争 / 257

第三节 组织全国铁路工人第二次代表大会 / 258

　　一、主持全国铁路工人第二次代表大会 / 258

　　二、恢复建立京奉铁路总工会 / 261

第四节 领导全国铁路工人第三次代表大会 / 263

第五节 组织广东铁路工人运动 / 266

　　一、广东各铁路工会的建立 / 266

　　二、建立中华全国铁路总工会广东办事处 / 268

　　三、维护广东铁路工人权益 / 270

　　四、胜利解决新宁铁路事件 / 273

　　五、领导对广东机器工会的武装斗争 / 280

第六节 主持全国铁路工人第四次代表大会 / 280

第六章　新的革命面貌 / 283

第一节　继续发展唐山党、团组织 /284
　　一、继续推动唐山党组织建设 /284
　　二、领导唐山地方团组织进一步壮大 /285
第二节　中共四大再任中央候补执行委员 /289
　　一、中共四大再委重任 /289
　　二、中共四大后唐山党团组织的发展 /291
第三节　出席第二次全国劳动大会 /293
第四节　参加第三次全国劳动大会 /297

第七章　大革命 / 299

第一节　推进唐山国民革命工作 /300
　　一、建立唐山国民党组织 /300
　　二、推进唐山国共合作发展 /305
第二节　参加国民会议促成运动 /306
　　一、欢迎孙中山北上 /306
　　二、组织唐山国民会议促成会 /308
　　三、悼念孙中山 /310
第三节　支持巩固广州国民政府 /311
第四节　支持广州国民政府北伐 /315
　　一、领导全国铁路工人支持北伐战争 /315
　　二、支持省港大罢工 /317
　　三、援助其他民众运动 /319
　　四、探望三水乡亲 /321

第八章 革命精神永放光芒 / 323

第一节 为革命而牺牲 / 324

第二节 深切悼念 / 326

第三节 纪念邓培 / 328

　　一、纪念场所 / 328

　　二、纪念论著 / 329

第四节 邓培精神 / 331

绪 论

　　鸦片战争以来，历经太平天国运动、义和团运动、辛亥革命、五四运动，中国革命跌宕起伏，至此，开启了新民主主义革命的历史篇章。其中，工人阶级作为一支独立的力量登上了政治舞台，佛山涌现出了邓培、梁桂华、罗登贤等一批早期工人运动领袖。

　　当时，中国革命进程迅速多变，工人运动领袖便承担起领导变革社会制度的重大使命。他们的生平思想、行为活动都反映了时代的风貌与社会的动向，邓培就是其中非常突出的一位。他既是早期中国产业工人的代表，更是中国近代工人运动的先驱。他历经早期工人运动的各个阶段，在工人斗争实践中体会到了自发抗争、帮口工团和工党组织的局限，最终成长为中国共产党领导的工人运动杰出领袖。

　　邓培出生于南粤，从小受太平天国运动遗风之熏陶；学徒于天津，亲睹义和团运动之惨烈；任职于唐山，于工人运动中先受辛亥革命之磨砺；再受五四运动之洗礼，在马列主义的指引下加入中国共产党，融入开天辟地的伟大革命事业中。

　　中国工人阶级是中国近代社会产生的先进阶级，他们深受帝国主义、封建势力、资本家以及包工头的层层剥削，过着牛马不如的艰苦生活。哪里有压迫，哪里就有反抗，工人运动伴随工人阶级的产生而产生，伴随工人阶级的发展而发展。工人运动由自发抗争发展为工团帮口反抗，再经民国初年工党的建立，最终发展为中国共产党领导的工会斗争。1921年7月成立的中国共产党以无产阶级革命政党的姿态登上政治舞台。邓培是中国共产党建党后最早加入的一个工人党员，也是唐山最早的党员。他创建了唐山党组织，长期担任唐山党、团和工会组织的领导人，成为唐山革命运动的代表人物。他建立了唐山制造厂同人联合会，这是北方最早成立的一个革命工会。他领导了1922年唐山制造厂工人罢工、开滦煤矿工人同盟大罢工、启新洋灰公司工人罢工、华新纺织厂童工罢工、唐山制造厂失业工人复工斗争等工人运动。

包括邓培在内的中国工人阶级在马列主义的指导下已经汇聚起磅礴的革命力量，成为新民主主义革命的先锋。在中国共产党的领导下，邓培不断成长，参加了党的三大，并在三大、四大中连续当选中央候补委员。在中国共产党的推进下，中国的工人运动焕然一新，中国的革命焕然一新，邓培的革命人生也掀开了崭新的一页。

近代广东得风气之先，广东民众走南闯北，甚至漂洋过海，有的务工，有的求学，有的经商，在社会急剧变化过程中接触到了中外新思想。邓培出生于三水，为南粤平民子弟，眼界开阔，追求进步。他早年学习工艺，成为铁路工人，在领导工人运动中努力消除地域歧视，打破行业隔阂；举办工人图书馆和各类工人补习学校，带领工人拓展阶级视野，提高阶级觉悟。他参加马克思学说研究会，认真学习马列主义，李大钊、邓中夏和罗章龙等人成了他的良师益友。在党的推荐下，他参加远东各民族代表大会，受到伟大革命导师列宁的亲切接见和指导，坚定了以铁路工人运动推进中国革命的决心，笃定了无产阶级革命信念。

为争取中华民族的独立和复兴，近代以来各阶级中的有识之士都做出了巨大努力。民主革命的伟大先行者孙中山认为要取得民主革命的胜利，必须唤醒民众，推动国民革命的开展。邓培生于农家，对农民阶级有很深刻的认识，他认为开展民主革命需要发动农民的力量，工人运动需要联合革命农民，党、团组织的发展也需要在农民群众中去开展。在工人运动中，邓培从一开始就注重学习，注重联系进步知识分子，从他们身上去汲取革命知识，学习革命理论，最终成长为受到进步知识分子支持和拥护的工人领袖。团结就是力量！从五四运动到国民大革命，邓培发动工人，联合农民，团结进步知识分子，争取进步官兵支持，在李大钊等革命先驱的指导下，在唐山和广州等地积极建立革命统一战线，为推动国民革命的开展做出了巨大贡献。

　　邓培一生为人民解放不懈奋斗，最后在广州惨遭反动派残杀，为国民革命英勇牺牲。了解他革命的一生，我们不仅能更好地把握中国近代工人运动的发展历程，厘清中国近代革命的进展线索，而且能深入探求近代中华民族追求独立和复兴的具体路径。

第一章

风雨中的成长

第一节　出生于广东三水

鸦片战争首先从广东打开了近代中国的国门，之后广东历经第二次鸦片战争和中法战争，日益半殖民地化；又经三元里抗英、广东各地反入城运动与太平天国运动，广东民众的反抗意识也逐渐增强；再经列强投资办厂、清政府实行洋务运动，广东的民族资本企业不断发展，逐渐成为中国近代化的前沿阵地。得风气之先，这使广东民众一方面容易受到外来思潮的影响，另一方面有了外出寻求出路的途径。

邓培

广东是著名的侨乡，1949年前70%的海外华侨都来自广东。清末，美洲华侨绝大多数来自珠江三角洲，地处珠江三角洲的三水也是著名的华侨之乡。三水地处珠江三角洲西北端，西江、北江、绥江在此合流，清朝时隶属广州府。

1885年5月6日①，正值中法战争清廷受挫之际，广东省三水县瑶东乡石湖洲邓关村一个普通农民家庭里，出生了一个男婴，他就是日后成为著名工人运动领袖的邓培。

邓培，曾用名唐凤鸣、邓少山、邓钰云等，原名邓配安，安字辈，后认为乱世不安，去除字辈，取单名配，到唐山后改用谐音字"培"。据邓培堂弟邓玉安回忆，邓培的祖父邓善书在家中排行老大，有3个弟弟与1个

---

① 关于邓培出生日期学界有多种看法，有1883年说，有1884年说等，本书采用邓培参加远东各民族代表大会亲手所填调查表中的出生信息，认为邓培出生于1885年5月6日。

妹妹：二弟邓怀书，三弟邓赞书，四弟邓进书，妹妹邓定。邓善书育有三子一女，长子早夭，次子邓文高（即邓培的父亲），三子邓文坚，女儿邓俭。

石湖洲周边水系纵横，西北面的大塱涡地势低（在珠江口海平面以下，最低处-1.07米），易涝。一到雨季，石湖洲邓关村等多个村庄常被水淹，农民常不能得到好收成。

晚清许多三水人深受苦难，不得不背井离乡，漂泊到美洲等地谋生。邓培祖父邓善书和他的四弟邓进书因家庭贫困，漂洋过海来到美国旧金山，在一家果园种树；后经辛勤劳动，积攒了一些钱，开始经营自己的果园，并且将一笔巨款寄回老家，兴建了一座房子，并购置了沙田用于生

邓关村

计。邓善书回国将三子邓文坚带到旧金山，次子邓文高因随三叔邓赞书在广州做花梨木雕工，当时也已与同乡黄带结婚，便没有跟父亲去美国。

邓文高与黄带婚后生下独生子邓培，邓文高在外做工，黄带则在家乡一边耕田，一边教养年幼的邓培。不幸的是，邓培两岁时，父亲邓文高染上重病，回乡医治，不久离世，留下了孤儿寡母。而旧金山的祖父邓善书也因果园遭雪灾果树冻死，破产后与四弟邓进书一起回到故里，不久就去世了。一连串的家庭变故后，母亲黄带与四叔祖邓进书对分了家中的财产，得到四亩沙田和一间旧瓦房。此后，母亲一人带着邓培，靠自己辛勤的劳动和邓氏宗亲的帮助贫苦度日。

邓氏宗祠里有宗族私塾，但是邓氏子弟每年需上交二斗米和四至五两白银作为学费。邓培五六岁时，黄带为培养独生子，虽然生活十分艰辛，但依然坚持将邓培送入私塾。邓培自小聪明，品行端正，性格安静，不太说话，在私塾又非常用功，对学习如饥似渴，成绩优异，常常受到亲友称赞。年少的邓培很懂事，除了学习外，也会主动帮助寡母做饭，料理家务。在母亲的支持下，年幼的邓培一直在私塾就读。

第二节　漂泊与坚持

一、艰苦的学徒生活

1845年英国人柯拜在广州黄埔兴建船坞公司，后在黄埔又相继出现了其他外商的船厂，这些企业招募了一批中国工人，他们是中国第一批近代产业工人。随着列强的入侵、洋务运动的兴起、民族资本主义的产生和发展，近代工业开始在珠三角兴起。在造船业、航运业、军火业、缫丝业、造纸业得到发展的同时，珠三角工人群体也开始发展壮大，他们当中的一部分从事机器生产，掌握了一定的工业技术。

伴随西方列强的入侵，中国近代工业区域的扩展也呈现了由南向北的趋势。广东劳动人口也急剧外流，他们在全国各地尤其是沿海城市经商和做工，广东会馆也相应出现在全国各地。天津的广东会馆坐落在南开区老城鼓楼附近，它由旅津粤籍人士出资，兴建于1903年，是现存规模最大的一座会馆建筑，如此宏大的建筑可见清末广东人在天津及其周边势力之盛。

因家庭贫困，14岁的邓培跟随自己的大舅父来到天津做工。他被安排在一家广东人经营的德泰机器厂当学徒工。德泰机器厂是1884年由罗三佑投资创办的民营企业，是从手工工场发展成机器工厂的，这里的工匠也成为北方近代早期产业工人的代表。

随着德泰机器厂等工厂的不断出现，天津近代新式机械小工业日趋发达，工厂招收大量艺徒。这些学徒工有的有师傅，有的连师傅都没有。学徒工的工作时间，与正式工人是一样的，待遇却相差甚远。厂方一般仅给这些学徒提供食宿，大部分没有薪水，只在特定年节时，给若干奖励金，也有一些条件较好的工厂会按月发放些津贴。而且这些学徒不但要从事生产劳动，还要免费为资本家做各种家务，像牛马一样终年辛苦劳作。

作为中国近代早期学徒工中的一员，邓培深受压迫和剥削，对资本主义生产关系及其基础上的阶级对立有了初步的感受；同时，在新式生产关系中也感受到了新生产力发展带来的震撼。

二、入职唐山修车厂

洋务运动期间，李鸿章等人在各地建立了一批较大规模的洋务企业，其中为供应急需的能源煤，便在滦州设立了开平煤矿公司。1879年，为了将煤运往出海口，开平煤矿公司向清政府申请建筑一条从唐山到北塘的铁路，后在各方的博弈下，修建起从唐山到丰润胥各庄的铁路线，称为唐胥铁路。这条铁路长10公里，于1881年11月通车。①在开平煤矿公司和唐胥铁

---

① 金士宣、徐文述编著：《中国铁路发展史（1876—1949）》，北京：中国铁道出版社，1986年，第11—12页。

路筹建的同时，为做好保障，开平矿务局于1880年在胥各庄创办了中国铁路史上第一座机车车辆工厂——唐胥铁路修理厂（俗名胥各庄修车厂）。建厂初期，资本少，规模小，厂房简陋，生产设备落后，工人只有数十名，业务也不多。但随着唐胥铁路不断延伸扩建，1888年修车厂被迁至唐山西马路，更名为唐山修车厂，规模不断发展，工人达到五六百名，设施不断完善，设有翻砂场、机器场、修车场、火车房等。

至1898年10月底，英国人贝思福前往唐山，在其《唐山游记》中提到唐山修车厂"厂中现造机器车之属，约雇小工千人，皆土著也。常年工资，共需英金一万一千镑。西人之在厂者，监督一员而外，惟司账一，画图一，管货一，工头一，造锅炉匠一，岁需薪资一千八百六十六镑。计一年中，共造载货英权十吨之车，四十六辆；二十吨车，二百十六辆。又造头等客车十辆，二等廿八辆。工程车十辆，修改十五吨货车八辆，又廿吨货车四辆。通共一年料物所需，连租税及水火煤柴等杂用一切在内，不过一万四千一百镑。厂中一切器具，约值四万八千镑"①。由此可以看出，至晚在19世纪末，唐山修车厂就出现了英人管理中国工人进行生产的情况。

实际上，在《马关条约》签订后，英帝国主义趁中国借款之机夺取了唐山修车厂的管理权。1898年清朝向英国汇丰银行借款160万两。这笔政治性借款的一个条件是借款期内唐山修车厂各部门首要管理人员均须由英国人员充当。从此，英帝国主义夺取了京奉铁路和唐山修车厂的管理权。机务处长、厂务经理和监工以及技术部门负责人都是英国人，中国人只能担任副职。工厂公文图纸都用英文书写，一切机器设备全部购自英国，甚至木料也要从海外用高价买来，自然唐山制造厂的工人也就受到了英帝国主义的深重压迫。②

1899年唐山修车厂在老厂南购地500亩兴建新厂，1903年新厂（俗称

---

① 贝思福：《唐山游记》，载《万国公报》1899年第128期。
② 唐山市总工会工运史志研究室：《唐山工运史资料汇编》第2辑，1988年，第6页。

京奉路唐山制造厂

南厂）建成。邓培就是在1900年从德泰机器厂出师考入唐山修车厂，当上了工匠。到南厂建成，该修车厂已拥有各种机器设备770台，实用动力2355马力，职工2700余人，成为当时中国设备先进齐全、生产能力最大的铁路工厂。1907年随着京奉铁路局的成立，唐山修车厂更名为京奉路唐山制造厂。①邓培成为了京奉路唐山制造厂最早一批工匠中的一员。

1900年庚子之变，使天津的早期工业基础遭到全面破坏，但相当一部分留下来的工匠为20世纪初天津及其周边工业的发展和工人阶级的壮大提供了基础。随着以京奉路唐山制造厂为代表的近代新式工业的不断发展，包括邓培在内的天津及其周边的工人阶级也不断走向成熟。

1902年，邓培返回三水故里，与西村女子陈梦怡结婚。婚后妻子仍留故乡，邓培只身一人回到唐山继续做工。直到他有了一个女儿以后，才把

①　中共唐山市委党史研究室：《唐山历史事件览要》，北京：红旗出版社，2001年，第5页。

妻女迁居唐山。他在工厂附近的印度房头条胡同1号，租了三间焦子顶平房。院子里有两间小屋，一间已坏，一间作厨房。此房曾住过英国雇佣印度兵，故名印度房。当时，唐山制造厂一直由英籍职员担任工厂管理，为强化对工人的统治，他们廉价雇用印度兵在工厂站岗放哨，欺压工人。

唐山邓培旧居

三、入职后的自发斗争

唐山制造厂是当时国内典型的企业，也是唐山的三大企业之一（另两家是开滦矿务局和启新洋灰公司），它是清朝官僚创办的官督商办的洋务企业，有特别浓厚的封建性，又与帝国主义合办，有特别浓厚的半殖民地性。在这样的企业环境中，邓培等工人受到了帝国主义、封建主义和官僚买办的三重压迫，经济待遇很差，几乎没有政治权利，被称为"工花子"。

邓培的个子不算高，大约有1.7米，留平头，讲带有浓厚广东乡音的普通话。平常穿工作服，上衣口袋里常装着卡尺、钢板尺、铅笔和棉丝等工作用品。他生活上说话和气，爱说笑话，人缘好。邓培是工匠，工资是一元二角，收入较一般帮工、小工、徒工要高，但仍然生活艰难。家人经常吃的是玉米面粥、窝头、咸菜。星期日工厂停工，家中就吃两顿饭。

南厂的工人分为工匠、帮工、小工和徒工四种，经济待遇不同。工匠是技术工人，每日工资在三角至一元八角之间[1]，工作时间在10个小时（冬日9小时），每星期做工6日，周日不做工无工资。同工人的贫苦生活形成

---

① 无我：《唐山劳动状况（一）》，载《新青年》1920年第7卷第6期。

鲜明对照的是当时南厂的外国资本家、封建官僚和把头们在厂内享受着优厚的待遇和特权。洋经理们每月薪金1800元左右，京奉铁路机务处副处长兼南厂副厂长孙鸿哲，每月薪金1600元，他住在西山别墅，家中有用人十几个。那时，工厂实行包工制，工人没有见厂长的权利，有事只能由工头转达，实际上是等级制在工厂中的体现。工人也不能越级，封建把头可以任意打骂人，工人的人身自由完全被剥夺了。包工头子还利用职权逼迫工人给他们送礼，借故罚工，罚工一次要交大洋一元，罚工三次要记大过，年终要扣发工人的"花红"等。

这一时期的唐山工人，政治上没有权利，生活上贫困，而且由于企业生产设备落后，各种安全生产事故频频发生，工人们连最基本的生命权都没有保障。邓培在一次生产事故中，右手被车刀划伤，结果就医后右手两个手指头被截去了。生活的窘困、工作中所受的伤害让邓培深刻认识到工厂资方对工人的深重压迫和剥削，这促使他决心要改变自己受奴役的地位，自发地与厂方、工头进行斗争，寻找反抗的道路。

邓培的这种悲惨遭遇和自发反抗并不是特例，而是早期工人们的普遍现象，这种个人反抗逐渐融汇成集体反抗。1917年，邓培在其所在的唐山制造厂北机器房，领导了一次打倒大包工制的群众斗争。当时的工人分为里工和外工。里工由厂方直接雇用，外工是厂方通过包工头雇用来的临时工。在大包工制下，广大的外工受到包工头的中间剥削，其处境更加悲惨。1917年秋，北机器房的包工头企图降低工人工资，并无理开除了100多名外工，引起了全体里工和外工的公愤。他们推选邓培等人为代表，向厂方要求废除大包工制。工人为了防止包工头事后报复，签名时每人只在纸上画个圆圈。这时，包工头也行动起来，联合乞求工厂头目不要同意工人的要求。但由于工人声势很大，厂方最终被迫同意在北机器房首先改行里工包活，工人获得了直接向厂方包活的权利。由于取消了包工头的中间剥削，工人工资提高了两三成。这次邓培领导的打倒大包工制的工人斗争，使他在唐山制造厂工人中赢得了声誉，逐渐成为了唐山制造厂的工人领袖。

第三节　广东帮首领

一、唐山"广帮"

早期的工人群体受传统行会和地方帮派等封建组织的严重影响，组织落后，没有成立工人阶级自己的政治组织。19世纪后半叶，开平矿务局和唐山铁路工厂等陆续兴办，不少广东人来到唐山，粤籍的唐廷枢就是李鸿章派到唐山主持开平煤矿的。他们有的经商，有的成为包工头，从广东各地城乡招雇大量广东籍工人。以唐山铁路及唐山制造厂为例，机器工人几乎都是由广州、上海两地募集而来的广东人。唐山当时仅来自广东的产业工人就达到2500人以上，后来这些工人带着家属定

唐山广东会馆

居唐山，于是唐山的"广帮"逐渐繁荣起来，开辟出一条广东街。①广东籍的包工头和富商，为了抱团互助，就出面组织广东同乡会。1906年清廷宣布预备立宪，唐山开始实行地方自治，群众社团和集会越来越多地出现，民主共和的思想不断影响包括工人阶级在内的广大群众。当时，旅居唐山的1000余广东籍工人首先成立了粤人自治会和自治研究社，后来又集资在唐山广东街建立了广东会馆。广东会馆成立后，旅居唐山的各地工人相继仿效，先后组织了山东帮、河南帮、河北帮等同乡会。这是唐山工人在民

---

① 邹佩丛：《孙中山两度由天津赴唐山、山海关的考证及"北方大港"、唐津运河计划的提出》，载林家有主编《孙中山研究》第4辑，广州：广东人民出版社，2012年，第165页。

国前的早期组织状况，以旧式同乡会为主。

唐山制造厂广东籍工人有536名，占全厂工人24%（约四分之一）。这些工人为了生计远离家乡，同乡情感将他们牢牢结合在一起，团结自卫，形成同乡团体。唐山制造厂的广东籍工匠的人数最多，他们知识程度较好，生活和工资相对也较高，在他们引导下广东籍工人团结的力量和要求相应较大。[①]正因为他们有文化、有技术，也就容易受到革命思想影响，组织性和斗争性都相对较强。

二、团结同乡斗争

在自发反抗的实践中，邓培逐步认识到单独斗争力量的弱小和组织起来的必要，于是先在工人中组织起传统的帮口。因邓培为人忠厚，手艺高超，有一定的知识，敢于斗争，既有亲和力又有领导力，很早就有一批广东籍的工人团结在他的周围，广东籍工人也就公推他为首领。邓培把这些广东籍工人团结起来，实行内部经济互助，集体反抗压迫，维护了一部分广东籍工人的切身利益。

在唐山制造厂外，邓培还与唐山的广东同乡会和广东会馆建立联系，在广东会馆中担任职务。唐山各厂矿广东籍工人大多参加了广东同乡会，邓培成为唐山制造厂广东帮首领后，与其他厂矿的广东籍工人建立起联系，将自己的影响力扩展到了唐山其他的企业当中。但是广东同乡会和广东会馆的成分复杂，领导权掌握在富商和包工头手中，唐山制造厂广东帮的活动，也相应受到广东同乡会中包工头和富商的影响和控制，这反映了早期工人组织的局限。

---

① 许元启：《唐山劳动状况（二）》，载《新青年》1920年第7卷第6期。

第四节　接受民主革命熏陶

伟大的资产阶级民主革命家孙中山先生，1894年曾前往天津向李鸿章上书，是为《上李傅相书》。上书因中日甲午战争即将爆发，李鸿章无暇顾及而失败。上书失败使孙中山摒弃了改良思想，开启了民主主义革命的道路。因唐山有他的宗亲，在上书失败后孙中山以探视广东同乡的名义前往唐山。原来唐山制造厂募集来的广东人以香山县南朗人为最多，该县是中山先生故里，职工中如孙锦芳、孙仪芳等是他的同族，孙姓聚居之地名为孙家庄。①孙中山先到广东会馆接见了广东同乡，了解工人的生产、生活情况，非常同情工人。机缘巧合之下，孙中山这次访问唐山在当地广东籍工人中流传很广，邓培来到唐山后就受到孙中山革命思想的影响而倾向革命，从这个角度可以说孙中山成为了邓培参加民主革命的领路人。

辛亥革命成功后，孙中山为了实现南北统一，促成革命成功，毅然辞去临时大总统。1912年8月18日，他应袁世凯的邀请从上海启程前往北京。24日，孙中山抵达北京，并与袁世凯会见，大谈兴建铁路事业。9月9日，袁世凯特授孙中山"筹划全国铁路全权"。②9月22日，孙中山抵达天津。9月24日上午，孙中山前往山海关路过唐山，视察了唐山制造厂、开滦矿务局、启新洋灰公司和唐山铁路学校。邓培见到了革命领袖孙中山，并陪同孙中山一行参观了唐山制造厂，这大大鼓舞了邓培的革命热情。但不到一年，二次革命兴起，遭袁世凯政府镇压，民主革命遭受到了空前的挫折。

① 杨仲绰：《天津"广帮"略记》，载政协天津市委员会文史资料研究委员会编《天津文史资料》第27辑，天津：天津人民出版社，1984年，第62页。
② 陈锡祺主编：《孙中山年谱长编》，北京：中华书局，1991年，第726页。

第五节　组建早期唐山工人团体

一、发起组织唐山工党

辛亥革命后，唐山工人越来越关心时事，建立起阅报公会，工人同情革命，逐渐意识到要有工人自己的团体，以谋自己的利益。

随着全国工人力量的增强，一部分资产阶级和小资产阶级分子便发起组织工会团体。1912年1月，徐企文等在上海组织成立了中华民国工党，2月21日，在《民立报》刊发《中华民国工党总部第一次改正草章》，称"本党为中华民国工界所组织之团体"，宗旨为"甲、促进工业发达；乙、开通工人知识；丙、消改工人困难；丁、提倡工人尚武；戊、主持工界参政"。从其章程可以看出，所谓工党实际上是资产阶级和小资产阶级组织的、有工人参加的群众团体。该团体主张劳资调和，走议会斗争道路。其领导人物是徐企文、朱志尧、张树田等人，他们并非工人，而工党虽一定程度上支持工人反对资本家的斗争，但也并不是真正意义的工人阶级政党。

唐山工人在争取自身权利的斗争中，也感到组织起来的必要。受上海工界的影响，1912年4月，邓培用名邓玉云，联合冯志尧、林森湖、田文炳、邓伯坚、孙伟芳、董赞庭，发起组织了唐山工党，党员有700余人。《唐山工党宣言书》及《工党简章》刊登于1912年5月3日的《大公报》上。

唐山工党宣言书

今日者，共和开幕，国体改定矣！我中华民国其从此盛矣乎？曰：未也！必也有文明勇敢之军人，足以与世界列强角逐于海陆之上，然后可以使海陆军兴矣。而无财用以养之，我文明勇敢之军人，其逆可久持于不败乎？曰：亦未也！必也大兴商务，

广开税源，以供我民国军人之优养而后可。然又使商务兴矣，税源开矣，而但取外人之货物，以易我内地之金钱；我中华民国其逆可从此以富给矣乎？曰：仍未也！必也振兴工艺，改良物质，以为商战之利器而后可。然则，国之强也，强以兵；兵之养也，养以商；商之战也，战以工；则工与国家之关系亦綦重矣哉！

我大总统孙中山先生见及此也，故其宣言曰："我将使我中华民国为二十世纪工商业最盛之邦，以放大异彩于世界。"我沪上工界诸先进善体中山先生之意而实行之也，于是，沪上之工党、共进社出；我唐山工界不敏，亦思体中山先生之意，而勉为沪上工界诸先进之后助也，于是唐山之工党会出。

工党简章

名称：本党为工界同人所组织，暂定为唐山工党。一俟工党统一，归并总部后，再定专名。

宗旨：（一）开通工人智识；（二）促进工业发达；（三）扶植工人生计；（四）改良工人习惯；（五）提倡工人尚武；（六）主持工界参政，而尤宜以爱护同群、融合畛域、联络工人感情为宗旨。

事业：开通工人智识问题。如组织工余补习所、发行杂志或日报、开通俗演讲会、设立阅书报社等是。

促进工业发达问题。如组织品物陈列所、工业赛会、工业学校、提倡工人殖边、调查内地外国之实业等是。

扶植工人生计问题。如开办劝业银行、工人储蓄银行、平均工人利权、优待工人等是。

改良工人习惯问题。如议定作工时间、工业卫生等是。

提倡工人尚武问题。如组织工团、运动会等是。

主持工界参政问题。如主持国会关于工界之议案等是。

党员：凡属工界同志，年在十六岁以上、有实业者，均得入党员。如界外同志，赞成本党者或富于工学知识之人，能补助本党者，均推为名誉赞成员。

组织：本党分设庶务部、经济部、调查部、编译部。

职员：举正代表一名，副代表一名，每部主任一人，助任一人，均由党员用记名法公举。如各厂各业举代表一人，均由各厂各业党员分别公举。名誉党员及赞成人均有维持指导之责，并于赞成人中选定若干位，聘为顾问员。

会期：每年于三月、八月间各开全体大会一次，提议本党兴革事宜。每月首星期日开职员会一次，讨论进行方法。惟有特别事可报告开特别会。

经费：凡属党员，均应先捐出开办费一工，常年经费每季一工，交所属代表汇交经济部。临时费无定额。其有允认特别捐及赞成人乐助者，尤所欢迎，并登报以示奖励。

权利：（一）党员有选举权及被选权。（二）有提议事件及公决章程之权。（三）如开办新工业经费不足者，如本党经济充裕时，觅保通知本党，酌量借给资本，定期归偿，过期不归，问保赔偿。（四）如有向边地就工者，得酌量补助川资。（五）如因年老无依，不能作工，处境困难，以及工作罹疾或惨毙者，均得酌量扶持经济。

事务所：暂借新立街集群英为事务所，俟择定地点再行布告。

附则：本章程为暂行草案，有所订正，开大会时公决之。幸海内同志诸君，指示一切，以助不逮，则民国幸甚，本党幸甚。

发起人：邓玉云、冯志尧、林森湖、田文炳、邓伯坚、孙伟芳、董赞庭。①

《唐山工党宣言书》彰显了以邓培为代表的唐山工人群体对民国初年国情的深入认识，表达了对民族独立和复兴的强烈关怀。宣言书逻辑性强，从追求国家强盛引出军事兴盛的必要性，从追求军事强盛引出财用的必要性，从追求财用富足引出兴商务开税源的必要性，从追求商战胜利引出振兴工业的必要性，论证了工业发展对国家强盛的必要作用。宣言书还表达了对孙中山振兴民国工商业思想的拥护，展现了邓培等人衷心赞成辛亥革命，追求民族独立和复兴。同时，宣言书还对唐山工党发起的渊源做了陈述，即受到上海的工党和共进社组织的影响而建立，这也为之后唐山工党的分化演变埋下了伏笔。

《工党简章》则明确了唐山工党的组织宗旨是为工人服务，主要目的是维护工人的经济、政治、教育等权利，反映出唐山工党是抱有一定政治主张的工人团体，但是因其在政治上只提出议会斗争的方式，又带有浓厚的资产阶级改良主义色彩。在党员成分上，《工党简章》不排除资产阶级，不能坚持工人阶级的纯洁性，也就不可能成为真正的无产阶级革命政党。

《工党简章》没有提出工人斗争，只模糊地提出参政，说明唐山工党还不能以夺取政权为目标，反映了邓培等工人领袖在认识上有相当的局限性，深受资产阶级旧民主革命思想的束缚。即使如此，唐山工党的建立仍然是唐山工人运动史上一件大事，从此唐山近代工人团体不断发展壮大起来。

二、参加华民工党

唐山工党成立的时候，上海的中华民国工党已经成立，1912年8月唐山工党正式成为中华民国工党支部。但不久唐山工党便出现分裂，唐山制

---

① 《唐山工党宣言书并简章》，载《大公报》1912年5月3日，第9版。

造厂里的广东籍党员，另组织成立旅唐粤人工界团体会，后来又改组为华民工党。华民工党将总务设在唐山，却把总事务所设在北京，并打算组成全国性的工党。当时唐山工人加入华民工党的也不少，该团体人员皆戴银牌，上书"华民工党"4个字。华民工党的会长是周元泰，邓培参加了华民工党，并与何其标、陈定瑞等一起担任了理事。[①]华民工党还从9月开始发行日刊，日刊经常揭露唐山工厂中帝国主义分子、资本家和包工头的罪恶，极力维护工人利益。华民工党还多次领导工人进行反停工斗争。邓培通过华民工党，经受了早期工人斗争的洗礼，团结了一部分工人群众，维护了工人的一部分权益。但是华民工党与唐山工党时常处于对立，斗争的方式也受到企业和部分工人的干扰，所以不到两年就解散了。组织工人团体的挫折和失败，使邓培受到了深刻的教育和启发，也为其之后领导工人运动提供了经验和教训。

三、坚定爱国信念

辛亥革命后虽然建立起民国，但中国仍受着军阀的统治和帝国主义的侵略，民众仍过着悲惨的生活，中国的民族危机仍然严重。邓培在参与组建唐山早期工人团体的实践中，坚定了自己的爱国信念。

邓培在唐山制造厂的工人中威望很高。他来自广东，熟悉西方列强侵略中国的历史，常向周围的工人讲述林则徐虎门销烟和鸦片战争中广东人民抗击英国侵略的历史，讲述洪秀全发动太平天国进行反清革命的故事。邓培青少年时期就来到天津学徒，正好经历了义和团运动，他也常向工人们讲述天津义和团反帝斗争的故事。邓培十分敬佩近代史上爱国志士的伟大精神，并将这种伟大爱国精神作为引领他不断前进的明灯。

一战期间，虽然西方列强放松了对华侵略，但唐山制造厂的工人们仍

---

① 《程帝炳回忆南厂罢工》，载中共唐山市委党史办公室编《唐山革命史资料汇编》第6辑，1987年，第155页。

受着英帝国主义和封建包工头们的压迫。邓培非常反对这种残酷剥削，他常对工友说："为什么工人就该受压迫，吃不饱？穿不暖？为什么压在工人头上的总管和监工就该享福？"①邓培的爱国观念激发起了斗争意识和革命热情，并深深影响到他身边的工人群体。

邓培还与身边的进步工人一起学习和讨论，他在唐山制造厂有一个叫甘达的表兄，思想也很进步，经常会向邓培介绍进步书籍。有了理论的熏陶，邓培的爱国革命觉悟更加提升了。

但是，五四运动以前的邓培还没有找到中国民族独立和复兴的正确道路。自发的反抗斗争和早期工人团体的建立虽然也起到了反帝反封建的作用，但结果帝国主义和封建主义的压迫和剥削仍然继续，这说明中国的无产阶级迫切需要新的理论来指导，需要新的政党来领导，需要新的革命方式。中国无产阶级的痛苦根源在于半殖民地半封建社会制度，工人要真正解放，必须推翻这个社会制度。而在五四运动以前，邓培还没有完全认识到这点。五四运动后，他开始接受马列主义，逐渐找到了正确的革命道路。

---

① 邓伯长、李辅祥、王彦文等：《回忆邓培同志》，河北省民政厅编《河北革命烈士史料》第一集，保定：河北人民出版社，1959年，第62页。

第二章

历史
文化史

五四运动中的锤炼

第一节　工、学联合

一、一战风云

第一次世界大战是列强争夺世界霸权矛盾爆发的产物。一战期间，中国并没有改变半殖民地半封建社会的地位，北洋军阀的统治使政治更加混乱，社会更加黑暗，给人民带来了更加深重的灾难。然而，一战却为中国民族工业的发展提供了一个契机，迎来了短暂的"春天"。民族工业越发集中，从地域上看，多集中在上海、天津、广州等通商口岸城市及其周边地区；从行业上看，多集中于纺织、面粉、运输、水泥及机器制造与修理业等。民族工业在规模上也越来越大。随着民族工业的发展，中国产业工人队伍也不断壮大，一战结束时，工人人数大约有200万，国内的阶级结构和阶级关系发生了深刻的变化。邓培所在的唐山制造厂的发展从一个侧面反映了民族工业的发展，他所领导的唐山早期工人运动的开展也反映了工人队伍不断成长。

民族资本主义的发展推进了新文化运动的蓬勃开展，一系列国外政治、经济、文化思想的传入，反映了时代的进步，刺激了民族资产阶级提出自己的政治和文化要求，开拓了无产阶级的视野。

一战结束，中国站在协约国集团一边成为了战胜国，中国民众在新知识分子的影响下对1919年召开的巴黎和会寄予了厚望，幻想"公理战胜强权"。但是，巴黎和会的进程却无情地打破了人们的幻想。和会最高会议拒绝了北京政府希望列强在中国废弃势力范围，撤退外国军队、巡警，裁撤外国邮局及有线无线电报机关，撤销领事裁判权，归还租界，关税自由，取消二十一条的提案，并规定日本继承德国在山东的一切权益。巴黎和会失败的噩耗传来，人们从幻想坠落到残酷的现实中。期望越高，失望越大，愤怒越强，一场规模空前的五四爱国运动像火山一样爆发了。从

"五四"到"六三"，从北京到上海，从学生罢课到工人罢工，全国各地、各阶级都掀起了反帝爱国的巨浪。国内外形势的急剧变化深深地影响了邓培。

二、五四时期的唐山学生爱国运动

唐山虽是一小镇，但在列强不断侵略下朝着近代化迈进，因近代事业的需要，在晚清已经建立起了一批新式学堂，如唐山路矿实业学堂等。因受新式教育，唐山路矿实业学堂学生在晚清发生过风潮。1908年唐山路矿学堂在洋教习主导下将赡银改为奖赏，造成了学生获银不一，贫困学生难以维持学业，导致了学生罢课。唐山学生的反抗压迫至此开始。1912年，该校改名为唐山铁路学校，1913年改名为唐山工业专门学校，是我国最早建立的一所高等工业专科学校。

从1918年下半年开始，唐山工专的学生在本校图书馆的阅览室里可以读到陈独秀等人主办的《新青年》杂志，部分进步学生受到新文化运动思潮的影响，他们将进步思潮称为"曙光照临"。1919年随着五四爱国运动扩展至全国，唐山这一工业重镇立刻沸腾，隶属交通部的唐山工业专门学校的学生首先起来响应，学校的气氛由沉静而变为活跃。1919年该校有学生200多人，学生们素来富有爱国热情。5月5日，当北京学生五四反帝爱国运动的消息传到唐山，唐山工业专门学校的同学们当即举行集会，发表宣言书，抨击"我国民放弃天职，不自振作拿出严厉的手段给这些内妖外仇一个厉害"，感叹"我们如是大学生到现在国将破家将亡的时候，还不大家来想个法子，尽我们应尽的责任，那可不是国家所以教育我们的意思么"①，决定要将学生组织起来，并派代表到北京和天津联系。5月7日，该校成立救国团，5月12日下午召开全体大会，决定派李中襄等人赴北京、

① 《唐山工业学校开会》，载《益世报》1919年5月16日，第7版。

天津参加学生会议，通电全国要求参加巴黎和会的代表立即退出和会，要求释放被拘捕的中国留日学生，要求政府严办卖国贼，提倡抵制日货，发行《救国报》，设立演讲团。《救国报》每周一期，用白话文编写，以"救国"二字以示目标，内容主要是反对签订巴黎和约，抵制日货，宣传五四运动的意义，号召民众同心打倒日本帝国主义；还特别刊登了唐山工人的劳动和生活状况，深受包括工人群体在内的广大唐山群众的欢迎。5月14日，李中襄等学生代表参加天津学生联合会成立大会，随后唐山学生救国团竭力联络工界和商界，推进公民大会召开。5月24日，唐山工业专门学校的学生召开全体大会，决定罢课，发表宣言，号召"此次我国外交失败，国势之危已如累卵，凡我帮人士靡弗奋起力争"，"同人等在国为国民，在校为学子，天下兴亡，匹夫有责"，"罢课期内，一则力行救国之职责，一则严守校中之秩序"，并公布《罢课期内自治规约》，通电全国。①6月初，该校学生代表到北京与北京学联建立联系，北京学联负责人黄日葵和罗章龙等人认为唐山的大学只有一所，学生不如北京多，搞爱国运动力量单薄，但唐山有几万铁路和矿山产业工人，这些工人如果提高觉悟，斗争的力量要比学生强大得多，因此，建议唐山学生要根据唐山形势采取和路矿工人联合起来开展反帝爱国运动的方针。②

　　唐山工专学生在五四运动以前就与邓培等南厂工人建立了联系，五四时期唐山工专的学生更是和邓培商讨如何组织唐山反帝爱国运动。许元启、吴鸿照和裴庆帮等学生与邓培关系较好，学生的爱国反帝运动得到了邓培的热情支持。那时，唐山工业专门学校的学生与唐山制造厂、开滦煤矿工人的联系逐步多起来了，通过邓培、梁鹏万等人的介绍，一部分同学开始访问工人，他们访问工人寓所，潜下矿井。访问后，学生便写了一些

---

① 《唐山学校罢课之宣言与自治》，载《益世报》1919年5月26日，第6版。
② 西南交通大学校史编辑室编：《西南交通大学校史》，成都：西南交通大学出版社，1996年，第64—67页。

有关矿工劳动与生活方面的报道。在邓培、董恩君等的帮助下，许元启写过一篇文章《唐山劳动状况》，介绍包括唐山制造厂在内的唐山工人劳动和生活情况，发表在《新青年》杂志上。唐山工专的学生还在南厂等地办注音字母传习所，通过平民教育的方式在工人群体中教授新文化。[1]1919年《每周评论》中有一篇报道《唐山煤厂的工人生活》也描述"唐山煤厂的工人，约有八九千人。这样多数工人聚合的地方，竟没有一个工人组织的团体"。[2]唐山工业专门学校五四运动期间联合工商界群众成绩显著，《天津学生联合会报》曾记载五四运动时期学生与几万工人和几千商家有密切的联络。通过五四前后学生与工人更进一步的联系，学生对工人受压迫剥削和工人生活的困苦，了解得更加深入。

　　在学生运动和上海等地工人运动的鼓励下，唐山各厂矿的工人都动员起来，邓培也在唐山制造厂的工人中酝酿斗争。他在工人中散发唐山工业专门学校学生编印的《救国报》，集合工人一起阅读。该报揭露帝国主义侵略罪行，报道各地救国壮举，文字浅显易懂，工人很受教育。工人们每天三五成群议论国事，要起来反对帝国主义，反对北京政府。邓培由于参加了早期工人团体，受到了辛亥革命和新文化运动的影响，他经常在下工前，登上工厂北机器房的打磨台，满腔热情地向工人揭露日本帝国主义拒不交还我国山东权益的强盗行为，揭露卖国的"二十一条"对国家民族的危害，号召大家起来救国。他大声疾呼："朝鲜人民在日本帝国主义统治下，过着亡国奴的生活，真是太痛苦了。'二十一条'要叫咱们亡国灭种，咱们工人不能不管！"他又说："大家必须团结起来进行斗争，才能取得胜利！"邓培的话在工人群众中产生了很大的影响。有许多工人团结在邓培的周围，要求洗雪国耻。

---

① 许元启：《回忆五四运动前后的唐山交大》，载中共唐山市委党史办公室编《唐山革命史资料汇编》第3辑，1984年，第1页。

② 明明：《唐山煤厂的工人生活》，载《每周评论》1919年3月9日，第2版。

第二节　领导建立新式工人组织

一、建立"同人联合会"

为了领导全厂的爱国运动，邓培于1919年6月上旬在唐山制造厂发起建立了同人联合会（又称职工同人会）。在五四运动的推动下，爱国反帝舆论宣传不断扩大，"和会不合理""二十一条是卖国的"等口号在工人间不断扩散，南厂的青年职工也议论纷纷，一来二去，工人们的思想酝酿接近成熟。有一天，邓培和张云汉、梁鹏万、邓开泰、周甸、郭东潮等凑在一起说："日本要我国承认二十一条，咱们要求政府不能承认。"邓培和工人们酝酿一番，终于研究出一个办法：成立一个"同人联合会"，通过这个工人组织把各厂的工人都团结在一起，向政府请愿和进行抵制日货的行动。经过筹备，拟定了会章，各厂选出代表参加成立会议。在会上选出邓培为会长，另外还选出文书、总务，张云汉被选为会计。南厂同人联合会的地址在厂门外右边一所房子里，室内还写着"劳动神圣"四个大字。另外，同人联合会还有《解放与创造》等杂志，工人们经常到那里去看书报，爱国的思想觉悟不断提升。①

二、组织"救国十人团"

同人联合会是一个爱国的群众组织，工人是基本群众，也有员司和工头参加。在同人联合会的领导下，在唐山工专学生的支持下，邓培等人根据上海经验组织了"救国十人团"（又称爱国十人团）。每10人编为一团，推一代表为团代表，10团公推一代表叫"十代表"。救国十人团以部

---

① 《张云汉的回忆》，载中共唐山市委党史办公室编《唐山革命史资料汇编》第5辑，1985年，第160页。

门为单位组成，实际上有多于10人的，也有少于10人的。救国十人团的宗旨是提倡国货，振兴实业，节省靡费，推进爱国事业。团员须督守以下规约：一，永远不买日人货物；二，终身不为日人服务；三，不租房屋与日人居住；四，住屋上不准日人张贴广告；五，不准使用日人货币（已有者立即提现），并不得以银钱存于日人银行。救国十人团中人人相约不用日货，并督率家庭及亲友遵守。唐山制造厂的救国十人团在邓培领导下，心气很盛，和唐山工专的学生一起，组成宣传队，到大街

《中国职工运动简史》书影

小巷去粘贴标语，散发传单，向民众讲解抵制日货的意义，口号是"商店不卖日货，市民不买日货"。唐山制造厂救国十人团除在市内宣传外，还经常扛着一面大红旗，跑到附近郊区去讲演，并利用礼拜天的休息时间，与学生组成的调查队一同到唐山各商店搜查日货。各厂房工人纷纷主动捐钱，买纸笔写标语，宣传抵制日货。[①]参加救国十人团的，多是工人中的先进分子，邓培同时也团结工厂中的下级员司参加爱国运动。他要求既然加入十人团，工人们就要互相监督，互相联络，坚持到底，不得中途涣散。

邓中夏在《中国职工运动简史》中回顾五四运动中的爱国罢工时说："据我们所知道的，京奉铁路的唐山和京汉铁路的长辛店工人是加入了的，他们不仅仅有过大示威游行，而且还组织了团体，当然还只限于爱国的意义。"[②]这里所说的唐山组织的爱国团体，就是邓培领导建立的唐山制

---

① 王彦文：《"五四"运动在唐山》，载中共唐山市委党史办公室编《唐山革命史资料汇编》第5辑，1985年，第154页。

② 邓中夏：《中国职工运动简史》，山东新华书店，1949年，第8页。

造厂同人联合会和救国十人团。

唐山制造厂老工人幺俊清曾回忆邓培领导下的唐山制造厂工人群体举行的示威游行："那时每天中午十二点钟有从东来的一趟快车,每车上常坐着不少外国人,我们就专门在这时候排队到火车站上去,高呼'打倒帝国主义''反对不平等条约'等口号,给外国人看,向他们示威。"①邓培和他领导的工人们在爱国反帝运动中表现十分勇敢。

唐山制造厂的同人联合会和救国十人团,在邓培的领导下成为了唐山爱国运动中的骨干力量,为唐山工人运动培养了一批干部,这两个组织后来成为20世纪20年代唐山大罢工的核心力量。北京政府对于救国十人团爱国反帝活动十分恐惧,密令取缔十人团,认为"此项组织,下等社会既居多数,尤恐图乱治安,影响大局"②,这从侧面反映出救国十人团的斗争对推进五四运动的深入发展起到了重要作用。

第三节　唐山五四风潮

一、唐山第一次公民大会和唐山工人首次政治罢工

在全国反日爱国运动的推动下,唐山的爱国斗争逐步突破了青年学生、知识分子和部分产业工人的范围,发展成为绅、商、学、工、农、教六界联合的广大群众的革命运动。经过全国各地人民的坚决斗争,6月10日,北京政府被迫下令罢免曹汝霖、陆宗舆和章宗祥三个"卖国贼"的职务,五四运动取得阶段性胜利。为了庆祝这个重大胜利,进一步推动唐山

---

① 《幺俊清的回忆》,载中共唐山市委党史办公室编《唐山革命史资料汇编》第5辑,1985年,第159页。

② 《北京政府密令取缔十人团》,载中共唐山市委党史办公室编《唐山革命史资料汇编》第5辑,1985年,第61页。

反帝爱国运动向前发展，在唐山商会响应罢市和唐山工业专门学校学生积极推进的基础上，6月12日，唐山各界人民在火车站旁旷地召开第一次公民大会。会前邓培得到消息，积极发动唐山制造厂的工人参加会议，同时派人到开滦煤矿和启新洋灰公司联络工人一起参加。当天上午11点，大会正式开始，与会者有上万人，由临时主席郭友三作报告，随后，学、工、商、农等各界代表32人上台演说，言词均激昂慷慨。台下民众莫不动容，爱国热忱被激发出来，或鼓掌，或举手，或高呼，或流涕。开滦煤矿1000多名工人，冲破外国矿师的阻挠，头戴上书"勿忘国耻"等字样的中国草帽整队参加大会，煤矿工人进入会场一见国旗就脱帽欢呼，会场民众鼓掌呼应，一时人声鼎沸。随后，启新电灯公司的工人也罢工参加了大会。唐山制造厂的大部分工人因受厂方阻挠，上午未能参加公民大会，工人们非常愤怒。下午3时，邓培组织该厂二三千工人组成工人团，冲破副厂务经理孙鸿哲的阻拦，不顾饥饿与疲劳，一起赶赴火车站旁旷地会场。这是唐山工人的第一次政治罢工，壮大了唐山反帝爱国运动的声势。但是这时群众大会已经结束，邓培要求复开大会，并和唐山工业专门学校的学生一起组织讲演。唐山资本家张佐廷闻讯后，向工人鼓吹"文明抵制"，"劝其暂勿罢工，致生乱事"，遭到邓培拒绝。邓培等表示"其后倘管理者对于吾辈爱国举动有所取缔，或唐山商界不能坚持到底，则必罢工"①，表现了无产阶级要以独立的姿态参加反帝爱国运动的决心。

　　工人和学生随后一起参加了街头演讲，代表们接连登台讲演，愤怒声讨帝国主义侵略和卖国贼祸国的罪行，最后大会一致决议：通电北京政府：一，要求外交不让步；二，保护学生不加干涉；三，惩办国贼。大会至下午3时结束。通过这次大会，学生与工人建立了更密切的关系。邓培就常到唐山工专，向学生讲述辛亥革命以后，唐山曾以广东人为骨干组织过

---

① 《唐山罢市后之公民大会》，载《益世报》1919年6月16日，第6版。

工会，孙中山还到唐山来与工人见过面，讲过话。邓培很有组织能力，常带着同学们到南厂、启新、开滦等厂矿去跑。[①]在五四运动的影响下，工人和学生的革命觉悟有了显著提升，唐山的革命形势随之高涨起来。

二、唐山第二次公民大会

1919年6月10日，北京政府大总统徐世昌被迫下令免去交通总长曹汝霖、驻日公使章宗祥、币制局总裁陆宗舆三个亲日派卖国贼的职务，然而山东问题还没有解决。凡尔赛和约签字日期是6月28日，在签字日期日益迫近的情况下，全国掀起了轰轰烈烈的拒签和约运动。

6月24日，唐山各界人民在火车站旁旷地召开第二次公民大会，坚决要求北京政府拒签和约。邓培组织领导唐山制造厂全体工人举行罢工参加大会。当天中午12时许，北厂房的工人在邓培率领下，南厂房的工人在刘美智率领下，整队赴会。厂方英帝国主义分子和副厂务经理孙鸿哲闻讯后，张皇失措，连忙带领一帮打手，赶到工厂门口进行阻挠。

英国监工罗威、富兰克林等人指手画脚，指责工人不该罢工参加大会。邓培挺身抗议说："我们开会反对凡尔赛和约是中国人的事，你们外国人不要管。"

孙鸿哲也上前责问工人："你们不上工，跑到这来干什么？"工人说："是为了反对卖国二十一条约，去游行示威。"孙鸿哲说："这是国家大事，你们管不了，这件事由官家去办。"工人们根本不理睬他，他就用威胁的口吻说："你们不上工，就不给工资。"这时，邓培在大家面前对孙鸿哲说："我们要国家，可以不要工资。"许多工人异口同声地跟着说："对，对，我们要国家，可以不要工资。"一下子就把孙鸿哲顶回去

---

① 许元启：《回忆五四运动前后的唐山交大》，载中共唐山市委党史办公室编《唐山革命史资料汇编》第3辑，1984年，第1页。

了。①

　　紧接着，邓培带领工人队伍涌出工厂，奔赴会场。孙鸿哲气急败坏，尾随工人队伍追至会场，竟然无耻地向组织大会的唐山工业专门学校学生提出责问："你们开会，我的工人都来了，你们要负责任！"这遭到了学生的驳斥，厂方最终也没有达到阻挡工人参加大会的目的。

　　这时已经是下午1点，唐山制造厂工人排除厂方干扰毅然罢工参加公民大会的行为，受到与会群众热烈欢迎，大大鼓舞了唐山民众的爱国热情。邓培和参加大会的工人头戴一种用高粱秆皮编织的酱蓬斗，上写"勿忘国耻"4个大字，手持写着反帝口号表达悲愤之情的白布旗子。邓培作为工界代表和学、商、绅、教、农各界代表一起登台讲演，控诉帝国主义的侵略罪行，反对凡尔赛和约，反对帝国主义侵略，要求废除不平等条约。他们的讲演激昂慷慨，听者动容。邓培带领到会工人群众，不断振臂高呼"千钧一发，勿忘国耻，睡狮苏醒，力争国权""打倒日本帝国主义""打倒卖国贼""废除二十一条""誓死争回青岛""拒绝和约签字"等口号，声势雄壮，气冲云霄。大会一致通过三份电文，一份致中国出席巴黎和会的代表陆征祥和王正廷，一份致北京政府，一份致全国人民，三份电文均表示了唐山民众反对签约的决心。最后有人提议效法津、沪等地，组织绅、商、学、工、农、教六界联合会，作为永久性爱国组织，邓培代表工界表示赞同。这次大会参加群众超过4万人，至下午4点半散会。

　　唐山制造厂副厂务经理孙鸿哲阻挠工人参加爱国运动的行为，使唐山制造厂的工人非常愤怒，工人说："看孙鸿哲的样子和曹汝霖差不多，非教训他一下不可！"事后，几个工人去烧孙鸿哲的住房，大大出了一口气。

　　邓培领导唐山工人举行的政治罢工和爱国运动，具有非常重要的意义。胡乔木写道："中国工人阶级的作用在一九一九年的'五四'运动中

---

① 《齐景林的回忆》，载中共唐山市委党史办公室编《唐山革命史资料汇编》第5辑，1985年，第158页。

开始表现出来。上海、唐山、长辛店等地的工人以中国历史上第一次的政治罢工参加了全国人民反帝国主义斗争，帮助斗争迅速地得到了胜利。"[①]以邓培为代表的唐山工人在五四运动中表达了鲜明的反帝反封建的立场，他们斗争英勇，以独立的行动展示了不同于资产阶级的反帝爱国力量，猛烈地冲击了中外反动势力，表现了工人阶级的觉醒，彰显了工人阶级的伟大力量，标志着中国无产阶级开始以自觉的姿态登上了政治舞台，表明了中国无产阶级有力量担负起领导中国反对帝国主义反对封建主义的革命历史任务。

三、参加唐山各界联合会

由于全国人民的坚决斗争，6月28日，中国政府代表拒绝在凡尔赛和约上签字，五四运动取得了重大胜利。在这之后，反帝爱国运动仍在全国延续，不断出现高潮，邓培领导唐山制造厂的工人继续进行斗争。

6月29日，唐山绅、商、学、工、农、教六界代表在永盛茶园召开会议，决定建立唐山各界联合会。7月6日，各界代表115人，列席代表30余人，在广东会馆召开唐山各界联合会成立大会。邓培和梁鹏万作为工界代表，参加了筹备会议和成立大会。成立大会制定了唐山各界联合会章程，根据章程，设评议部和总务部，选举郭友三为评议部部长，刘硕忱为副部长，刘锡碬为总务部部长，张佐庭为副部长。总务部设八股，推选股员若干，评议部设评议员，每界4人，一共24名。邓培和梁鹏万作为工界代表，被公推担任了评议员，参加了唐山各界联合会的领导工作。在大会上，邓培和各界代表一致议决，通电中国驻巴黎专使："拒绝签字，举国同钦，请坚持到底，勿为强大所怯，吾民愿为后盾。"

在唐山各界联合会的领导下，唐山各界民众将抵制日货，反对日本帝

---

① 胡乔木：《中国共产党的三十年》，载中国人民解放军第三高级步兵学校政治部编《中国共产党的三十年》，1951年，第7页。

国主义经济侵略的斗争推向了高潮。根据唐山各界联合会8月10日发出的《唐山联合会惩办私购仇货通告书》的规定："第一次私购者，查明后以其所购货原值之半数充公；一次科罚后又为第二次者，以其所购货原值之全数充公；科罚二次仍不悛改并敢为三次者，即不问其商号之大小仇货与非仇货立将该商号内所有物品概行充公，其私购经手人亦按每次所罚该号之货数按三分之一罚之。"①唐山各界联合会还发出《唐山联合会调查股通告》，指出联合会下属调查股"调查一切应兴应革之事，以谋全会之进行及调查仇货增减，以便国货之畅销为宗旨"②，设考查科、侦查科、巡查科和书记科，各科职能明确，为日货调查工作奠定了基础。

8月前后，唐山工业专门学校的学生组织了"唐山夏令学生救国团"，以"提醒真正民意维持国货"为宗旨，开展抵制日货和支持国货运动。邓培经常利用下工后和星期日的时间，率领唐山制造厂的救国十人团，与唐山夏令学生救国团一起联合，并肩战斗。他们组成若干个小分队，打着白旗，冒着酷暑，走上街头，深入农村，散发传单，张贴标语，宣传讲演，号召商人不卖日货，市民和村民不买日货，人人皆用国货。邓培带领讲演队疾呼口号："日本侵略中国到了危险程度，大家起来抵制日货。"③他领导的工人演讲队进行宣传时，唱过这样的歌词：

> 既是中国人，当用中国货。
>
> 莫谓不干己，人人应尽责。
>
> 君不见，街上走的外国人，通身哪有中国货？

① 《唐山联合会惩办私购仇货通告书》，载《益世报》1919年8月10日，第7版。

② 《唐山联合会调查股通告》，载《益世报》1919年8月11日，第6版。

③ 《张云汉的回忆》，载中共唐山市委党史办公室编《唐山革命史资料汇编》第5辑，1985年，第160页。

寄居中国尚如此，何况在本国！①

演讲队一直坚持了几个月，在唐山的大街小巷和附近西北井、张各庄、部家庄、东府庄、西府庄、大艾庄、稻地镇等农村的田头，都留下了邓培和其他工人、学生战斗的足迹和汗水。

邓培还领导唐山制造厂的工人和唐山工业专门学校的学生，一起组织了巡查队，到火车站流动巡查贩卖日货者，同时到唐山各商店搜查日货，对私贩日货进行出售的奸商进行惩治。一次，有一户奸商经铁路从外地运来一批日货，为躲避检查，不敢直接运到唐山，在胥各庄就卸货，再转运到唐山镇，但是这一情况仍被京奉铁路工人发觉。邓培当即派人通知唐山工业专门学校学生赶赴鸦鸿桥，查出并销毁了这批日货，这一事件极大地震慑了唐山的奸商。邓培表现出鲜明的爱国立场，坚决执行唐山各界联合会的决议，对倒卖日货的奸商毫不手软，赢得了爱国学生和唐山广大群众的称赞。

邓培领导唐山工人和学生的坚持抵制日货的斗争，取得了巨大成绩。天津《益世报》9月2日报道说："该镇日货现在已肃清。"又说，"工界如开滦矿务局、铁路制造局，均异常热心，对于提倡国货更为各界所不及"②，这充分体现了邓培所领导的唐山工人成为了提倡国货抵制日货运动的先锋。

入秋后，唐山各界联合会集股在粮市大街25号开设了国货公司，专卖国货，而公司所有股份都由唐山民众自愿购买。唐山制造厂的工人尽管工资微薄、生活贫困，但在邓培领导下，依然踊跃入股，生活上实在困难的就几个人合着凑一股。唐山制造厂同人联合会派代表与商界、学界等各界

---

① 纪华：《国货售品所始末》，载中国人民政协文史资料研究委员会编《文史资料选辑》第31辑，北京：文史资料出版社，1962年，第229页。
② 《唐山联合会之报告》，载《益世报》1919年9月2日，第2版。

代表一起监督国货公司的经营，唐山制造厂工人王彦文还当了国货公司的货品推销员。国货公司是民众运动的产物，开市以后，很多百姓关顾，生意红火，五间门面，常常挤满了购买国货的顾客。①

四、声讨马良祸鲁

1919年8月5日，济南镇守使兼戒严司令马良，以"煽惑军警，危害治安"的罪名，在济南枪杀了主张抵制日货的爱国商人、回教救国后援会会长马云亭等3人，引起了全国人民的公愤。8月14日，唐山各界联合会致电北京政府要求将"蹂躏民权，残杀无辜，丧心媚外，罪无可逭"的马良"免职查办，以谢天下"②。唐山、山海关等处代表赴京，与山东等地代表联合进行请愿斗争，"欲以牺牲的精神打动政府已死之良心"，"为国家之生存及人民之人格起见不得不奋起力争"③。

8月23日，北京政府大总统徐世昌悍然下令拘禁了包括唐山代表张敬之在内的35名请愿代表。8月24日，因前一天请愿团代表被拘，唐山各界联合会选派部叔垣和郭友三2人为代表参加直隶请愿团赴京继续请愿，"以期再接再厉，而伸民气"④，并着手组织第三批请愿团赴京。8月26日，唐山各界联合会召开紧急会议，"议决先预备第三次赴京代表四人作第二次代表声援。当选者为高蔼轩、陆沉、吕亚侯、邓少山（即邓培）四君"⑤，邓培由此被推上了全国反帝爱国运动的中心舞台。当日，唐山和京津等地的请愿代表，顶着酷暑天气奔赴新华门请愿，但大总统徐世昌仍拒不接见。8月27日，北京各校1000多名学生和从天津、唐山等地赶来的各界代表，齐集

① 王彦文：《"五四"运动在唐山》，载中共唐山市委党史办公室编《唐山革命史资料汇编》第5辑，1985年，第156页。
② 《唐山各界联合会请罢免马良电》，载《益世报》1919年8月14日，第6版。
③ 《北京等处各界联合会电》，载《益世报》1919年9月4日，第2版。
④ 《唐山各界联会之急气直追》，载《益世报》1919年8月26日，第2版。
⑤ 《唐山各界联合会紧急会议之结果》，载《益世报》1919年8月29日，第3版。

新华门继续请愿，入夜后，代表们露宿于新华门前。唐山在京第二批请愿代表快邮唐山各界联合会，声称"请愿尚未遂"，当晚，评议部召开会议议决第三次赴京代表立刻赴京，邓培和吕亚侯二人于8月28日凌晨3时乘夜车赶赴北京。①

北京政府逮捕请愿代表的罪行，激怒了各地代表和全国人民，而作为斗争中心的北京，已是一片沸腾，各地代表决心与反动北京政府斗争到底，誓达目的。邓培于8月28日中午赶到北京以后，当即奔赴新华门前参加了请愿队伍。他力主坚决斗争，不达目的，决不罢休。面对请愿声势的不断壮大，北京政府决定强制解散请愿队伍。下午1时许，反动当局派出大量军警，将请愿代表从新华门强制押送天安门。邓培等代表怒不可遏，向反动军警提出强烈抗议。警察总监吴炳湘来到天安门，强迫代表们解散并回各地，邓培和各地请愿代表同仇敌忾，坚决反对反动当局的压迫。代表们时而演说，时而唱歌，时而高呼中华民国万岁，气氛热烈。此时在天安门内的男代表有300余人，女代表也有数十人。晚上8点左右，数千全副武装的军警开入天安门内，妄图将马骏等人带出。马骏是天津学生联合会副会长，在请愿斗争中表现得最为激进。各地请愿代表当即将马骏团团围住，打算保护马骏突出重围，遭到反动军警血腥镇压。请愿代表们有的被反动军警用枪托撞击，有的被反动军警拳打脚踢，一时场面极其混乱。请愿代表们手无寸铁，被反动军警无情殴打，悲惨之状目不忍睹。结果被殴打致伤者数百人，重伤十余人，甚至有部分女代表负伤。邓培和郭友三等唐山代表，面对反动当局的镇压，英勇无畏，不屈强权，全力掩护马骏，但马骏还是不幸被捕，各地请愿代表有伤者被送入医院，无伤者则被反动军警押送前往各学校。邓培随北京大学学生被押送到北大校园，由此他与北大一部分进步学生建立了联系，更加有利于接受革命思想的熏陶。这次请愿

---

① 《唐山各界联合会急电》，载《益世报》1919年8月30日，第2版。

活动使邓培受到了一次战斗洗礼，进一步认清了北洋军阀的反动面目，他的革命意识再次升华。

唐山请愿代表郭友三，生于1893年，名蛟，字文会，号友三，唐山郭大里人。曾就学于永平中学和成美学校，后因祖母年事已高，返家协助其父经营聚兴药店。五四运动中，他作为唐山商界代表，对唐山爱国运动筹划颇多，在第一次公民大会中被推为临时主席。他积极与邓培等工界代表筹划爱国罢工运动。后唐山各界联合会成立，他被选为评议部部长。在声讨马良祸鲁的请愿运动中，郭友三被推为唐山赴京的第二批代表，是被政府骗捕12名代表中的一个，请愿过程中表现得非常勇敢，在天安门前因掩护马骏，被反动军警的枪柄打伤；加之多日劳累，头晕身痛，接回唐山后医治无效，于9月10日去世，时年27岁。郭友三的牺牲，是唐山爱国运动的一个损失。9月21日下午1点，唐山各界人民在新立街绅商国民学校举行追悼大会。[①]邓培代表唐山制造厂同人联合会，敬献了花圈和挽联。邓培在追悼大会上，愤怒声讨反动当局血腥镇压群众爱国运动的滔天罪行，表示要与反动势力斗争到底。会后，邓培和与会群众抬着郭友三烈士的遗像游行，沿途不断高呼"打倒日本帝国主义""打倒卖国贼"等口号。为了纪念死难烈士，唐山各界集资在陈谢庄南边坑沿上，建立了郭友三纪念碑，而郭友三的爱国精神，一直激励着唐山人民。

五、支援"闽案"

在帝国主义掀起瓜分中国狂潮之际，日本将福建视为自己的势力范围。一战时期，日本加强了对福建的渗透，五四运动爆发后，福建的爱国民众积极支持，日本在闽侵略势力加紧镇压福建反帝爱国运动。1919年11月16日，日本驻福州领事馆的军警勾结侨居福州的几十名日本浪人，在

---

① 《又赔了一个烈士》，载《益世报》1919年9月12日，第4版；《追悼郭烈士哀启》，载《益世报》1919年9月18日，第4版；《郭君友三之略史》，载《益世报》1919年9月22日，第6版。

福州殴打抵制日货的爱国学生，打伤学生多名，造成震惊全国的"福州惨案"。11月23日，日本政府派军舰运兵在福州登岸示威。消息传出，举国震惊，反日爱国运动再次掀起高潮。

11月17日，全国各界联合会通电全国各团体、报馆，号召全国各界人民"一致奋起，亟图自救"。唐山各界联合会立即响应号召，召集会议议决致电北京政府，抗议日本帝国主义暴行，要求惩办凶犯，赔偿损失，同时致电福州和全国各团体，表示唐山人民誓作福州人民坚强后盾。邓培作为工界代表出席了会议，坚决支持会议决议，号召全力声援福州民众，反日到底。

随后，唐山再次掀起抵制日货运动。邓培领导唐山制造厂救国十人团与唐山工业专门学校学生继续组织宣传队和巡查队，四处张贴标语，散发传单，宣传抵制日货买卖，并到火车站和商铺搜查日货。

12月23日，唐山各界联合会领导召开了第三次全镇国民大会，到会者2万余人。大会声讨日本帝国主义暴行，致电北京政府要求"严重交涉"。邓培领导唐山制造厂工人再次举行政治罢工，参加国民大会和会后大游行。大会发表宣言："我辈乃黄帝之胄裔，沐四千年之文明，和平是望，大同是期。徒以年来奸人乘运，国政不纲，丧地失权，吞声忍泣。迄于今日东邻暴戾恣睢，迫我签亡国灭种之约，逼我割文明发祥之区，我同胞是以忍无可忍，欲以经济绝交之手段，促其觉悟于万一，共维东亚之和平，藉增人类之幸福。乃东邻漫无悔祸之心，反深侵略之意，一再迫我中央，辱我人民。近日复又在福州，由该国领事组织有武备之团体，惨杀我学生、警察多人，虽屡次抗议，迄无要领，似此目无友邦，肆行无忌，与蹂躏人道之德意志何异？我当轴暗弱，不敢先发，然我神明之胄裔，终不忍坐沦于军国主义之下。此次集会，聊示我辈之决心，藉得世人之同情，共祛除人道正义之蟊贼，以奠世界之和平，世界幸甚！中国幸甚！我唐山人民亦即于是日起与东邻断绝一切贸易上社交上之关系，不至东邻有确实觉悟而渝此誓者，共起逐之。"表达出强烈的爱国反日思想。会上，邓培等几位工人代表提议将几个月来联合会所查获的日货全部烧掉，当即由大会主席提付全体表决，结果与会代表一致赞同，当即将大批搜缴的日货搬到烧货地方，由大会主席刘锡暇点火，在场群众高呼"不卖日货"和"不买日货"的口号，围观群众拍手称快，欢呼声震天动地。烧毁日货后，邓培率领工人队伍与各界群众一起进行了游行示威，浩浩荡荡地经新立街、粮市街、广东街，最后到达广东会馆；大家排队，高呼三声"中华民国"和三声"抵制日货"，游行胜利结束。①

六、反对中日政府就山东问题直接交涉

巴黎和会上虽然中国政府外交失败，但由于中国代表没有在和约上签字，日本继承德国在山东的权益并未得到合法承认。1920年年初，日本政府命令驻华大使向北京政府外交部提出山东问题中日直接交涉，妄图以此方式实现其侵略目标。不久，日本发出最后通牒，威胁北京政府限期答复。北京政府对日态度软弱，有意妥协，激起全国各界民众的强烈反对。

1月下旬，天津各界民众尤其是学生的反日爱国斗争遭到军警当局镇压，当局下令逮捕天津各界代表，查封天津学生联合会和各界联合会。周恩来、于方舟、郭隆真、张若名4名学生代表被逮捕，60余名请愿代表被打伤，天津学生举行罢课，南开等学校教员也发表辞职宣言和敬告各界书。天津的爱国运动高潮直接影响了唐山，唐山各界联合会召开会议议决坚决支持天津学生的斗争，邓培参加了会议并积极拥护决议。2月2日，唐山各界联合会致函天津各界联合会，称"彼警厅拘捕代表是拘捕天津各界人民之代表也，其封闭各界联合会是解散天津人民之组织也。省长不允恢复天津原状，是蔑视天津人民之人格也。其不纳学生外交意见是欲甘心媚外也，其惨伤无辜学生是运其专制手腕也"②，表达了唐山各界民众誓作天津

---

① 《唐山国民大会开会纪》，载《益世报》1919年12月28日，第10版。
② 《唐山联合会告津埠同胞书》，载《益世报》1920年2月3日，第2版。

各界民众的后盾，支持天津人民坚持斗争到底。

然而，唐山的爱国运动也迅速遭到了反动当局的镇压。1920年3月13日晚8点半，邓培与前唐山各界联合会代表张敬之、邓鹤年、马如郇、秦姓等人在广东会馆前唐山各界联合事务所内谈话，天津警察厅保安队突然闯入室内，以私人集会结社一体严行取缔为由监视众人，邓培等人闲谈一刻钟被迫离开。3月16日，反动军警将广东会馆前唐山各界联合会室内所有物件全行搬移，并称"所有前该联合会机关已完全消灭"，反动气焰盛极一时。①同日，唐山工业专门学校学生会主办的《救国报》被勒令停刊，唐山爱国运动遭遇极大困境。

4月9日，为反对山东问题直接交涉，全国学生联合会致电北京政府，要求四日之内原封驳回日本通牒，但未获采纳。4月13日，全国学生联合会致电各报馆转各地学生联合会，要求一致罢课，进行反日斗争。4月20日，唐山工业专门学校学生响应全国学联总会决议，反对中日直接交涉，宣布罢课，"一以唤国民，一以促政府觉悟"。②下午3点，几十位学生携带旗帜传单在各街市游行演说，学生的斗争得到邓培和唐山制造厂工人的坚决支持，但却遭到反动军警的阻拦。5月22日，在全国民众反日运动的巨大压力下，北京政府被迫拒绝日本政府通牒，反对山东问题直接交涉的民众斗争，终于取得了胜利。

唐山的五四运动前后持续近一年，邓培在其中表现出鲜明的反帝爱国立场，在反帝斗争中身先士卒，凸显其较高的政治觉悟和卓越的组织才能，强化了他在唐山制造厂工人中的威信，更成为了整个唐山工界的旗帜人物。五四运动的积极分子张云汉在1959年回忆说："当时，邓培在工人

---

① 《呈报取缔联合会》，载《大公报》1920年3月22日，第3版。
② 《唐山工校已罢课矣》，载《益世报》1920年4月23日，第10版。

中很有威望，他说话的号召力很大，工人都听他的话。"①通过积极参加唐山历次公民大会和唐山各界联合会，邓培在唐山各界群众中的影响也越来越大。在五四运动中，学生组织爱国运动常找邓培商量，邓培带领唐山工人与唐山工业专门学校的学生患难与共，相互支持，共同战斗。邓培与唐山工业专门学校爱国师生建立的进步社团——人社，也建立了紧密的联系。人社宣传科学救国，五四运动中在唐山工业专门学校吸纳了一批积极的爱国青年知识分子。在五四运动中曾任唐山工业专门学校学生会副会长的吕季方曾回忆说："五四期间许元启与邓培关系较好，还有吴鸿照、陆廷俊与邓培也有联系。""在唐山地区，'五四'运动是学生和工人一起搞的。没有工人的支持，工作中通风报信（指检日货言），学生是搞不起来的。"②人社成员许元启也曾回忆邓培常常带着同学到南厂、启新、开滦等厂矿去联系。1920年寒假期间，许元启等唐山工业专门学校的学生，在邓培的帮助下，深入唐山制造厂和开滦煤矿进行调查，撰写了《唐山劳动状况》的调查报告。经过五四运动的洗礼，唐山的知识分子与工人群众相结合，不断谱写并肩战斗的革命新篇章。

　　邓培在这一时期的反帝爱国运动中，经受了锻炼，加强了与进步学生的联系，加强了自身的学习，思想得到了升华，从辛亥革命时期的工团思想上升到五四时期的无产阶级自觉革命意识。通过斗争，邓培明确了斗争的对象是帝国主义和封建主义。在民众爱国运动中，邓培也充分认识到全体民众团结起来才能取得斗争的最终胜利。

① 《张云汉的回忆》，载中共唐山市委党史办公室编《唐山革命史资料汇编》第5辑，1985年，第161页。
② 《吕季方的回忆》，载中共唐山市委党史办公室编《唐山革命史资料汇编》第5辑，1985年，第148页。

第三章

新的征程

文化历史

第一节　接受马列主义

一、李大钊的指引

五四运动前后，李大钊以北京大学为基地，以《新青年》《每周评论》等杂志为阵地，开始宣传马列主义。他团结了一批以进步学生为主体的革命知识分子，于1920年3月组织了马克思学说研究会。李大钊与这些青年革命知识分子认识到必须把马列主义宣传到工人群众中去，使马列主义与中国的工人运动相结合。李大钊提出了劳动教育问题，号召"多设补助教育机关，使一般劳作的人，有了休息的工夫，也要能就近得个适当的机会，去满足他们知识的要求"，"劳工聚

李大钊

集的地方，必须有适当的图书馆书报社专供人在休息时间来阅览"。[1]马克思学说研究会经过研究，确定首先到产业工人比较集中的长辛店、丰台、南口和唐山四处开展工人运动。

唐山是李大钊的故乡。在五四运动前夕，李大钊署名"明明"，在《每周评论》发表《唐山煤厂的工人生活》一文。该文介绍了唐山煤矿工人的劳动条件、工钱收入等情况，对遭受苦难的唐山煤矿工人表示了极大的同情，指出他们的生活十分悲惨，"工人的生活，尚不如骡马的生活；工人的生命，尚不如骡马的生命了"，同样也提出"这样多数工人聚合的地方，竟没有一个工人组织的团体"，工人们"没有什么团结"[2]，这是

---

[1]　守常：《劳动教育问题》，载《晨报》1919年2月14日，第7版。
[2]　明明：《唐山煤厂的工人生活》，载《每周评论》1919年3月9日，第2版。

工人遭受压迫和剥削的一个重要原因。5月5日，在李大钊的协助下，《晨报》开辟《马克思研究》专栏。而在《新青年》第6卷第5号、第6号上，李大钊连续发表了《我的马克思主义观》。在文中，李大钊系统介绍了马克思主义的唯物史观、政治经济学和科学社会主义。

李大钊参加发起组织"工读互助团"。12月14日，《晨报》上刊登了《工读互助团募款启事》：

> 做工的穷人，没有力量读书受教育，这不是民智发达上一种缺憾吗？读书的人不能做工，教育越发达，没有职业的流氓越多，这不是教育界一种危机吗？占全国民半数的女子不读书不做工，这不是国民的智力及生产力一种大大的损失吗？父兄养子弟，子弟靠父兄，这种寄生的生活，不但做子弟的有精神上的痛苦，在这财政紧急的时代，做父兄的也受不了这种经济上的重累。同人等因此种种理由，特组织"工读互助团"，来帮助北京的青年，实行半工半读主义，庶几可以达教育和职业合一的理想。倘然试办有效，可以推行全国，不但可以救济教育界和经济界的危机，并且可以免得新思想的青年和旧思想的家庭发生许多无谓的冲突。照眼前试办的预算需费不过千元。凡赞成此举者，请量力捐助，为荷。①

李大钊等人所提倡和推行的工与读、教育与职业结合的朴素思想，深深影响了一批包括李树彝在内的年轻知识分子，推动了他们日后从事于职工教育活动。李大钊在建党前密切关注到教育与职业、学生学习与工人生产、学生运动与工人运动之间的重要关联，"热衷于马克思主义的介绍和

---

① 《工读互助团募款启事》，载《晨报》1919年12月14日，第6版。

工人运动的实际推进"①，为学生运动与工人运动的结合指明了方向。

正是在李大钊的影响下，1919年秋天北京各学校学生组织了曦园，提倡泛劳动主义，"同时提倡青年采取行动，调查、访问北方地区工矿、农村与城市贫民的生活，寻求解决社会问题之方案。坐言起行，奋发有为"②，罗章龙、张国焘等人即是曦园的重要成员。1920年7月，曦园生活结束，罗章龙等人的生活"逐渐从纯书斋转入到产业工人群众中去，即深入中国工农兵群众而开展新的革命活动"③，罗章龙将之称为"新型革命思想的酝酿"。这表明罗章龙等进步青年学生即将与邓培等先进产业工人携手，推动中国新的革命运动的开展。

李大钊曾被张国焘高度评价："李大钊先生不是说教式的人物"，"他很注重实际的资料和比较研究"。④在五四运动以后，李大钊于1919年和1920年两次回到唐山，一度在唐山进行过社会调查。他访问了唐山工业专门学校，与时任唐山工业专门学校教师的吴稚晖等人有交往。李大钊还积极了解唐山产业工人状况，与唐山制造厂邓培等企业工人谈话，又去开滦林西矿进行调查，和王瑞来、李景春等矿工亲切交谈。李大钊给唐山的学生和工人带来了巨大的鼓舞和力量，为邓培等人的工作提供了指导，他的革命认识和实践深深影响了唐山的工人运动和学生运动。他通过在唐山的调查提出要把学生工作向工人中扩散，这为中国革命找到了一条积极有效的道路。

二、北京大学马克思学说研究会

1920年3月北京大学马克思学说研究会成立，这是一批倾心俄国十月

---

① 张国焘：《我的回忆》第1册，北京：现代史料编刊社，1980年，第86页。
② 罗章龙：《椿园载记》，北京：三联书店，1984年，第50页。
③ 罗章龙：《椿园载记》，北京：三联书店，1984年，第56页。
④ 张国焘：《我的回忆》第1册，北京：现代史料编刊社，1980年，第80页。

革命道路的先进青年知识分子的结合，致力于研究马列主义和十月革命。1921年11月17日，马克思学说研究会在蔡元培的支持下正式在《北大日刊》上刊登启事，发起者有罗章龙、邓中夏、黄日葵等19人，其中16人成长为党、团员。经过数次发展会员，研究会不仅在北京及周边各高校产生震动，还注意在工人中发展会员，唐山各学校和各企业有多人参加。根据罗章龙在新中国成立后找到的一份不完整的马克思学说研究会名单所载，参会的唐山京奉铁路工人有邓培和梁鹏万，唐山交通大学有李鸿斌、许启元、张剑鸣、许孝炎和游泳，开滦煤矿有董鸿猷。①

马克思学说研究会成立后不久，罗章龙所称为"当然会员"的李大钊认为这个团体"应从事一些工人运动"②，派研究会成员罗章龙等人陆续到唐山等地作调查。罗章龙回忆道："我第一次到唐山时，在街上碰到了一个广东人，他是个木工。我们就攀谈起来，从他的谈话中知道唐山有个广东会馆，有些势力，一部分广东籍工人技术较高，也有文化。我回到北京以后，经过研究，决定首先在唐山工人中找几个思想先进、技术高、在工人中有威信的人建立联系。后来我到南口去联系工作，又遇到一位广东籍的工人，我和他提起唐山的事。他说：'你们想到唐山去吗？京奉铁路唐山制造厂有我的一个朋友，叫邓培，也是广东人，和我一起做过工，我可以给你们介绍一下。'我叫他陪我们去趟唐山，他说不好请假，他可以给邓培去信。这个工人很热心，他接到邓培回信后，亲自到北京，告诉我们说：'邓培很欢迎你们去。'"③罗章龙在五四运动时期就已经与唐山工业专门学校的进步学生有了联系，他从唐山工业专门学校的学生那里也侧面了解到了邓培。通过唐山工业专门学校学生和南口广东籍工人的介绍，罗

① 罗章龙：《椿园载记》，北京：三联书店，1984年，第65页。
② 张国焘：《我的回忆》第1册，北京：现代史料编刊社，1980年，第86页。
③ 《1961年石忠、王士立访问罗章龙纪录》，载唐山市档案局编《唐山革命史档案》第48卷，1980年。

章龙等马克思学说研究会从事工人运动的会员决定立即与邓培建立联系，以推动唐山工人运动的开展。

1920年4月间，罗章龙第二次被北京大学马克思学说研究会派到唐山，在印度房头条胡同1号邓培家中见到了邓培。罗章龙回忆说："第一次见面，谈了些学生方面的情况，在场的还有唐山制造厂两个广东籍的青年工人（阮章和梁鹏万），对学生很器重，谈学生的事还谈得来。"①罗章龙对邓培的初次印象是人很精明，头脑反应快，谈吐大方。经历了五四运动洗礼的邓培高度肯定北大学生的表现，表达了他对北大学生的由衷敬佩。他还向罗章龙询问了北京学生开展爱国活动的情况和俄国十月革命的情况。他们交谈时，有些词语邓培不会用普通话表达，而用广东话讲，罗章龙听不懂，邓培就用英语来表达。罗章龙后来回忆说：初次见面，"彼此感到很投缘"。通过一段时间的交往，罗章龙认识到邓培为人正派，思想开朗，手艺好，技术高，带有几班徒弟，在工人中很有威信，是事实上的领袖。②经过与罗章龙等人的交往，邓培热情表示希望与北大的革命青年建立合作。从此北京大学马克思学说研究会在唐山的联系据点就设在邓培家中，唐山成为了北方工人运动的一个策源地，也成为了宣传马克思主义的一个重要阵地。

1920年的五一国际劳动节很特别。节前，北大马克思学说研究会给邓培寄来了李大钊的《"五一"May Day运动史》和《五月一日北京劳工宣言》等小册子和传单，要求邓培组织唐山工人进行五一劳动节纪念活动。这是邓培在与北大先进知识分子产生直接联系后的第一次革命活动，是邓培将马列主义和唐山工人运动相结合的初次尝试，对邓培和唐山工人产生

---

① 《1961年石忠、王士立访问罗章龙纪录》，载唐山市档案局编《唐山革命史档案》第48卷，1980年。

② 罗章龙：《谈谈唐山建党与早期工人运动》，中共唐山市委党史研究室、中共唐山市委党史资料征集办公室编：《唐山革命史资料汇编》第2辑，1983年，第6页。

了巨大影响。

《"五一"May Day运动史》详细叙述了五一劳动节的历史，论述了各国工人为争取八小时工作制所付出的代价，以及各国"五一"节纪念活动的情况。同时文章指出，在中国，"今天的'五一'纪念日仍然不是劳工社会的纪念日，只是几家报馆的纪念日，中国人的'五一'运动，仍然不是劳工阶级的运动，只是三五文人的运动，不是街市上的群众运动，只是纸面上的笔墨运动"。但是，中国人民已经开始觉醒了。李大钊希望中国工人阶级团结奋起，"起！起！！起！！！"，"今天是你们觉醒的日子了"。①李大钊的文章深深激励了邓培，后者感到非常振奋，在马克思主义的指导下真正"觉醒"起来。

《五月一日北京劳工宣言》则向工人宣传："自从今天起，有工大家做，有饭大家吃，凡不做工而吃饭的官僚、政客、资本家、牧师、僧尼、道士、盗贼、乞丐、娼妓、游民，一律驱逐，不准他们留在我们的社会里来剥削我们。所以我们大家都要联络起来，把所有一切的土地、田园、工厂、机器、物资，通通取回到我们手里，这时候谁还敢来压制我们呢？"并在宣言中高呼"五月一日万岁！劳工万岁！"。②这篇宣言指出了工人运动的方式，更重要的是说明了工人阶级革命的道理，反映了被压迫工人群众的心声。5月1日这一天，邓培利用休息的时间，召集了几百人，开了一个纪念会并宣读了《五月一日北京劳工宣言》，宣言的内容使得会场情绪激昂，工人们高呼自己的心声："五一万岁""劳工万岁""实行八小时工作制"等口号。纪念"五一"活动使邓培和广大唐山工人更深刻地理解到了工人被帝国主义和封建势力奴役的地位，更深刻理解到了工人运动的重要性。邓培和唐山工人受到了更加深刻的阶级教育，革命的火种开始在

① 李大钊：《"五一"May Day运动史》，载《新青年》1920年第7卷第6期，第19页。
② 《五月一日北京劳工宣言》，载中共唐山市委党史办公室编《唐山革命史资料汇编》第5辑，1985年，第111页。

工运先驱邓培研究

唐山工人中传播。

北大马克思学说研究会的代表之后就经常到唐山，和邓培谈开展反帝爱国运动，谈开展工人运动。他们向邓培介绍俄国十月革命的情况，用通俗的语言解释马克思主义，宣传无产阶级革命和无产阶级专政的思想。邓培对于这些革命理论的理解越来越深入，他开始意识到工人贫困的根源和工人运动的道路，逐步树立起对马克思主义的信仰。他非常敬佩北京和天津的先进知识分子，与他们结下了深厚的友谊。

在李大钊等人的影响下，邓培加入了北京大学马克思学说研究会，丰富了知识，扩大了视野；开始接受马列主义，逐渐成为工人运动的领袖、革命斗争的骨干。

三、天津革命力量的帮助

苏俄非常重视在远东的国际共产主义运动的开展，1920年4月以前，就以鲍立维为首，开展了中国北方的工作。鲍立维是俄国侨民，受俄共指派，由海参崴调到天津从事联络工作，时任北洋大学教授，1920年前后对中国北方的国际共产主义运动产生了直接影响。鲍立维等来到天津后，密切关注中国北方的革命形势发展，与张太雷等天津的大学生和邓培等唐山工人代表建立了联系。张太雷是天津学生运动的骨干分子，1918年受聘于《华北明星报》任编辑，后被鲍立维聘为英文翻译。受鲍立维影响，张太雷重视工人运动，曾在国际刊物《工人世界》1920年9月号上发表介绍中国工人生活状况和工人运动的文章。1920年10月，张太雷参加了北京共产党早期组织，并受命组织天津社会主义青年团。当时，北洋大学学生谌小岑在北京见到了李大钊，李大钊派他到天津华北明星报社找张太雷建立天津社会主义青年团，然后再到唐山与工人建立联系。10月上旬，天津社会主义青年团成立，团员共7人，有北洋大学学生张太雷、谌小岑、吴南如3人，南开中学学生2人，京奉铁路职员2人，张太雷任书记。这是一个很有革命朝气的青年组织。其后，天津社会主义青年团对邓培和唐山工人运动

不断给予指导和帮助，并通过创办的《劳报》，不
断宣传唐山等地工人生活和斗争。

北京的革命知识分子把《共产党宣言》和《新
青年》《共产党》等杂志以及一些通俗的进步书刊
送给邓培，天津社会主义青年团也将《劳报》送给
邓培阅读。邓培如饥似渴地阅读这些书刊，常常
看到深夜。邓培又将这些进步刊物发到唐山工人中
去，他还经常利用晚上的时间，以补习英语为名，

张太雷

把工厂中的一些先进工人召集到家中，一起学习这
些书刊。这些先进分子，又把革命道理传播到工人群众中去，促进了唐山
工人的觉醒。

四、苏俄革命的影响

这一时期，邓培接受马列主义的方式除了接受北京共产党早期组织
和天津社会主义青年团的革命教育以外，还有一条特殊的路径，就是从赴
俄归国的华工那里接触了许多对马克思主义和俄国十月革命实践经验的宣
传。一战期间，英、法、美、俄等国曾同北京政府签订条约，通过官方途
径从华北等地招募了23万华工到欧洲战地务工，沙俄招募华工最多，他们
在天津设有专门招募华工的"义成""泰茂"两家公司，先后招去20万
人。这些华工到俄国后，一部分在西部战场挖战壕，装卸军用物资，担任
斯摩棱斯克铁路终点和黑海的建港工程，一部分参与西伯利亚的开发和乌
拉尔、顿巴斯煤矿的开采。这些劳动粗重且危险，在西线的俄军战场上牺
牲的华工即达7000人。[①] 至十月革命前夕，有50余万华工侨居俄国，他们
其中涌现出一批先进分子，并有部分加入俄共（布），部分应征参加苏俄

---

① 王守谦：《唐山工人运动史（1878—1949）》，北京：中央文献出版社，1993年，第38页。

红军。华工最初是以个人身份加入俄共（布）基层组织，后随着人数的增多，1918年12月15日，在彼得格勒成立了旅俄华工联合会及其共产党支部，华工的思想觉悟迅速提升。

开滦煤矿有2600多名矿工被招募到俄国去做工，他们主要被分配在乌克兰的沙合达、巨亚大、格别达列等煤矿井下做工。他们后来亲身经历了十月革命，有的人参加了苏俄的工会组织，有的人参加了苏俄红军，与苏俄的无产阶级共同保卫过苏维埃政权。1920年春，这些华工中的一部分陆续回到了开滦煤矿，他们把在苏俄的见闻讲给乡邻和工友们听，宣传了无产阶级革命的思想。以后这种宣传逐渐扩大到唐山制造厂工人中间。他们说："俄国资本家压迫俄国工人，俄国工人就和他们斗争。他们的方法是罢工。罢工前先响汽笛，工人们就从四面八方集合到广场上，有领导人在台上讲话，对工人说：'资本家住高楼，坐马车，咱们工人的血汗都叫他们喝去了，咱们要团结起来打倒资本家。'""革命后的俄国，赶走了资本家，工厂归工人管理，咱们进行斗争，也可以那样。""俄国不饿，德国不德，今天等明天盼，盼的是俄国一样天！"[①]邓培听了这些话，受到极大鼓舞，提升了境界，决心要学习俄国无产阶级的革命精神。

根据南厂厂史记载：远在五四运动以前，有个华工叫陈友茹，从俄国回到了唐山制造厂。他曾经在1905年俄国第一次资产阶级民主革命中，和俄国工人一起战斗过。他经常热情地向工人讲述那次革命的经过和列宁的斗争事迹。所以，邓培等唐山不少的工人在很早的时候，就知道了革命领袖列宁的名字。1920年年初，几个在第一次世界大战期间赴欧洲参战的华工，回到了唐山制造厂做工，其中的代表欧阳强，是广东中山县人，1913年入唐山制造厂当徒工，1917年被北洋军阀政府派往欧洲参战，去过俄国、法国和英国。1920年年初回到唐山后，他和一同归来的华工向邓培等

---

① 王士立：《中国工人运动的先驱：邓培》（《唐山文史资料》第18辑），1994年，第31页。

人介绍了一战期间欧洲的见闻，宣传了欧洲各国的工人运动，以及十月革命后的苏俄情况，进一步提升了邓培等人的革命认识。

第二节　创建工会

一、北京共产党早期组织与筹建工会

1920年10月，李大钊、张申府和张国焘于北大李大钊办公室正式建立了北京共产党早期组织，后发展了黄凌霜、陈德荣、袁明雄、张伯根、华林、王竟林、刘仁静、罗章龙等人。李大钊主持工作并担任组内外的联络工作，张国焘负责工运工作，黄凌霜、陈德荣创办《劳动音》周刊，罗章龙和刘仁静负责发起组织社会主义青年团。北京共产党早期组织成立后，马克思主义思想传播同工人运动的开展进一步地结合起来，"劳工神圣""工人是未来社会的主人"等思想不断被工人所了解和接受，促进了唐山等地建立工人团体的实际活动，并取得了实际经验，即"第一步，在忠实于工人运动的人与工人之间建立友好关系；第二，从工人当中选拔一些领袖；第三，提醒他们不要忘记我们组织的目的，并利用自己的工会同雇主进行斗争，从而使阶级仇恨激化；最后，第四，我们必须利用每一个机会，推动群众举行游行示威和罢工"[1]。

受李大钊影响，罗章龙1920年4月之后曾数次到唐山与邓培讨论组织工会的问题。据罗章龙回忆，这时邓培回顾唐山在民国元年就有人组织过工党，当时参加的人不少是技术工人。这些工人受到英国工党的影响，想在中国组织只由技术工人参加的工党。但因中国技术工人人数少，没有形成规模，没有建立工党的条件。之后，陈翼龙在北京、天津组织社会党，也

---

① 中共中央党史资料征集委员会编：《共产主义小组》上册，北京：中共党史资料出版社，1987年，第231页。

派人到唐山组织社会党支部。后来袁世凯下令封闭了北京社会党总部，并将陈翼龙下狱处死。此后一段时间唐山再没有出现工人政党活动，所以邓培对罗章龙说，"现在你们来组织马克思主义的工会，我是赞成的，但鉴于前两次的失败，你们要作充分的准备"[1]，并表示他愿意参加此项工作。

11月初，鲍立维叫谌小岑去唐山，会见邓培和一位交通大学的学生。谌小岑判断鲍立维在此之前就同邓培等人有过联系。谌小岑到唐山时正好是礼拜六，邓培热情地在家接待了谌小岑，吃了一顿便饭。谌小岑对邓培有了初步的了解，"他是广东人，是南厂的技术工人，工资较高，两夫妇住在一幢三开间的砖木泥土盖的房子里。他的妻子是一个勤俭力为的中年妇女，房子收拾得干干净净"。谌小岑与邓培讨论了如何组织唐山工人运动的问题。谌小岑在1919年曾经去过唐山煤矿，看到煤矿工人生活艰苦，因此他建议邓培做唐山工人运动应该做煤矿工人运动。邓培不同意谌小岑的看法，认为："煤矿工人是很多、很苦，但是成分复杂，要先做铁路工人运动，然后做启新洋灰公司工人的工作，把这两个工人的工作组织起来了，然后再进一步做煤矿工人的工作。"谌小岑听后，认为邓培的意见符合实际情况，很佩服后者的见解。于是，他们决定先在南厂组织工会。第二天是星期天，不用上班，邓培带着谌小岑参观了南厂，讲解了全厂的布置和设备，详细介绍了南厂工人生活状况，还介绍了另外两个年轻工人。[2]谌小岑回天津后，把了解到的情况反馈给鲍立维。

11月底，北京共产党早期组织成员、主要负责工运的张国焘来到天津，偕谌小岑到唐山去找邓培。12月下旬，2人到达唐山，住了3天，在邓培家中和邓培、梁鹏万、王麟书3人会谈，决定把唐山工人运动的重点放在

① 罗章龙：《谈谈唐山建党与早期工人运动》，载中共唐山市委党史研究室、中共唐山市委党史资料征集办公室编《唐山革命史资料汇编》第2辑，1983年，第7页。
② 谌小岑：《张太雷与天津第一个团小组》，载人民出版社编辑部编《回忆张太雷》，北京：人民出版社，1984年，第58页。

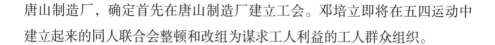

唐山制造厂，确定首先在唐山制造厂建立工会。邓培立即将在五四运动中建立起来的同人联合会整顿和改组为谋求工人利益的工人群众组织。

二、改造同人联合会

邓培以其家为集会地点，建立唐山制造厂工会，这时工会仍称为同人联合会，或称为同人职工会。邓培、王麟书和崔宝罗三人成立工会领导核心，邓培任会长，王麟书担任秘书。决定只有工人才能加入工会，清除原来同人联合会中的工头，通过在工人中秘密串联和交流重新发展会员；决定暂不发展员司为会员，警务段的人也不能加入；注意打破工人中的同乡帮派观念，工人入会不分籍贯、不分工种，增强工人团结，唤起阶级意识，领导工人进行反压迫反剥削的斗争。

1920年年底，在邓培的组织领导下，京奉铁路唐山制造厂同人联合会焕然一新，一个体现无产阶级独立自觉意识的近代产业工会诞生了。这是唐山建立的第一个产业工会，也是中国北方最早建立的近代产业工会。这个组织与五四时期的爱国组织同人联合会是有重大区别的，它已逐渐发展成为以马克思列宁主义为指导，具有无产阶级革命意识的工人群众组织，后来改称为京奉铁路机务处职工会，也被称为京奉铁路唐山工会。

三、唐山铁路职工学校

早期的工人运动往往通过举办工人补习学校、工人夜校等形式来开展。1920年10月，北京政府交通部设立职工教育筹备处，在调查津浦、京汉、京奉和京绥四路工人情况的基础上着手开设学校。由于师资紧缺，在筹办之初，开办铁路职工教育讲习会，召集具有师范学校毕业及专门学校毕业资格者96人入会学习。北京共产党早期组织和李大钊同志趁机派李树彝应聘参加铁路职工教育讲习会，李树彝在讲习会学习了职工教育学、职工伦理学、职工心理学、社会政策国法学、国音实习、国语学原理、白话

模范文、铁路大要、职工卫生学等课程①，并学习了教育职工的方法，毕业后被分派到唐山任教。与此同时，各地的铁路职工学校纷纷建立起来，这类学校不收学费，入学工人较多。1921年3月11日，交通部唐山职工学校在唐山扶轮小学开学，工人入学者，"拥挤非常"②。李树彝担任了这个学校的数理教员。后李树彝常驻唐山，指导唐山制造厂工会工作和创建唐山社会主义青年团组织。

李树彝，又名李却非，湖南郴县人，原是北大的旁听生，1919年年底参加工读互助团，1920年加入北京大学马克思学说研究会，并加入北京社会主义青年团。他来到唐山后，公开身份是唐山铁路职工学校的教员。他一面教授工人文化和社会常识，一面与邓培等人商量，同时办起了夜校。他懂广东话，与唐山广东籍工人交流顺畅，由于是志愿放弃学业去唐山给工人当教员，帮助工人读报、写信等，受到了唐山工人的一致欢迎。李树彝与邓培的关系尤其密切，经常帮助邓培写文件、写报告。

北京政府交通部在唐山开办职工学校的宗旨是"养成职工公民品格及增进其工作效能"③，学科分为普通科和补习科，分别开设生活及公民浅说、算术、国语、音乐、体育游戏等常识课程和工务科常识、车务科常识和机务科常识等技术课程，并规定了工人的授课数④。铁路职工学校实际是北京政府当局为了控制铁路工人而设，但是唐山铁路职工学校在李树彝和邓培的巧妙工作下，由政府官办的职工学校变成工会控制下教育工人的阵地。李树彝和邓培利用职工学校这个平台向工人群众进行了初步的马克思列宁主义教育。李树彝在上课时，有意识地增加了社会常识内容。他讲劳动创造世界，讲工人受压迫制度不合理，讲工人应当团结起来进行反抗和

---

① 《铁路职工教育讲习会章程》，载《铁路协会会报》1921年第106期，第55页。
② 《中国铁路职工教育》，载《教育与职业》1922年第38期，第1页。
③ 《铁路职工学校暂行简章》，载《铁路协会会报》1921年第106期，第58页。
④ 《铁路职工学校暂行简章》，载《铁路协会会报》1921年第106期，第59页。

斗争。他还用通俗的语言讲述从猿到人的进化史和人类社会发展史，宣传资本主义必将灭亡和共产主义必将胜利的科学社会主义原理。工人们通过学习大大提升了阶级觉悟。

1922年春，北洋军阀混战，铁路职工教育陷入停顿。不久，李树彝离开唐山。他在这所铁路职工学校工作了一年多，通过职工学校工作与邓培进行了密切而卓有成效的合作，这是具有无产阶级革命思想的知识分子和工人领袖的结合，是建党前后工人运动的典范。一方面革命知识分子运用马克思列宁主义教育工人群众，启发其阶级觉悟，在工人中发现和培养骨干力量，通过他们把工人群众组织起来进行革命斗争；另一方面，革命知识分子也通过同革命工人群众相结合，不断受到工人领袖与工人群众的积极影响，在实际斗争中不断地改造自己的世界观和提升自己的革命认识，实实在在地体现了革命理论联系革命实际。

四、唐山制造厂工会的确立

与此同时，邓培在李树彝的帮助下，进一步健全同人联合会的组织。新的工会建立了较为严密的组织，制定了较为严格的规章。工会以十人团作为基层组织，每10个会员为一团，推选一个代表；各场房根据会员人数，推出总代表2—4人不等。这时的工会没有公开，不宜召开全体会员大会，就实行代表会议的形式推进工会工作，将各场房总代表会议作为工会的最高权力机关。各厂房总代表会议讨论工会各项工作，选举工会领导机关工会委员会。工会实行委员制，由邓培、陈文海、王麟书、梁鹏万、许作斌、刘玉堂、李福庆、崔宝罗、罗占先9人组成工会委员会。邓培担任委员长，下设秘书、财务、宣传、外交4股，王麟书担任秘书，梁鹏万、李福庆负责宣传，刘玉堂、罗占先负责外交，许作斌、崔宝罗负责财务。工会内部实行民主集中制，工会会员必须服从团代表、总代表和委员长领导，完成工会交给的任务和保守工会秘密。

1921年5月，邓培在扇面街5号秘密召开了一次有工会委员、总代表和

基层团代表等工会骨干分子共30多人参加的工会代表会议，是1920年年底改造同人联合会以后召开的人数最多的一次会议。邓培在会上首先讲了成立工会的意义。他指出，工人要想成功地进行反抗斗争，必须团结起来建立工会，并将工会建成什么也攻不破的堡垒。他还说："咱们要打破同乡观念，不分南方人、北方人，都是一同受苦的兄弟。"①他要求每个会员要团结普通工人群众，在工人群众中发挥带头作用，帮助普通工人群众提高阶级觉悟，积极参加工会活动。此后，唐山制造厂工会便在邓培等人的领导下不断发展壮大。至1921年年底，唐山制造厂工会已有50多位代表，每位代表各自代表了50位工人，工会会员人数已超2500人。

唐山工会成立后，影响特别大，到中国工作的共产国际代表马林在1921年报告称"有几个同志在唐山组建了工人夜校，晚上他们讲社会主义、工人运动和组织等。有三十五名工人前来参加。只有10%的工人能看懂报纸。很难举行群众大会，工人夜校便被用来建立社会主义支部。夜校约在半年前开学，结果是已经建立起唐山铁路工会，到5月1日正式会员已经达到三百五十名"，"京奉路上有许多广州籍工人，约计一万名，有一个工会，交会费的达两千人"②。邓培领导的唐山制造厂工会已经脱颖而出，成为了全国工会组织当中一颗耀眼的明星。

工会成立以后，工人有了自己的组织，也就有了和资本家斗争的底气。工人利益受到损害后，常到邓培家报告情况。邓培接到报告后，就召集工会总代表讨论对付办法。邓培为人正直，总说公道话，会带领工会替工人主持公道。但工会成立之初，会员不多，斗争策略还不完善，常进行小的斗争。如果工人挨了工头打，邓培就组织工人警告该工头；如遇不听

① 《〈八十春秋〉记南厂工会建立》，载中共唐山市委党史办公室编《唐山革命史资料汇编》第6辑，1987年，第90页。
② 《马林致共产国际远东书记处的信（1921年7月7—9日）》，载中共一大会址纪念馆编《中共首次亮相国际政治舞台档案资料集》，上海：上海人民出版社，2016年，第142页。

警告的工头，就找机会带工人揍他一顿。遇到工头扣发工人工资或花红，邓培就组织工人找工头说理，或发动小规模的罢工维护工人权益。有的工人生活太困难，邓培就发动大家进行支援。邓培乐于助人，他是技术工匠，工资比一般的工人要多些，见到其他工人有困难，就尽力帮助。当时，生产事故多，他还帮助遇到伤亡事故的工人家属代写申请抚恤金的报告。

1921年五一劳动节的时候，邓培再次组织工人参加纪念活动。4月中旬，北京社会主义青年团派张国焘和李实二人到唐山，联络唐山工业专门学校数名进步学生，一同筹备组织纪念活动。学生们在工会的支持下，首先在各厂矿散发了《五月一日到了》的传单，传单记述了五一劳动节的由来，谈及美国和欧洲五一纪念活动，再论及国内五一劳动节的纪念。传单上写："现在震动到中国了，朋友们不要泄气，现在中国人不是劣等的，不是没有权力的，我们努力，我们当能在极短的期内，能有一个'五一'纪念日。来合声唱道：'从今以后，每个工人，不用作八小时以上的工作了：工作八小时，休息八小时，教育八小时'，不要忘了，大家联合起齐心协力，事情只要人去做！"①

传单宣传了五一劳动节的纪念意义，更宣传了工人的权益，得到了邓培和工人们的支持。因为筹备时间短，学生们只好联络邓培等工人代表召开了一个谈话会。谈话会是5月1日晚上在唐山工业专门学校礼堂举行的。唐山制造厂工会的代表由邓培领衔，还有王麟书、刘玉堂、朱怀瑞、许作斌、阮章、梁泰、李福庆、赵武、王玉亭、程禹民、徐炳恒等人，开滦矿务局工人代表有只奎元等人，启新洋灰公司代表有杜玉田等人，再加上唐山工业专门学校的学生一共40余人参加了谈话会。谈话会首先由邓培等各工厂代表报告各厂里的现状，主要谈及工资问题、工人生活问题和待

---

① 《五一纪念声中的唐山工人》，载《京报》，1921年5月5日，第2版。

遇问题。工人谈到自己劳动所制造出来的价值都被资本家抢去了；生活费日增，过活愈难，而增加工资愈无期了；地狱式的工厂，真是要活葬人的，至于解决工人生活问题，除增加工资以增进衣食住外，非给他们教育不可；雇主对工人毫不知情，监工、工头，月领大薪，除压迫工人卖死力而外，旁的事毫不会做的；各厂内的设备，对工人健康及利益上均毫不着想。谈话会对三个问题进行了热烈讨论，工人代表们体现了"热烈不挠"的精神，会议通过了各厂组织工会的决定，同时决定从当年5月1日起就着手预备下一年的"五一"运动。会上，唐山工业专门学校学生向唐山制造厂工会赠送了一个横匾，上书"劳工神圣"四个大字，体现了一贯的工人和学生团结战斗的气氛。"五一"谈话会反映了工人均知道自己的痛苦不是天生的，而是资本家造成的；觉悟到起哄是没有用的，一定要团结，要组织工会；同时，工人们的彻底的反抗精神也感染了学生，教育了学生。[①]这次纪念活动，有力地提升了唐山工人群众的思想觉悟。

　　唐山制造厂工会成立以后，邓培通过同乡关系深入到开滦煤矿和启新洋灰公司进行革命宣传，唐山其他厂矿的工人逐渐意识到团结斗争、组织工会的重要性，唐山制造厂工会实际上成了唐山各厂矿总工会。同时，邓培扩展视野，开始深入京奉铁路沿线组织工人，加强了与天津、山海关等地工人的联系，唐山制造厂工会又成了京奉铁路工人运动的中流砥柱。不久之后，在中国劳动组合书记部的领导下，唐山制造厂工人常与京奉铁路山海关工人和京汉铁路长辛店工人联络。三地工人亲如兄弟，联络往还不绝。

---

① 《五一纪念声中的唐山工人》，载《京报》1921年5月5日，第2版。

第三节　创建唐山团组织

唐山的青年学生有光荣的传统，积极投身于民族救亡之中。唐山是我国青年运动的重要策源地，唐山社会主义青年团亦是我国最早成立的团组织之一，在青年运动史和共青团团史上有突出地位。

一、筹建唐山团组织

五四运动前后，一批革命青年聚集到李大钊周围，他们大量阅读《新青年》等先进杂志和《共产党宣言》等马列著作，建立起北京大学马克思学说研究会、北京大学平民教育讲演团等进步青年社团，为北京青年团组织的建立奠定了基础。1920年11月，在北京共产党早期组织领导下，北京社会主义青年团成立起来。在李大钊的指导下，邓中夏、张国焘、高君宇等学生在北京大学学生会办公室举行北京社会主义青年团第一次会议。会议通过了团的章程，选举北大学生会负责人高君宇为书记，北京社会主义青年团正式宣告成立。北京社会主义青年团成立之后，就考虑把马克思学说研究会所进行的理论研究与革命实践结合起来，认为应当建立一个接触工人阶级的机构，并派人到长辛店、南口、唐山等地试行探索，与当地工人建立初步联系。在发展组织过程中，除了发展大中学生入团，也吸收工人为团员。1921年3月，李树彝被派往唐山，除了指导工会工作以外，还担负建立唐山社会主义青年团的任务。

李树彝到唐山以后，首先联系了工人领袖亦是马克思学说研究会成员的邓培等人，酝酿建立社会主义青年团组织；同时在唐山铁路职工学校通过教育和个别谈话培养工人入团对象；另外，他还积极在唐山工业专门学校学生中进行宣传。

1921年4月，张国焘和李实前往天津和唐山等处筹备组织纪念五一劳动

节活动。到唐山时，发现唐山还没有成立青年团组织，遂联络了唐山工业专门学校数名学生，并与李树彝和邓培研究了唐山的建团问题，推进了唐山团组织的建立。

5月，上海、北京等地的社会主义青年团，由于缺乏领导骨干和团员成分复杂，致使组织内部观点不一，宣布解散。李树彝原定的建立隶属北京社会主义青年团的唐山团组织的计划无法实行。在这种情况下，经北京共产党早期组织同意，李树彝联合邓培决定单独建立唐山社会主义青年团。

二、首创唐山团组织

1921年7月6日，在李树彝和邓培的共同努力下，唐山社会主义青年团正式成立，参照原北京社会主义青年团章程，订立了唐山社会主义青年团章程，成为全国建团最早的17个地区之一。首批团员共有7人，除发起人李树彝和邓培外，还有阮章、梁鹏万、许作斌、陈洪、陆振轩。而到了1922年3月，周树梧加入团组织。[①]

阮章（1902—1928），字炳文，祖籍广东，原居上海。4岁的时候，阮章随父母来到唐山，其父阮耀初是唐山制造厂翻砂工。阮章7岁时入唐山同仁小学读书，后考入天津扶轮中学，毕业于南开中学。先至开滦矿务局任职，后成为唐山制造厂练习生。在邓培影响下，1921年，阮章被选为工会委员会委员，同年7月加入社会主义青年团。他参与创建工人图书馆，发行《工人周刊》，宣传马克思主义，还利用工人夜校讲解工人的生活现状，启发工人觉悟，教唱《国际歌》。1922年4月，阮章加入中国共产党，曾任中共唐山地委组织委员、代理书记、书记等职。他曾经参与领导过唐山的工人运动，参与发动开滦五矿大罢工。党的四大召开时，阮章作为党代表

---

① 《唐山社会主义青年团给代理团中央的信报告建团情况》《唐山青年团向团中央报告团员名单》，载中共唐山市委党史办公室编《唐山革命史资料汇编》第6辑，1987年，第55—56页。

出席了这次大会。1928年，阮章因积劳成疾，不幸病逝。唐山团组织建立时阮章刚入厂不久，非常年轻，朝气蓬勃，革命热情高涨。

梁鹏万（1898—1951），又名梁稿、梁志鹏，广东中山人，天津南开中学毕业。1912年他到京奉唐山制造厂当学徒，后升为旋盘工匠，曾随邓培学过徒。1919年，在参加五四运动后，与邓培等人发起唐山制造厂职工同人会，任评议部部长。1920年加入北京大学马克思学说研究会。1921年7月加入唐山社会主义青年团。后担任了唐山劳动补习学校主任。1922年1月代表唐山社会主义青年团，与邓培一道参加了在苏俄召开的远东各民族代表大会。会议期间经张国焘介绍申请加入中国共产党。回国后，被唐山制造厂除名，去上海在劳动组合书记部从事工运工作。1926年到苏俄学习，后作为指定旁听代表参加党的六大。这时被称唐山工会活动"四大炮"之一。

许作斌，1878年生，广东中山人。唐山制造厂老资格的机器匠。辛亥革命以来一直热心于爱国事业和工人运动。与邓培等人一同建立唐山制造厂工会，1921年7月加入唐山社会主义青年团。1922年4月在邓培介绍下加入了中国共产党。

陈洪，广东人，吴稚晖之表侄，陈源之弟，唐山制造厂练习生。1921年7月加入唐山社会主义青年团。入团不到一个月，即于8月1日启程赴法国留学。

陆振轩，广东人，唐山制造厂练习生。1921年7月加入唐山社会主义青年团。与陈洪一起入团不到一个月，即于8月1日启程赴法国留学。

唐山社会主义青年团建团之初由李树彝代理书记。唐山社会主义青年团建立时有几个鲜明的特点：第一，以工人为主体，一开始便担负起组织开展唐山工人运动的重任。第一批团员中，除李树彝外，均为京奉铁路唐山制造厂的工匠或练习生，工运领袖邓培是团组织的灵魂人物。第二，首批团员中，除李树彝外，都是广东人，而李树彝熟悉广东话，能与广东籍工人打成一片。唐山制造厂中广东籍工人约占工人总数的四分之一，其中有相当部分担任了工匠，文化水平也比较高，他们很早便团结在邓培周

围，提出了一定的革命要求，容易接受革命思想的影响。张国焘就提到"该处工人俱粤民，较易传播也"①。邓培在初期推动团组织发展时，也充分利用同乡关系和同事关系，从最熟知的广东籍唐山制造厂工人中选择发展对象，有利于唐山社会主义青年团初期的组织发展和建设，但这种做法也带有明显的早期帮口色彩，在初期团组织发展工作中的也反映了时代的局限性。1922年之后，唐山团的发展对象才趋于扩大。第三，团员政治觉悟高。所有团员都确立了马克思主义的信仰，团内思想高度统一。第四，在发展团员过程中实行候补制，首先把发展对象列为候补团员，经过一段时期考察，由团常会讨论批准，正式吸收为团员。唐山社会主义青年团刚刚建立时，正式团员是7人，在1922年3月李树彝向团中央报告建团情况时正式团员已有8人，候补人有六七人，并准备在下届常会中将这批候补人正式吸收为团员。第五，创建了团的工作机构和制度。团组织实行分股办事，设文牍、教育、宣传、调查、会计五股，建团之初，由李树彝兼任了文牍。"凡团员都得在一股办事"，这样，每位团员均有工作方向，能够发挥作用。"团常会每月一次，股常会无定。"团常会起到了主持唐山团正常工作的重要作用。"无常费，自由认捐"，没有稳定的经费来源却使唐山社会主义青年团在初期活动经费上时常遇到困难。②

唐山社会主义青年团是河北最早建立的团组织之一。李树彝和邓培在创建唐山社会主义青年团和领导唐山青年运动中发挥了重要作用。正是有了他们的领导，唐山社会主义青年团成立后立即投身于领导唐山工人运动，成了这一时期领导唐山工人运动的核心力量。

① 《关谦关于北京社会主义青年团第五次大会情形报告（1921年4月25日）》，载中国社会科学院近代史研究所、中国第二历史档案馆史料编辑部编《五四爱国运动档案资料》，北京：中国社会科学出版社，1980年，第673页。
② 《唐山社会主义青年团给代理团中央的信报告建团情况》，载中共唐山市委党史办公室编《唐山革命史资料汇编》第6辑，1987年，第55页。

1921年11月，张太雷受中国共产党和少年共产国际的委托，重新组建中国社会主义青年团，唐山社会主义青年团成为了中国社会主义青年团的一个地方支部组织。

第四节　加入中国共产党

一、中共一大的召开

　　在十月革命之后，苏俄就十分重视中国在国际共产主义运动中的作用，甚至在苏俄境内产生了一个"中华共产党"的组织。根据杨奎松的观点，"至少在1920年6月，以旅俄华工及华侨为基础的联共（布）华人党员，就曾经在联共（布）党的帮助下，在苏俄组织过一个'中华共产党'"。[1]1920年年底，旅俄华人共产党开始在国内尝试建立党组织。12月6日，联共（布）中央远东局直属"中国共产党组织局"研究了关于在中国"建立支部的必要性和与上海、天津的青年团建立联系问题。组织局决定立即派刘谦赴中国出差3个月以便同上海、天津和哈尔滨的有关组织建立联系"。[2]联共（布）因前期在天津做了大量工作，因此将天津及其周边地区作为推动组织中国共产党的重要区域。而天津青年团与邓培领导的唐山革命力量有着紧密联系，邓培领导的唐山革命力量的发展到此时，已在苏俄有了一定的影响。

　　邓培自1920年起就在北京马克思学说研究会和后来的北京共产党早期

---

① 杨奎松：《有关中国早期共产主义组织的一些情况》，载中共一大会址纪念馆编《中国共产党创建史研究文集（1990—2002）》，上海：上海人民出版社，2003年，第95页。
② 卡尔图诺娃：《关于俄共（布）中国分部代表和中国共产党组织的联系问题（关于1921—1922年的新文件）》，转引自薛衔天、李玉贞《旅俄华人共产党组织及其在华建党问题》，载《近代史研究》1989年第5期。

组织领导下从事革命工作。他经常往返于北京与唐山之间，得到李大钊等北京共产主义者的热情指导和帮助，革命觉悟和理论水平迅速提高，无产阶级革命信念越来越坚定。

邓培参与组建唐山社会主义青年团，为他加入中国共产党作了思想上和组织上的准备。张国焘在《我的回忆》中指出："合计代表十三人，党员五十九人。全国社会主义青年团团员则约三百五十人左右。这就是中国共产主义者第一次全国代表大会前夕的全部阵容。"①这说明包括邓培在内的青年团员是中共继续发展党员的重要后备军。

1921年7月，中国共产党第一次全国代表大会在上海召开，标志中国共产党的成立。这是中国近代史开天辟地的大事，是近代革命史上的一座里程碑。张国焘和刘仁静代表北京共产党早期组织参加了一大。一大通过的党的基本任务是为争取无产阶级专政而斗争，以发展职工运动为共产党工作的中心任务。一大召开的消息传来，邓培备受鼓舞。

在一大通过的《中国共产党第一个决议》中，明确提出"本党的基本任务是成立产业工会"，而且还指出"拥有会员二百人以上方能成立工会，而且至少要派我党党员二人到该工会去工作"②，这就意味着一大之后邓培所领导的唐山制造厂工会需要迅速得到共产党员的直接指导或者迅速有工人领袖加入中国共产党。而《中国共产党第一个纲领》则提出："接收新党员的手续如下：候补党员必须接受其所在地的委员会的考察，考察期限至少为两个月。考察期满后，经多数党员同意，始得被接收入党。"③接收新党员的手续规范了中共一大之后新党员程序。

---

① 张国焘：《我的回忆》第1册，北京：现代史料编刊社，1980年，第136页。

② 《中国共产党第一个决议》，载中央档案馆编《中共中央文件选集》第一册，北京：中共中央党校出版社，1989年，第6页。

③ 《中国共产党第一个纲领》，载中央档案馆编《中共中央文件选集》第一册，北京：中共中央党校出版社，1989年，第4页。

二、光荣入党

中国共产党成立以后，工作重心放在了组织工人运动上，在上海成立的中国劳动组合书记部成为了中共领导工人运动的重要机构。1921年9月，陈独秀从广东返回上海，主持召开中央局扩大会议，讨论党、团组织发展和工人运动发展问题，邓培作为北方产业工人的代表列席了这次会议。参加这次会议的有当时党中央负责人陈独秀、张国焘及共产国际的代表。各地的代表有：北京的罗章龙、邓培，武汉的许白昊，上海的李振瀛、袁笃实，山东的王尽美，湖南的毛泽东，广东的冯菊坡等，合计十多人。这次会议共开了5天。邓培在会上听取了共产国际代表关于工人运动的报告和各地代表关于当地工人情况的报告，参加讨论制定了领导全国工人运动的工作计划。邓培第一次参加如此重要的会议，这大大提升了他的革命认识和革命热情，他也成了中共极为重视的工人运动领袖。

11月，中央局发出通告，要求"上海、北京、广州、武汉、长沙五区早在本年内至迟亦须于明年七月开大会前，都能得同志三十人成立区执行委员会"，"关于劳动运动，决议以全力组织全国铁道工会，上海、北京、武汉、长沙、广州、济南、唐山、南京、天津、郑州、杭州、长辛店诸同志，都要尽力于此计划"。[①]这一通告可以反映中共中央对于北京五区吸纳新党员提出了直接要求，时间上要尽快，人数上要求30人以上；再结合中共一大决议重视以党员领导工会，可以看出邓培等工人领袖成为了吸纳新党员的主要对象。通告还提出组织全国铁道工会，尤其是将唐山列在当时六大区中心城市之后，并在天津、郑州、长辛店等北方重要铁路枢纽之前，充分说明这一时期邓培领导的唐山铁路工人运动得到了中共中央的

---

① 《中国共产党中央局通告——关于建立与发展党团工会组织及宣传工作等（一九二一年十一月）》，载中央档案馆编《中共中央文件选集》第一册，北京：中共中央党校出版社，1989年，第26页。

高度认可，因此，吸纳邓培入党可以说是顺理成章了。

中央局扩大会议后，罗章龙等人在北京成立了北方劳动组合书记部。由于10月山东劳动组合书记部合并于北方劳动组合书记部，北方劳动组合书记部的工作范围拓展到顺直（河北）、山东、山西、河南、陕西、甘肃、奉天、吉林、黑龙江、热河、察哈尔、绥远12个省和北京、天津等16个大城市。之后，北方劳动组合书记部又兼管全国铁路总工会的工作，其工作地域范围很广，任务极其艰巨。北方劳动组合书记部主任是罗章龙（"文虎"），副主任是王尽美。邓培和北方其他各地的工人运动领袖，如京汉路的史文彬、正太路的孙云鹏、津浦路的王荷波、京绥路的张汉清、胶济路的傅书棠、陇海路的王符圣、开滦矿的只奎元、青岛四方厂的伦克忠等，都先后成为北方劳动组合书记部的领导成员。邓培等工人领袖肩负的责任更重了，在革命实践中领导能力大大增长，政治上更加成熟。

中共北京区委根据中央局扩大会议精神讨论了开展北方工人运动的工作措施，提出详细的工作方案，内容如下："（一）选定长辛店、唐山、南口和丰台四处作为工作试点。因为上述四地是北方铁路工人集中的地区，且长辛店、南口靠近北京，丰台为交通枢纽站，唐山是靠近北京的最大煤矿。（二）在上述各地设立两个或三个工人补习学校，向工人灌输革命意识，讲述罢工斗争知识。（三）试行开辟工人斗争战线，设法争取参与领导北方区内重大的工人自发斗争。（四）加强党报《工人周刊》编辑阵容与发行工作。（五）在铁路、矿山城市建立党与团的组织。（六）北方劳动组合书记部制定合法斗争与直接行动的罢工斗争方案。（七）调查了解情况，决定对抗交通系斗争方案。（八）筹办工人运动讲习班，训练工会工作人员。（九）在工人集中地区筹办工人消费合作社，减少商人居间剥削。特别重要的是密切注意激发工人的斗争意志，有计划地推动与组织工人群众的经济斗争与政治斗争。并且对于任何自发斗争都要积极参加、引导和组织，使其获得成功，以扩大书记部的政治影响。"①通过该方案，可以看出唐山是北方工人运动的重点工作区域，其中一条关键的措施就是建立党与团的组织，邓培作为唐山工人领袖，就必须承担起这一任务，而其自身入党更是迫在眉睫了。

当时，北方劳动组合书记部要求全体领导干部和工作人员严守下列公约："（一）献身革命工人运动，百折不回，誓为实现真诚无欺的民主自由而奋斗。（二）不争夺地位荣誉，万众一心为革命，时时站在最前线。（三）胜则相让，败则相救，牺牲个人利益。（四）廉洁奉公，生活朴素，重视劳动，尊敬妇女，不嫖不赌，不捧角，限制谈恋爱，禁绝一切败坏道德的行为。"②邓培遵守公约，严以律己，体现了中国无产阶级的优秀品格。他成为了唐山数万产业工人模范代表，在北方劳动组合书记部内赢得了良好的评价。

实际上，北京共产党组织一直在讨论邓培的入党问题，罗章龙在中共一大前就多次提出要吸收邓培入党。罗章龙认为："邓培家庭出身好，祖父、父亲和本人三代都是工人；他对政治很关心，对参加党有认识，对他讲共产党，讲十月革命，接受较快；他为人诚实而直爽，肯于牺牲个人利益，在工人中有威信，并在广东会馆里负些责任；他思想进步，为我们提供许多材料，并愿意为工人革命的事业贡献自己的力量。"③但当时在北京共产党早期组织内有部分同志认为还应该对邓培等人进行考察。中共一大后，邓培的政治觉悟不断提升，工作表现越来越突出，在这两方面都达到了共产党员的标准。

①　罗章龙：《椿园载记》，北京：三联书店，1984年，第102页。

②　罗章龙：《椿园载记》，北京：三联书店，1984年，第110页。

③　罗章龙：《谈谈唐山建党与早期工人运动》，载中共唐山市委党史研究室、中共唐山市委党史资料征集办公室编《唐山革命史资料汇编》第2辑，1983年，第7页。

"酝酿了半年之久"①，1921年秋，中共北京区委批准邓培入党，邓培成为唐山第一个共产党员。邓培光荣加入中国共产党，标志着他开启了从事无产阶级革命事业的新征程。邓培自少年时代就有革命要求，后经历了长期斗争探索，而当他与北京的革命知识分子建立联系，并开始在北京共产党早期组织领导下进行革命工作后，他才真正找到了正确的革命道路。

三、入党时间考证

关于邓培入党时间，党史界说法不一。曾长期和邓培一起从事工人运动、了解邓培入党情况的罗章龙，对邓培入党问题接受过几次访谈。1960年，罗章龙接受采访时，提到："关于邓培入党和唐山建立党组织的时间记不清了。较有把握的是这样：在召开远东民族大会以前邓培不是党员，他是从苏俄回来后经过一段时间才入党的，但时间也不会太长。另一个情况是：在1922年唐山大罢工以前就有党的组织，首先在京奉路建立，而且以南厂为最早，而唐山建党以前，邓培同志就是党员了，他是唐山最早的党员。"②1961年，南厂厂史组整理的罗章龙关于邓培入党的谈话则提到："1921年冬天，我们叫邓培当东方民族大会代表时，就打算吸收他入党了，以后我不断地将他的工作情况汇报给北京共产主义小组。1922年春，邓培从苏俄回国后不久，就入党了。介绍人是我，因为我和他联系较多。他在东方民族大会上表现很好，唐山要建党，我就向李大钊说了他的情况，决定吸收他，把他找到北京，征求了他的意见。你们说他在苏俄入党，我不知道，可能当时张国焘和他谈过入党的事，但党籍问题是在回国

① 罗章龙：《谈谈唐山建党与早期工人运动》，载中共唐山市委党史研究室、中共唐山市委党史资料征集办公室编《唐山革命史资料汇编》第2辑，1983年，第8页。
② 《1960年罗章龙关于邓培入党的谈话》，载中共唐山市委党史办公室编《唐山革命史资料汇编》第6辑，1987年，第32页。

后才能解决的。"[①]从上面罗章龙的两个谈话可以看出，他在20世纪60年代初认为邓培是在1922年春从苏俄参加远东各民族代表大会回国后入党的。但是到80年代初，罗章龙的观点忽然有了很大的变化，主张邓培是中共一大召开前第二批（即1920年年底1921年年初）加入北京共产党早期组织的党员，是建党之前的党员。

1980年，罗章龙在《亢斋回忆录》回忆邓培入党时间上首提邓培在中国共产党成立前已经加入北京共产党早期组织："北京共产主义组织开始有：李大钊、张国焘、罗章龙、刘仁静和李梅羹等，随后几个无政府主义者加入，但旋又退出了。后来加入的有：邓培、缪伯英、邓康、高尚德、史文彬等。"[②]1982年，王士立写信给罗章龙，询问罗章龙认定邓培是北京共产党早期组织成员事宜，罗章龙回信王士立，仍坚持："邓培是第二批加入中共北方小组的成员。"[③]1983年，罗章龙在接受王树信、张亚东等访问时，也提出"北京共产主义小组的成员，是分一批、二批、三批加入的，邓培是第二批参加的，时间是在一九二一年七月以前，因此，邓培应该算'一大'以前的党员"[④]。而1984年后，罗章龙又改变了自己的观点，在其回忆录《椿园载记》中指出："一九二一年，经我提出，最后经过北京区委的讨论研究，决定发展邓培为中共党员，他是北方最早的一批工人党员之一。"[⑤]既然是北京区委讨论研究，那就是在中共一大召开之后，

---

① 《1961年罗章龙关于邓培入党的谈话》，载中共唐山市委党史办公室编《唐山革命史资料汇编》第6辑，1987年，第32页。

② 罗章龙：《亢斋回忆录》，载人民出版社编辑部《回忆李大钊》，北京：人民出版社，1980年，第28页。

③ 《罗章龙1982年6月1日给王士立同志的信》，载中共唐山市委党史办公室编《唐山革命史资料汇编》第6辑，1987年，第33页。

④ 罗章龙：《谈谈唐山建党与早期工人运动》，载中共唐山市委党史研究室、中共唐山市委党史资料征集办公室编《唐山革命史资料汇编》第2辑，1983年，第7页。

⑤ 罗章龙：《椿园载记》，北京：三联书店，1984年，第190页。

因为一大之前，北京党组织不称为"北京区委"。在1986年罗章龙对王树信、王士立等人交谈时，提到邓培是以党员身份参加莫斯科远东各民族代表大会的。①实际上罗章龙给邓培入党定了下限，也就是邓培在1921年10月赴苏俄前已入党。至1986年11月10日，罗章龙致函中共唐山市委党史办公室，关于邓培入党他在信中提到：

> 来函所询关于邓培同志入党的确切时间，由于年代久远，我不能详忆，大致可作如下回答：
>
> 一、邓培入党是在1921年，是最早的一批工人党员，大致与史文彬同期。
>
> 二、如更详细些，大致在党成立后（7月）和年底他去参加远东民族大会之前。
>
> 三、他入党是由团转党还是直接入党或在次年底转正等，已不能准确回忆了。②

这实际上给出了罗章龙对邓培入党时间的最终判断，即"大致在党成立后（7月）和年底他去参加远东民族大会之前"。在中国共产党早期领导人中，罗章龙是与邓培最早联系，关系也最为密切者，但是罗章龙在回忆邓培入党时间这一关键信息时出现了矛盾的三种不同观点。根据时间顺序，一为邓培在建党前已参加北京共产党早期组织，是建党前的党员；二为邓培在建党后赴苏俄参加远东各民族代表大会前入党；三是邓培在参加完远东各民族代表大会回国后入党。虽然罗章龙的回忆有很大出入，但却

---

① 《1986年王树信、王士立等访问罗章龙的对话》，载中共唐山市委党史办公室编《唐山革命史资料汇编》第6辑，1987年，第35页。
② 《罗章龙给中共唐山市委党史办公室的信》，载中共唐山市委党史办公室编《唐山革命史资料汇编》第6辑，1987年，第36页。

给我们提供了一些关键信息，结合其他材料我们可以进行判断。

　　一些学者根据张国焘《我的回忆》中的记载"唐山铁路工人中有邓培、梁鹏万两人参加北京小组，是较早的工人党员"①，认为中共一大前邓培已入党。然而，同样在张国焘《我的回忆》中有关于北京共产党早期组织组成的记述："九月中旬，中国共产党北京小组召开第一次会议，就在李大钊先生的办公室里举行。到会的共九人，除李大钊和我外，有罗章龙、刘仁静、黄凌霜、陈德荣、张伯根等。"②因为11月发生了无政府主义者退出的事件，北京小组决定"邀请社会主义青年团中的重要分子补进来。邓中夏、高尚德、何孟雄、缪伯英、吴汝明等九人及国会议员李韶九、河北省议员江浩等两人亦先后参加。于是我们这个小组便扩大为十五人"③。而到中共一大召开的时候，张国焘强调"我和刘仁静代表北京十五个党员"，邓培当时并未加入社会主义青年团组织，因此15人中必没有邓培。因此，从1920年11月到1921年7月，北京小组的党员就是这15人。参照中共一大北京代表刘仁静的回忆："'北京共产主义小组'这不是当时的名字，也是后来才叫的。这个小组的党员我记得有八个人：张国焘、罗章龙、李大钊、邓中夏、李梅羹、陈德荣、宋介和我。对了，你们提的高尚德、吴汝明、缪伯英、何孟雄、张松年（张申府）也都是这个小组的成员。可是我记得当时的党员只有七八个人。"④其中也没有谈到邓培。而《北京共产主义组织的报告》中也明确提出"加入这个年轻组织的，只是为数不多的知识分子"⑤，这批北京的党员都是知识分子，没有提到工人

①　张国焘：《我的回忆》第1册，北京：现代史料编刊社，1980年，第123页。

②　张国焘：《我的回忆》第1册，北京：现代史料编刊社，1980年，第105页。

③　张国焘：《我的回忆》第1册，北京：现代史料编刊社，1980年，第108页。

④　《访问刘亦宇谈话记录（1979年5月7日）》，载中央音乐学院马列主义教研室中共党史组编《中国共产党第一次全国代表大会（增订本）》，1979年，第121页。

⑤　中共中央党史资料征集委员会：《共产主义小组》上册，北京：中共党史资料出版社，1987年，第227页。

成员。参考《中共"一大"前党员名单》，中共一大前北京的党员有：李大钊、张国焘、罗章龙、邓中夏、刘仁静、高君宇、何孟雄、缪伯英、范鸿劼和李骏（一说还有张太雷、陈为人、黄日葵、宋天放、王有德、吴容沧、朱务善、吴汝明和李梅羹）。①《中国共产党历史》也有如此记述："到1921年7月，北京党组织的成员有李大钊、张国焘、邓中夏、罗章龙、刘仁静、高君宇、缪伯英、何孟雄、范鸿劼、张太雷、宋介、李梅羹、陈德荣等。他们大多是北京大学的进步师生。"②综上，邓培在中共一大召开时应当还没有加入中国共产党。

中共一大"决定集中我们全部的精力组织工厂工人。为了吸收优秀可靠的同志入党，决定取特别谨慎的态度，严格审查。鉴于我们党员成分至今几乎完全是知识分子，所以代表大会决定特别关注组织工人并以共产主义精神教育之"③。中共一大后吸纳新党员已经明确倾向吸纳优秀可靠的工人。另外，张国焘在《我的回忆》中提到中共一大关于吸收工人参加共产党的问题："大会决定各地组织应在工人群众中宣扬马克思主义，如出版通俗刊物等。又决定工人的入党条件应从宽规定，一个工人只要能热心工会活动，为工人利益斗争，并表示愿意加入共产党，就可准其参加进来，不必问他是否懂得马克思主义。至于如何使这些工人党员能懂得马克思主义，大会认为那是地方党部的责任，地方党部应特别注意工人党员的教育工作。"④通过张国焘的回忆，我们可以看出中共一大后，为推进工人运动，对工人入党条件适当放宽。按照这一描述，邓培完全符合当时的工人

---

① 《中共"一大"前党员名单》，载西安师专马列主义教研室党史组、西北大学政治理论系党史教研室编《中共"一大"资料汇编》，西安：西北大学出版社，1979年，第311页。

② 中共中央党史研究室：《中国共产党历史》第1卷，北京：中共党史出版社，2002年，第77页。

③ 《中国共产党代表大会（存于1921年卷）》，载中共一大会址纪念馆编《中共首次亮相国际政治舞台档案资料集》，上海：上海人民出版社，2016年，第170页。

④ 张国焘：《我的回忆》第一册，北京：现代史料编刊社，1980年，第145页。

入党条件。同时，朱务善有一段回忆："我认识邓培大概是在1921年底，当时邓培同志就已经是党员。""1920年秋天，北京就组织共产党，现在都叫'共产主义小组'。我记得1921年秋天就听到邓培同志这个名字，邓培原来是否是北方区委的成员我记不清了。"①朱务善是北大马克思学说研究会的发起人之一，被部分学者认为是北京早期党组织的重要成员，他回忆认识邓培是在1921年年底（1921年秋天），邓培是在1921年10月份启程去苏俄，这就一方面说明邓培建党前没有参加北京共产党早期组织，另一方面说明在中共一大召开后党积极推动工人运动的背景下邓培表现积极，至1921年10月前已被吸收入党。

而对参加远东各民族代表大会，张国焘回忆称"铁路工人代表以邓培为首，他是唐山老资格的广东籍机器工人，后来加入中共为党员"，"我是中共的唯一代表"。从张国焘的回忆可以看出他认为邓培是在参加完远东各民族代表大会回国后入党的。但是张国焘的回忆有局限，过于突出其作为中国共产党代表的地位，而忽略其他中国代表团成员的身份和地位。实际上，通过考察《中共首次亮相国际政治舞台档案资料集》，我们发现当时中国代表团39位成员中，有14位填报自己是共产党员，17位填报自己是社会主义青年团团员，而邓培就是14位填报自己是共产党员中的一位。他在会议发放的调查表"属什么党派或团体"这一栏中亲笔填写"共产党"，而该调查表也通过了大会资格委员会的审查。②因此，我们有理由相信邓培在参加远东各民族代表大会时已经参加了共产党，再对照罗章龙与朱务善的回忆，邓培入党时间确定为"大致在党成立后（7月）和年底他去参加远东各民族代表大会之前"是合适的，也符合中共一大之后中央推动

① 　《朱务善回忆邓培》，载中共唐山市委党史办公室编《唐山革命史资料汇编》第6辑，1987年，第40页。

② 　《代表调查表》，载中共一大会址纪念馆编《中共首次亮相国际政治舞台档案资料集》，上海：上海人民出版社，2016年，第302页。

在工人中吸收优秀可靠同志入党的政策，符合之后大家将邓培认定为北方最早加入中国共产党的工人代表这一判断。

第五节　苏俄之行

一、远东各民族代表大会

第一次世界大战后，在远东地区帝国主义重启争夺，表现得十分激烈。中国成为了英、美、日等帝国主义角逐的主要场所。在争夺远东和太平洋地区霸权的斗争中，美国和日本之间的矛盾最为尖锐，在一战期间爆发的"府院之争"实际也反映了美日之间在华激烈争夺的深刻矛盾，战后更是激化到随时可能爆发战争的程度。为了协调各主要帝国主义国家之间的矛盾，按各帝国主义国家之间的实力对比重新调整各国在太平洋地区尤其是中国的利益；同时也为了暂时联合起来应对新兴的社会主义国家苏俄，共谋镇压在十月革命影响下掀起的东方殖民地、半殖民地国家民族革命风暴，美国积极倡议召开华盛顿会议。

经过一番策划，华盛顿会议于1921年11月12日至1922年2月6日在美国举行。华盛顿会议签订了解决远东及中国问题的《九国公约》，这次会议是巴黎和会的继续和发展。它确定了战后帝国主义在远东和太平洋地区的"新秩序"，使美、英、法、日等帝国主义国家在瓜分殖民地、镇压远东民族解放运动中勾结起来。

1920年七八月间召开的共产国际"二大"上，列宁提出了《民族和殖民地问题提纲》，更加重视东方各国包括远东的中国、日本、朝鲜、蒙古等地的革命运动。

1921年1月，共产国际做出在伊尔库茨克建立远东书记处的决定，由舒米亚茨基主持工作。远东书记处的工作依靠的是远东各国及地区支部，分别有日本、朝鲜、中国和蒙藏支部。这些支部都由远东各国和地区共产党人主持，通过关于各国和地区的任何决议，都要有他们直接参加。张太雷、张国焘等先后在远东书记处中国支部主持工作。张太雷于1921年3月到达伊尔库茨克，随后在莫斯科出席了共产国际第三次代表大会，会后回到中国，筹备中国代表出席远东各民族代表大会的工作。张国焘到伊尔库茨克接替张太雷，并接到中国共产党的委任书，作为中共代表参加远东各民族代表大会。

共产国际远东书记处为了推动中国的革命形势发展，不仅要和中国的共产主义组织取得联系，还要同中国的工会，同中国当时进行反对外国帝国主义争取民族解放斗争的其他组织团体取得联系。同样，中国的共产主义者在革命之初也需要和共产国际建立积极而直接的联系，了解它的纲领和组织原则，主动汇入到世界工人运动的大潮流之中去。

正是在这样的背景下，共产国际执行委员会决定以远东各国共产党及民族革命团体代表大会（又称远东各民族代表大会、远东人民代表大会）对抗华盛顿会议，并初步决定在11月华盛顿会议召开的同时在伊尔库茨克召开这次会议。

1921年年底，共产国际公布《共产国际执行委员会告远东诸民族书》，号召高丽、中国和日本的无产阶级"为自由而战"，号召"凡是无产阶级都团结起来"，"作成劳动者解放"，并宣布"十一月十一日，国际共产党召请远东各民族在伊尔库茨克开会"，以"反抗帝国主义和他危害远东人民的组织——华盛顿会议"。①

这次大会在列宁《民族和殖民地问题提纲》精神的影响下邀请中国共产党、中国国民党和中国其他民族革命团体派代表参加。少年共产国际书记处也要求还未正式成立的中国社会主义青年团组织派代表出席会议。参加大会的中国北方代表主要是由李大钊等人推荐的，李大钊代表北京党组

---

① 《共产国际执行委员会告远东诸民族书》，载中共一大会址纪念馆编《中共首次亮相国际政治舞台档案资料集》，上海：上海人民出版社，2016年，第178页。

织决定派邓培和梁鹏万分别作为中国产业工人尤其是铁路工人的代表和唐山社会主义青年团的代表参加远东各民族代表大会中国代表团。

1921年10月下旬，邓培和梁鹏万以回广东老家探亲为名，向唐山制造厂请了3个月的假，先去北京见到李大钊，由李大钊发给路费，并按指定出国日期，随同北方的其他代表从北京乘火车启程，途经奉天、哈尔滨，由满洲里越过边界，于11月初到达苏俄西伯利亚的重要城市、共产国际远

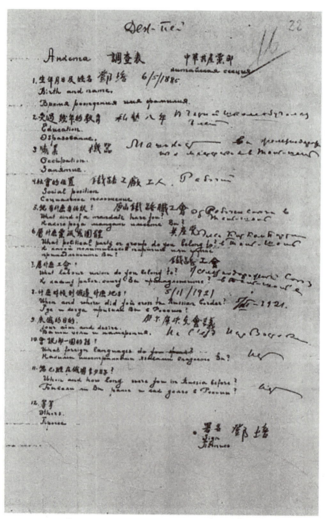

邓培参加远东各民族代表大会的代表调查表

东书记处所在地伊尔库茨克。参加远东各民族代表大会的中国代表团共44人，其中有表决权的正式代表有39人，只有发言权的非正式代表有5人，代表性相当广泛。中国共产党的代表是张国焘，国民党的代表是张秋白，工人代表有邓培、王寒烬、王光辉、王福源、许赤光等人，学界代表有王居一、王尽美、贺恕、王筱锦等人，妇女团体代表有黄璧魂，社会主义青年团的代表有王振翼、贺衷寒等，还有其他代表以各地区、各团体代表的资格参会。而在这众多的代表中，工人出身的代表有9人，分别是邓培、梁鹏万、王光辉、王福源、王寒烬、欧阳笛渔、倪忧天、许赤光和唐道海。邓培和梁鹏万来自唐山制造厂，他们俩代表了唐山工人群体，在9名代表中就占了2名，实属不易。正如张国焘在大会报告中所指出的，唐山已经是中国工人运动开展最为活跃的一个地方了。

这次远东各民族代表大会，原定11月11日在伊尔库茨克召开，但由于旅程困难，相当一部分代表12月初才到达伊尔库茨克。因多数代表未能按期到达，故决定延期举行。到12月底，当大部分代表陆续到达后，考虑到便于列宁和共产国际就近指导，又决定改在莫斯科召开，从而使大会具有更为重大的政治意义。中国代表团在伊尔库茨克停留了近两个月。在此期间，邓培和张国焘等代表团的其他成员应邀一起参加了当地举行的苏维埃大会和联欢会，参观了伊尔库茨克的工人文化宫，积极主动地参加了苏俄人民正在开展的"星期六工作日"劳动，到森林中搬运木材，一个人扛100磅重的大木，之后又到车站附近开展扫除积雪的工作。由于战争和残匪的破坏，当时的苏俄还存在饥荒和基础设施遭受大规模破坏等种种困难，但是，苏俄人民获得解放和建设国家的精神给邓培留下了极其深刻的印象。

12月10日，在伊尔库茨克，张国焘组织代表团中包括邓培在内的共产主义者共同讨论《中国共产党宣言》。这个宣言是中国共产党组织在1920年11月间决定的，远东各民族代表大会之前并没有向外发表，其内容反映共产主义的原则。张国焘在伊尔库茨克没有找到中文原稿，却找到英文稿，他把英文稿翻译出来，并进行了修改和添补，再将这个宣言提交给中

国代表团中的共产主义者研究和讨论。这个文件包括三部分内容。第一部分是"共产主义理想",经济方面主张将生产工具——机器工厂、原料、土地、交通机关等——收归社会共有、社会公用;政治方面主张废除政权,"如同现在所有的国家机关和政府,是当然不能存在的";社会方面要使社会上只有一个阶级——劳动群众。

宣言第二部分是"共产主义者的目的"。宣言指出:"共产主义者的目的是要按照共产主义者的理想,创造一个新的社会";"要使我们的理想社会有实现之可能,第一步就得铲除现在的资本制度。要铲除资本制度,只有用强力打倒资本家的国家";"劳动群众——无产阶级的势力正在那里发展和团聚起来,这个势力是会使资本主义寿终正寝的。这种势力是在那里继续增长,这正是资本家的国家内部阶级冲突的结果。这个势力表现出来的方式,就是阶级争斗";"阶级争斗就是打倒资本主义的工具";"共产党的任务是要组织和集中这阶级争斗的势力,使那攻打资本主义的势力日增雄厚"。

宣言第三部分是"阶级斗争的最近状态"。其中指出阶级争斗的方式就是无产阶级专政,认为这种方式这是人类社会发展中的自然状态。"只有实行无产阶级专政,才能达到抵抗国内外的仇敌的目的。这就是说要用一个阶级的力量来创造共产主义的社会,而这个阶级是要造成将来的世界,并受历史的使命,要成就这件事业";"这种阶级争斗的状态,世界上任何国家都得要经过的";"无产阶级专政的任务是一面继续用强力与资本主义的剩余势力作战,一面要用革命的办法造出许多共产主义的建设法"。[①]

在苏俄这样一个已经建立无产阶级专政的国家,邓培通过参加《中国共产党宣言》的学习和讨论,接受了一次系统而深刻的共产主义理论教

---

① 《中国共产党宣言(一九二〇年十一月)》,载李忠杰、段东升编《中国共产党第一次全国代表大会档案文献选编》,北京:中共党史出版社,2015年,第21页。

育，极大地提高了思想觉悟。同样来自唐山的年轻的社会主义青年团员梁鹏万也参加了《中国共产党宣言》的学习和讨论，在理论和实践上都有了相当的提升。在中国代表团到达莫斯科后，梁鹏万经张国焘介绍加入了中国共产党。

1922年年初，中国代表团和朝鲜、日本等国的代表团同乘一列专车，前往莫斯科，沿途受到欢迎。大约经过9天的时间，代表们抵达世界革命的大本营莫斯科。在巍峨雄伟的莫斯科火车站，各国代表们受到了盛大的欢迎。在激昂的《国际歌》乐曲声中，邓培等代表被拥进了迎宾的大卡车中，随后被送到了招待所。虽然莫斯科的粮食物资十分短缺，但苏俄为代表们的三餐提供了较好的食品，并配给了香烟、糖、内衣、毛巾和肥皂等。

在之后的一段时间里，邓培随同中国代表团与在苏俄的瞿秋白、刘少奇进行了交流，也与部分在苏的华侨进行了沟通，一定程度上加强了对苏俄的了解。另外，邓培等人在招待人员的引导下到莫斯科各处进行了参观，其中有克里姆林宫的历代帝王的陈迹、革命博物馆和其他各种博物馆，以及革命时代的地下工作纪念处所等地。还应邀到莫斯科大剧院欣赏了大场面的歌剧，出席各种欢迎会。各种难忘的活动，使邓培进一步了解了苏俄的历史和革命传统。

1922年1月21日，远东各民族代表大会在克里姆林宫斯维尔德洛夫大厅正式开幕。参加大会的有中国、朝鲜、日本、蒙古等远东各国的代表共约150人，美国、印度、匈牙利等国的共产党也应邀参会，会场充满了远东各国人民团结战斗的气氛。主席台正中上方是马克思的半身塑像，台额及廊柱间悬挂着用中、日、朝、蒙等国文字书写的巨幅横联——"全世界无产阶级联合起来""解放东方劳动者"，非常醒目。大会由共产国际主席季诺维也夫宣布开幕，推举列宁、托洛茨基、片山潜、季诺维也夫和斯大林5人为名誉主席。共产国际东方部部长萨发洛夫和美国、印度、匈牙利等国的共产党代表以及远东各国的主要代表共16人被推为大会主席。

　　大会期间，共举行了12次会议。邓培和代表们首先听取了季诺维也夫代表共产国际所作的《关于国际形势和华盛顿会议结果》的报告，随后据此通过了《华盛顿会议的结果及远东形势》的决议。接着听取了远东各国代表团关于本国形势的报告。大会的第三项议程是听取共产国际东方部部长萨发洛夫所作的题为《共产党人在民族殖民地问题上的立场及其与民族革命政党的合作》的报告。共产国际的报告指出了远东各被压迫民族获得自由和独立的有效途径，系统地阐述了列宁关于民族殖民地革命的思想，回答了远东各国革命运动中一系列迫切需要解决的问题，使邓培受到了很大的教育和鼓舞。各国代表的报告介绍了远东各国的阶级关系、工人运动、农民运动、学生运动以及妇女的状况等，内容丰富，包含各种革命斗争的经验，引起了邓培的极大兴趣。

　　中国有5位代表发言。张国焘报告了中国形势，讲了中国的无产阶级、土地关系、农民状况以及学生运动和罢工运动情况。林敦介绍了外国资本把持中国工业的情况。国民党代表张秋白介绍了国民党和孙中山领导的南方政府的情况。妇女代表黄璧魂介绍了中国妇女的状况。而邓培则以工会代表的身份谈到了中国的工会、铁路和冶金工人罢工情况。中国工人罢工的情况在会议上受到了代表们的高度关注，中国的工人运动受到了各方的普遍关注。

　　实际上，邓培和唐山工人运动在远东各民族代表大会召开之前的共产国际第三次代表大会上就已经由张太雷做了重要的介绍："天津组织及其唐山站分部，该分部的成员是津浦铁路这个最大站的铁路修配厂的工人。党特别重视唐山地区，因为它是中国的一个最大的工业中心，这里有：（1）拥有2500名工人的京奉铁路修配厂；（2）拥有2000名工人的启新洋灰厂；（3）拥有14000名工人的开滦矿公司的矿井。在这个地区，现在我们党正力求通过开办工人学校、工人俱乐部和建立各产业工会发起组的办法来巩固自己的阵地。我们在这里除了共产主义组织外，还有两个小组，一个是五金工人小组，另一个是铁路工人小组，在它们周围，我们团结了相应的工会。"①邓培和他领导的唐山工人运动在中共一大召开前就已经被张太雷介绍到了共产国际和苏俄，为他在此次大会上的积极表现乃至得到列宁的接见埋下了伏笔。

中国共产党代表张国焘向远东各民族代表大会提交的报告在"中国共产主义的工人运动"一节中指出，1919年京奉路上的唐山铁路工会已具有民族主义性质，"接触了共产党人的宣传后，便在1921年春季改组为具有2500名会员的革命组织"②。报告肯定了1921年邓培领导的唐山制造厂工会也成为了共产党直接领导下的"革命组织"。

二、拜见列宁

国际共产主义运动的导师列宁因病未能出席远东各民族代表大会，但他非常关注大会的进行。在会议开幕式后几天的一个晚上，列宁接见了中国代表团代表张国焘、邓培、张秋白和朝鲜代表金奎植。这是邓培革命人生中的光辉时刻，更加鼓舞了邓培的革命斗志。

张国焘对于列宁的这次接见在其回忆录《我的回忆》中有非常详细的介绍：

> 开会后几天的一个晚上，施玛斯基偕同共产国际的一位英文翻译爱芬（此人后来任斯大林秘书），邀请张秋白、邓培和我三位中国代表以及朝鲜代表金奎植一同去克里姆林宫。经过两次卫兵岗位的查询，由施玛斯基出示通行证件，向之说明来意后，我

① 张太雷：《致共产国际第三次代表大会的书面报告（1921年6月10日）》，载中共中央党史研究室第一研究部编《共产国际、联共（布）与中国革命文献资料选辑（1917—1925）》，北京：北京图书馆出版社，1997年，第176页。
② 《中国共产党代表张国焘向远东各民族代表大会大会提交的报告》，载上海革命历史博物馆筹备处等编《上海革命史资料与研究》第7辑，上海：上海古籍出版社，2007年，第720页。

们的车子就停在一座办公大厦的门口。约九点钟时，我们被引到一个小客厅里，施玛斯基这才说明此来是应列宁的约见。

须臾，列宁从隔壁的办公室过来接待。他出现时朴实无华，毫无做作，完全是个普通人，很像中国乡村中的教书先生，绝对看不出是手握大权的革命最高领袖。经过施玛斯基的一番介绍之后，谈话便在轻松的气氛中进行。

张秋白首先要列宁对中国革命作一指教。列宁很直率地表示，他对中国革命知道得很少，只知道孙中山先生是中国的革命领袖，但也不了解孙先生这些年来做了些什么，因此不能随便表示意见。他转而询问张秋白，中国国民党和中国共产党是否可以合作。张秋白并未多加说明即作肯定表示：国共两党一定可以很好的合作。列宁旋即以同样的问题问我，并希望我能告诉他一些有关中国的情况。我简单地告诉他，在中国民族和民主革命中，国共两党应当密切合作，而且可以合作；又指出两党合作的进程可能发生若干困难，不过这些困难相信是可以克服的；中国共产党成立不久，正在学习着进行各项工作，当努力促进各反帝国主义的革命势力的团结。列宁对于我的回答，似乎很满意，并没有继续问下去。

……

告辞的时候，列宁以亲切的态度双手紧握着邓培的手，用英语向我说："铁路工人运动是很重要的。在俄国革命中，铁路工人起过重大的作用。在未来的中国革命中，他们也一定会起同样的或者更大的作用。请你将我的意思说给他听。"邓培这个朴实的工人领袖，听了我的翻译后，张口大笑，点头不已，作为对列宁盛意的回答。列宁睹此，也露出乐不可支的笑容。

这次谈话因为翻译的费时，花去两个小时以上的时间，谈话的内容却很简单。我们一行四人，对于这次晤谈都留下深刻的印象，尤其晤谈时那种友爱亲切的气氛，使大家事后称道不已。[①]

　　从张国焘的记述可以看出，国际工人运动的革命导师的列宁非常重视中国的工人运动尤其是铁路工人运动。他实际希望将苏俄的无产阶级革命经验介绍给中国，因此，他格外重视作为铁路工人领袖的邓培，虽然语言不通却与邓培做了亲切的交流。

　　邓培非常敬仰作为全世界无产阶级革命导师的列宁，而列宁的接见使邓培受到了极大的教育和鼓舞。这是邓培一生中最闪耀的时刻。俄国十月革命后，国内外的革命人士均以受到列宁接见为荣，而邓培以一个中国普通工人的身份，拜见了世界无产阶级的革命导师，这不仅是属于他个人的光荣，也是属于中国工人阶级的光荣。

三、反对无政府主义

　　在参加远东各民族代表大会大会期间，邓培还旗帜鲜明地参加了反对无政府主义的斗争。这次斗争主要缘于黄凌霜代表资格的争论。

　　五四运动前后，马克思主义还没有在中国广泛传播，人们还不能对无政府主义和马克思主义的界限进行有效的划分，容易将无政府主义误以为社会主义。一部分共产主义者在早年信仰过无政府主义学说，而北京的共产党早期组织在刚成立时也经历过与无政府主义者合作的阶段。随着两种不同主张的争论，以黄凌霜为代表的坚持无政府主义思想的知识分子逐渐地退出了各地的共产党早期组织。

　　黄凌霜曾是北大学生，也曾赞成无产阶级革命而参加北京共产党早期组织。但他又是北大无政府主义团体的骨干分子，反对无产阶级专政。1920年11月，发生了黄凌霜等无政府主义者退出北京共产党早期组织的事

---

① 张国焘：《我的回忆》第一册，北京：现代史料编刊社，1980年，第197页。

件。1920年年初，马克思主义和无政府主义论战的序幕就已经拉开。在1920年2月出版的《奋斗》第2号上，无政府主义者公开发表论文《我们反对"布尔扎维克"》，向马克思主义进攻。到1920年年底，陈独秀与无政府主义者区声白反复书信往来，激烈讨论无政府主义。为此，《新青年》第9卷第4号上专门开辟了《讨论无政府主义》专栏，把这些信件予以公开刊载。

黄凌霜与梁冰弦、刘石心等人以广东机器工会为基地建立了广州无政府主义者同盟。而当时共产国际代表马林在得知伊尔库茨克下达的关于从中国、朝鲜和日本派出代表参加远东各民族代表大会的任务后，当即同中国共产党的领导机关，就代表团的组成问题做出安排，派同志到广州和另一些城市去邀请那里的团体。马林于12月到达孙中山设于桂林的大本营，同国民党在广州的领袖建立进一步的联系，决定国民党派一名代表赴伊尔库茨克。①这名代表即为孙中山派出的张秋白。而马超俊此时由孙中山指派负责中华革命党的工运工作，担任广东机器工会会长，参与了南方政府管辖内工会团体参加远东各民族代表大会事宜。"北方以李大钊（守常）为代表，南方则以我为代表，即向总理请示，以定行止。总理说：'现正出师北伐，你如前往，谁负责工会和运输工作？'乃改派黄文山参加。"②马超俊的口述可以反映共产国际邀请了国民党及其影响下的各种社会组织参加远东各民族代表大会，广东机器工会原拟由马超俊出席，但被孙中山制止，后派黄文山（即黄凌霜）参加。而黄凌霜在远东各民族代表大会之后所作《同志凌霜的一封来信》也提到，"广东机器工人维持之会长马超俊君，以余素与俄人交游，对于俄事，夙所注意，遂欲乘次机会，请余远

---

① 马林：《向共产国际执行委员会的报告（节录）（一九二二年七月十一日）》，载李忠杰、段东升编《中国共产党第二次全国代表大会档案文献选编》，北京：中共党史出版社，2014年，第74页。

② 《马超俊、傅秉常口述自传》，北京：中国大百科全书出版社，2016年，第45页。

行，观察马克斯主义试验之结果，归国报告，使人知其取舍"①。后在马超俊的一再要求下，黄凌霜参加了远东各民族代表大会。

黄凌霜在参加远东各民族代表大会的过程中，从无政府主义立场出发，对刚刚新生的苏俄政权评价不佳，认为苏俄"自革命以后，天灾人祸，相继并至"，物价飞涨，工人失业，"社会之组织崩坏矣"。②而在伊尔库茨克，黄凌霜初期比较活跃，作过文章，翻译演说，但不久就与张国焘等共产党人产生矛盾，以至于他抨击"中国共产党张某，本属同窗，且曾共事，以中国共产党之长老自居，利用二三工人为其爪牙，各事均由其把持，真有指鹿为马之势，露（苏俄）人亦遂信之"③。张国焘为中国代表团团长，在参会事务上谋划较多，邓培等工人代表此时必然站在中国共产党的立场，黄氏不愿居人之下，以"傀儡"自嘲，显现无政府主义者与马克思主义者在参会过程中的分歧；更进而歪曲事实，以共产国际命此次会议为远东共产党会议，因国民党和无政府党的存在，而改为远东共产党与革命党会议，黄凌霜实际上将无政府主义者与马克思主义者放在相对立的位置上。黄凌霜还将远东各民族代表大会由伊尔库茨克迁至莫斯科的安排认定为共产国际和苏俄有"监督之意"，意气之争显而易见。黄氏还描述了从伊尔库茨克到莫斯科的旅途中因客位而产生的风波，张国焘作为中国代表团团长被安排在头等客位，而其他代表被安排在三等客位，一部分代表（显然包括黄氏）对此安排不满，张国焘"不得已"迁还三等客位。黄氏认为这一事件造成了中国代表团的事实分裂，"隐然分为两派"，并自认为居于道义一方。④

到莫斯科后，双方的较量因黄凌霜代表资格的激烈争论而到达高潮。

---

① 《同志凌霜的一封来信》，载《学汇》1923年第226期，第5页。
② 《同志凌霜的一封来信（续）》，载《学汇》1923年第229期，第4页。
③ 《同志凌霜的一封来信（续）》，载《学汇》1923年第227期，第3页。
④ 《同志凌霜的一封来信（续）》，载《学汇》1923年第227期，第3页。

受马克思主义指导和影响的代表对黄凌霜作为无政府主义者拥有表决权表示不满，在到达莫斯科后就致函大会表示抗议。1922年1月20日，部分代表写信给大会资格审查委员会反对其给予黄凌霜表决权，但大会资格审查委员会未予考虑这一抗议。1月21日，邓培领衔部分代表向大会资格审查委员会再次写信，内容如下：

致远东革命者人民代表大会资格审查委员会

尊敬的同志：

　　昨天，我们就中国代表黄凌霜的资格问题写了一封信给您。由于资格审查委员会决定给予黄凌霜表决权，而不考虑我们的抗议和来自上海的电报，尊敬的同志，我们必须写这封信给您，表示我们全体对此决定的抗议，原因如下：

　　1. 据我们所知，广东机器工人工会的主席不是签字授予黄凌霜工会"主席"一职的马超俊，这个工会的主席是王桓景（音译）。而马先生，他确实是位主席，但却是另一个叫作"工人助手"的工会组织的主席。这个组织不是一个工会，只是一群旨在支持罢工的人组成的团体。

　　2. 黄凌霜先生在交给共产国际的名单上声称他是一名共产主义者。这位先生在这一点上欺骗了我们的同志，因为他在中国是众所周知的无政府主义者。

　　3. 黄凌霜先生从未帮助过任何工人运动和工人的工作。他怎么成为工人的代表？我们把中国的工人阶级看作是整个世界的主体，因此我们对让这样一个人来做我们广东同志的代表表示非常失望。

　　4. 亲爱的同志，您宣称共产国际收到了一封该工会代表在上海发来的电报，严厉批评并且抗议黄凌霜代表该工会参加大会。我们必须相信的是，共产主义代表不会做主观上很荒谬和错误的事情，因此，即使黄凌霜是由真正的工会主席所授权的，这封电报也是对黄凌霜彻底的打击。因此，我们不能不考虑这么重要的抗议，就决定给予黄凌霜表决权。如果我们这样做，就是在反对该工会成员最新的真实决定。

5. 因为我们自己是工人，我们认为我们对中国工人阶级圈子的事情知道得更多，也更清楚有关此人的事情，请您关注我们的提议。

亲爱的同志，我们希望能通过这封信请求您再次就此问题进行考虑。

此致敬礼！

唐山工会代表邓　培
上海劳动组织研究会代表许赤光
湖南劳工会代表王光辉
上海机器工会代表笛　渔
武汉社会劳动团代表赵子骏
唐山社会主义青年团工人梁鹏万
贵州建筑工会代表王寒烬
浙江杭州工作互助会代表倪忧天[①]

邓培积极参与了远东各民族代表大会期间中国代表团内部代表反对黄凌霜享有表决权的抗议活动，这一抗议活动实际上是国内马克思主义者与无政府主义者论战斗争的延伸。邓培在反对无政府主义的斗争中立场坚

[①]　《邓培、许赤光等工会代表关于黄凌霜代表资格给审查委员会主任的信（1922年1月21日，莫斯科）》，载中共一大会址纪念馆编《中共首次亮相国际政治舞台档案资料集》，上海：上海人民出版社，2016年，第228页。

定，维护了马列主义，维护了无产阶级革命的纯洁性。

黄凌霜则以受害者的姿态向共产国际、远东各民族代表大会甚至是吴廷康（即维经斯基）申诉，认为中国代表团部分代表是因为前文所述火车客位风波抗议其代表资格，声称"大家的共同意志和来自远东的各代表团的全体成员的意见"是支持他本人的，要求维持其表决权，认为只有这样才能"保护我们无产阶级的权利"，"保护中国最大工会的权利"。①

尽管中国代表团的马克思主义者对黄凌霜进行了猛烈的抨击，但是黄凌霜还是以享有表决权的资格出席了大会，并代表广州机器工会在大会作了报告。在介绍广州机器工会的情况后，黄凌霜也表示："必须向工会成员灌输阶级意识，才能建立起强大的有阶级觉悟的工会，担负起领导中国劳苦大众为自由而战的使命，那时他们才能举起社会革命的旗帜，开展消灭资本主义的斗争。"②从黄凌霜的报告中可以看出其观点有所谓"社会革命"的一面，这也正是中国共产党建党前后之所以联合无政府主义者的缘由，但其无政府主义的观点显然与马列主义和共产国际政策不一致。

黄凌霜从苏联回国后宣称其"死而复生"③，认为远东各民族代表大会"本为政客之虚文，无聊之勾当"④，描述自己在参加远东各民族代表大会期间受尽迫害，这纯属颠倒黑白。邓培在刚入党之节点，能够坚定维护马列主义，经受了考验，政治上更加成熟。

四、向苏俄学习

远东各民族代表大会的闭幕式，是在彼得格勒举行的。邓培随同中国

---

① 《黄凌霜给吴廷康的信（1922年1月3日）》，载中共一大会址纪念馆编《中共首次亮相国际政治舞台档案资料集》，上海：上海人民出版社，2016年，第198页。
② 《广州机器工会代表（黄凌霜）的报告（1922年1月）》，载上海革命历史博物馆筹备处等编《上海革命史资料与研究》第7辑，上海：上海古籍出版社，2007年，第748页。
③ 《同志凌霜的一封来信》，载《学汇》1923年第226期，第6页。
④ 《同志凌霜的一封来信（续）》，载《学汇》1923年第227期，第3页。

代表团，从莫斯科乘坐用木材作燃料的专车，花了一天一夜的时间，于2月2日到达彼得格勒。下车后代表们就前往市内大剧院参加闭幕式，会场装饰一新，代表们情绪极为热烈。大会听取了季诺维也夫的闭幕演说，通过了《远东各国共产党及民族革命团体第一次代表大会宣言》（以下简称《宣言》），胜利闭幕。

《宣言》痛斥欧美和日本侵略中国的残暴罪行："日美英法的强盗们正抢夺着四百兆人民的中国，以中国人民的血泪来造成他们生活的甜适。这些强盗们并不将被压服的民族当人类看待。他所图谋的只是利益，只是黄铠铠的金子；为了谋求这些，几百兆人民的生命——在他们眼里，真不值什么。""中国的苦力——世上最受富人们掠夺和压迫的奴隶——迫而为这些强盗们勤苦一直到死。"《宣言》指出欧美和日本召开华盛顿会议，"图谋成功一个结合更有力的来侵略远东各民族"，"会议的结果就是他们已结成了他们吸血者的同盟"，《宣言》强调"我们反对华盛顿吸血者的四国同盟"。《宣言》还指出，"我们签名的，四百兆被压迫人民的中国代表——工人农人及学界民主革命团体代表，国民党代表，南中国代表，革命团体代表省的有湖南、山东、安徽、广东、浙江；代表城市的有上海、天津、广州、汉口、太原、杭州、唐山，少年中国会，各地工会，各铁路工会，中国共产党，女界联合会；代表民主报纸的有民国报社代表，太平洋与中国杂志社代表"，邓培代表唐山，代表唐山铁路职工会在《宣言》上签名。《宣言》表达了远东各国人民的心声："我们要的是平等、自由和独立"，"我们要对英美日法和其他的世界强盗们宣布一个'死生以之'的战争，我们要对剥削中国的军阀宣战，我们要对日本武人和官僚宣战，我们要向诡诈式的美国帝国主义和贪婪的英国投机家宣战。我们不得胜利，誓不休止！"

这一战斗檄文深深刺激了邓培，更加坚定了他融入无产阶级革命的决心。《宣言》最后号召："坚切的团结起来呵！加入我们赴战的行伍呵！我们工人和农人要团结起来反对资本主义和帝国主义！准备这个战争——

反对华盛顿匪党,反对吸血者的四国协定!远东受压迫人民联合万岁!共产党国际万岁!全世界无产阶级和被压迫的民族联合起来呵!"①当时,中国代表团中张秋白等国民党代表和黄凌霜等无政府主义者,不愿意承认共产国际的领导。邓培和中国代表团的其他代表一道,批评了他们的错误,表达了维护中国无产阶级的革命立场。

远东各民族代表大会胜利闭幕后,邓培又随同中国代表团访问了彼得格勒,这是一座英雄城市,代表团参观了斯摩尔尼宫,它曾是沙皇的冬宫,十月革命时在此成立了起义总指挥部。

邓培这次苏联之行,达3个多月之久。他亲眼看到了世界上第一个社会主义国家的实际情况,看到了十月革命后苏俄发生的翻天覆地的变化,看到了在苏俄地主和资本家被打倒,无产阶级成为了国家的主人,看到了苏俄人民在战火之后虽艰难却热烈地建设着社会主义的乐园。邓培已与反动势力斗争了多年,尤其是接受马列主义指导后,一直追求无产阶级和被压迫民众的解放。在苏俄他看到了工人和其他民众的解放,这正是他多年的革命理想,"苏俄的今天就是中国的明天",他从苏俄看到了中国革命的未来。

1922年2月,远东各民族代表大会闭幕后,中国代表团分批陆续回国。邓培回国时,苏俄朋友送了他很多纪念品。他化装成商人,乘火车经西伯利亚沿着中东铁路到达满洲里。面对反动军警的搜查,邓培只能丢掉一些纪念品。在历经艰险后,邓培于3月初回到了唐山,这时他只剩下一个柳条包,装着一些吃的穿的,还有就是一个苏俄朋友赠送的小望远镜。为了纪念苏俄之行和苏俄朋友的友情,邓培一直珍藏着那个小望远镜。

邓培回到唐山后,将他的苏联之行向唐山社会主义青年团常会和唐山制造厂工会进行了报告,并传达了远东各民族代表大会的会议内容。没多

---

① 《远东各国共产党及民族革命团体第一次大会宣言》,载《先驱》1922年第10号。

久，他去北京向中共北京区委详细汇报了赴苏参会的情况，党组织对邓培在远东各民族代表大会期间的表现很满意。

而对于受到列宁接见的情形，邓培回到唐山后，曾对一些工人传达过。袁兰祥曾回忆邓培回唐山后宣传苏联之行的经过："据邓培烈士对我讲，这次会议虽不是列宁主持的，但由于列宁对中国革命的重视，特别接见了中国代表。在会见时，经介绍邓是直接参加生产的铁路工人时，曾特别热烈地作较长时间的握手，并问了他一些有关他生活的话，随后才由国际形势谈到中国革命问题。"[①]邓培苏俄之行后自身的革命思想觉悟和理论水平迅速提升，唐山各厂矿工人被他的革命精神所影响，紧密围绕在他身边，积极投身于唐山工人运动当中。

邓培回到唐山后，因几个月没发工资，家中的生活已逐渐拮据，无钱购买粮米，妻子患病也无钱治疗。邓培为参加远东各民族代表大会，向厂方请了3个月的假，由于苏俄之行超过了3个月假期，厂方要开除他和梁鹏万。后来，厂方把梁鹏万开除了。厂方考虑到邓培是工匠，手艺高超，又在工人中有威望，加之有人替邓培说情，才允许他复工。复工的波折更加激励了邓培的革命热情，他认真总结苏联之行，思考如何按照列宁的教导进行无产阶级革命，思考中国的铁路工人怎样成为无产阶级革命的先锋，进而在中国建立苏维埃政权。他还经常用在苏联学来的俄语小声唱着刚学会的《国际歌》，憧憬着中国无产阶级革命的成功。

第六节 创建唐山党组织

中共一大之后，在工人中发展积极分子入党成为党的一项重要工作。

---

① 《袁兰祥回忆列宁接见邓培》，载中共唐山市委党史办公室编《唐山革命史资料汇编》第6辑，1987年，第114页。

1921年11月，中国共产党中央局向全党各地区发出了关于建立与发展党、团、工会组织及宣传工作的通告。邓培在苏俄参加远东各民族代表大会后于1922年3月回国，北京党组织根据中央局通告精神，指示他在唐山发展党员，建立唐山地方党组织。

一、唐山建立党组织前的准备

1921年7月建立的唐山社会主义青年团，集中了当时唐山先进的革命分子，为中共唐山地方组织的建立打下了组织基础，而第一批团员也就成为了党的后备军。在参加远东各民族代表大会前后，邓培和梁鹏万已先后转为党员，陈洪和陆振轩在唐山社会主义青年团成立后马上赴法国留学，这之后的一段时间内，唐山社会主义青年团只剩下李树彝、阮章和许作斌3人。李树彝担任了北方劳动组合书记部驻唐山的特派员，代理了唐山社会主义青年团的书记，成为了邓培在苏俄期间唐山革命运动的领导人。他和阮章、许作斌一起承担了领导青年团和工会等各组织的工作，在建立革命机构、开展革命宣传工作、组织工人群众以及教育工人群众等方面的工作中卓有成效。1922年1月20日，李树彝以笔名"舒意"写了《开滦矿务局之实行包工制》一文，揭露开滦矿务局对唐山矿工人的剥削和压迫，他大声疾呼："矿工朋友们！你们还不团结起来抵抗他！你们的人格已经被辱欺尽了，你们的生存权被剥夺尽了！你们若甘心受下去，那么不但你们自己赚不够衣，食，住，你们的妻也快要饿死冻死了，你们的小孩也快要埋葬或做乞丐了！"[①]号召工人团结起来斗争。

唐山工人图书馆是邓培和李树彝创办的重要革命阵地，在邓培赴苏俄后，李树彝和阮章领导健全了图书馆的规章制度，日常工作也由两人主持。李树彝、阮章和许作斌还领导唐山社会主义青年团和唐山制造厂工会

---

① 舒意：《开滦矿务局之实行包工制》，载《工人周刊》1922年第28号，第2版。

对外地工人的斗争进行声援。1921年11月20日，陇海铁路工人为驱逐洋总管若里举行罢工，李树彝和阮章领导唐山制造厂工会于25日写信声援，并在《工人周刊》第20号发表。1922年1月12日，香港海员举行罢工，京汉铁路长辛店工人组织香港海员罢工北方后援会，李树彝和阮章领导唐山制造厂工会于2月8日致信长辛店工人俱乐部，以"彼此都是一样的人们，彼此都是站在生产和便利的地位，彼此都是努力尽人类生存的义务，彼此都是被掠夺的人们，他们的痛苦即是我们的痛苦，他们的愉快即是我们的愉快"表达了对香港海员工人罢工的支持，以"何等快事"表示对京汉铁路长辛店香港海员罢工北方后援会的支持；发动唐山工人捐款援助香港海员工人罢工，"以便海员工友们坚持到底，得到最后胜利"①。同期京汉铁路郑州机务处工人驱逐总管陈福海，呼吁各路铁路工人声援，李树彝和阮章获悉后，立即领导唐山制造厂工会复函表示竭力援助。"你们处在那种暗无天日的地狱里，什么衣、食、住、教育、娱乐、休息，都被掠夺尽了，（我们也是一样）这是何等悲惨的事件！现在你们用你们的觉悟和热力来抵抗他，打破他，恢复你们的生存权和人格，我们极表同情，并愿竭力援助，愿你们用坚强的毅力和很远大的目光坚持到底，无论如何，总要得到最后圆满结果。"②这些工作不仅支援了其他工人兄弟，也扩大了唐山制造厂工会的影响。

邓培自苏俄归国后，充分肯定了李树彝、阮章和许作斌3人的工作。经中共北京区委批准，李树彝由团员转为党员，阮章和许作斌也在同一时期转为党员。唐山交通大学土木工程专业学生田玉珍也在这时入党。

田玉珍，曾化名田真，山西运城人。他的同学王仲一（原名王振翼）在北京求学期间经高君宇介绍加入中国共产党，并在中共北京区委工作。1922年4月，王仲一来到唐山，将田玉珍介绍给邓培认识。田玉珍在王仲一

---

① 《唐山工会致长辛店工人俱乐部的信》，载《工人周刊》1922年第29号，第4版。
② 《郑州铁路工人宣言后之响应声》，载《工人周刊》1922年第29号，第2版。

的介绍下加入了中国共产党。经邓培和王仲一研究决定，由田玉珍担任交通员，负责唐山党组织与上级党组织的通信工作，后来担任了唐山党组织的宣传工作，还负责上级党团刊物的转递工作。

由上可知，唐山的第一批党员是邓培、梁鹏万、李树彝、阮章、许作斌、田玉珍6人。1922年4月7日，梁鹏万因参加远东各民族代表大会超过假期，被唐山制造厂开除，经党组织安排前往上海劳动组合书记部工作，唐山还有5位党员。

二、建立中共唐山党组织

1922年4月间，经中共北京区委批准建立了中共唐山地方委员会，邓培任书记。

根据唐山制造厂早期党员程帝炳的回忆，在1922年年初，三四月份的时候，在智字五条的一个小楼上成立了共产党。成立时叫"中国共产党唐山地方委员会"，书记是邓培，组织委员是李华天，宣传委员是梁鹏万。[①]齐景林也对唐山建党有回忆，他说唐山党最早的组织是支部，在1924年就已经是地委了。

从对唐山党组织的早期成员的考察，可以清楚地看到唐山党组织是以唐山制造厂为基地，以邓培为核心建立起来的。有的研究认为唐山建党实际上是唐山制造厂党支部建立，虽有一定道理，但不够准确。中共唐山地方委员会不仅是唐山制造厂的支部，也包括了李树彝和田玉珍等唐山制造厂工人之外的党员。随着党员人数规模的扩大，在中共唐山地方委员会领导下成立了唐山制造厂支部和其他支部。

中共唐山地方委员会的建立标志着唐山成为全国较早建立党的地方组织的地区之一。从此，唐山工人运动有了地方党组织的直接领导，预示着

---

① 程帝炳：《南厂建党初期活动与一九二二年大罢工》，载中共唐山市委党史研究室、中共唐山市委党史资料征集办公室编《唐山革命史资料汇编》第2辑，1983年，第50页。

唐山工人运动高潮即将来临。

邓培入党之后，努力学习，而在他参加了远东各民族代表大会，尤其是受到了革命导师列宁的接见后，扩大了视野，加深了对马克思主义和无产阶级革命的认识。回国后，他并没有停滞不前，而是为了继续提高理论水平，适应党的工作需要，积极参加北京马克思学说研究会的活动，并成为通讯会员，更加积极地学习马克思

中共唐山地方委员会旧址

列宁主义理论。他每到月终即赴京参加讲演会，有时周末也赴京参加讨论会。每次回到唐山，邓培都把许多振聋发聩、鼓舞人心的革命道理讲给唐山工人群众。他不仅自己的马列主义理论水平在不断提高，也带动了唐山党组织和革命群众理论水平和觉悟不断提升。而在生活上，他保持了艰苦作风，十分俭朴，积攒下来的钱就购买革命书刊。

邓培作为唐山地方党、团和工会的领导者，须及时向中共北京区委和北方劳动组合书记部报告工作和接受任务。他经常以"学催眠术"为名去北京，常常周六晚上乘车赴京，住在马神庙街北京大学西斋学生宿舍，周日一整天则不知疲倦地工作，然后当夜乘车返回唐山。周一早上他要照常到厂上班，有时工作需要在北京停留数日，他便事先委托他的徒弟上班时代他签到，并代他把活干了，始终保持了革命工作在隐蔽中积极推进。朱务善曾回忆："唐山党的工作由邓培同志负责，所以邓培同志常到北京来商量工作，北方区对唐山工作也提出要求指示，邓培同志回去后就执行。"①

---

① 《朱务善回忆邓培》，载中共唐山市委党史办公室编《唐山革命史资料汇编》第6辑，1987年，第40页。

唐山党组织初期的工作受到了上级党组织的极大关注，中共北京区委李大钊和邓中夏多次接见邓培。李大钊与邓培熟悉，他关心邓培的思想和工作情况，向他分析革命形势，提出革命任务，论述斗争策略。李大钊是邓培参加革命的领路人，对于邓培的成长起了巨大的作用。邓培常对工人们谈起他对李大钊的崇敬之情。

第七节　推进唐山革命工作

一、创办唐山工人图书馆和大同社

清末，唐山一部分识字明理的广东籍工人曾组织过阅报公会，通过阅报公会工人们学习了解时事。民国初年，唐山工党组织过公益社，办理过阅书报社和工余夜课。五四运动以后，京奉铁路唐山制造厂和开滦矿务局的工人又办过阅报室，对于传播文化知识、联络工人群众，起了很好的作用。邓培和李树彝注意到这些情况，决定创办工人图书馆。

1921年9月中国劳动组合书记部拟定的工作方案中，要求唐山建立工人补习学校，向工人灌输革命意识，并讲述罢工斗争知识。唐山工人图书馆是1921年10月在中国劳动组合书记部北方分部的领导下由邓培和李树彝等人着手建立的。

1921年10月下旬，邓培赴苏俄参加远东民族大会。行前，邓培又和李树彝、阮章就工人图书馆的租房、募集图书和捐款、发表启事、安排工作人员等问题进行了研究。此后工人图书馆的筹备工作，便在李树彝和阮章的领导下继续进行。

李树彝和阮章在唐山中新街4号租了两间平房，经过紧张的筹备，唐山工人图书馆于1921年12月正式开馆，接待读者。

1921年12月12日，中国劳动组合书记部北方分部在向共产国际上交的报告中提到，唐山是北方劳动运动的主要地域之一，唐山工人图书馆是书记部北方分部间接监督的组织，"现本部已在该处办一工人图书馆，为宣传主义的机关，并专派人驻该地活动"。[①]

李树彝以唐山各厂矿工人邓培、阮章、王麟书、刘玉堂等31名发起人的名义，起草了一份《唐山工人图书馆启事》，刊登在1921年12月18日出版的《工人周刊》第22号上。启事内容如下：

唐山工人图书馆旧址

　　我们工界朋友们：大多数因为家境贫穷的原故，在小时候读书的机会很少，把种种自然智慧和能力几乎埋没了。所以除做工外，对于常识无暇来讨论。至于社会生活、人生乐趣那就不用说，概无机会来研究的。想起来我们一个完全的人，真同聋哑痴盲一样，唉！真是伤心人啊！现在工业日益发达，机械日益昌明，社会愈进于文明。像我们工界朋友，如聋如哑如痴如盲，先前既缺少取得基础的知识，无法应付环境。现在仍不能找到读书的所在，纵有千百个热心肠想读书，终久是枉然的。像这样，我们怎能在这样竞争的社会上生存，怎能不受人家淘汰。

　　所以有一个顶好的法子补救这种困难才是。我们已经结合一些同志来筹划些钱，购买书设立一个图书馆，为的是凡我工人都可自由去阅览，这是我们工界最好求学的法子，也是工界的一颗

---

①　《中国劳动组合书记部北方分部报告：中国北部劳动运动概况（一九二一年十二月十二日）》，载中国李大钊研究会编《李大钊研究论文选集》，昆明：云南教育出版社，2009年，第475页。

夜光珠。

图书馆里应要的书报等等，我们竭力地置办，如该出版部有赠送，我们便函请赠送，谅他们也很乐意的；如没有赠送例的，我们就寄钱去买。无论如何，我们总使各种书报杂志，一一充满。这个图书馆的目的，是使凡工界朋友都能够享得这种增加知识的利益。开始的时候是小的，慢慢扩充起来，想我们工界朋友都能表同情，都能愿意保护这颗夜光珠，愿大家一齐起来啊！

唐山工人图书馆发起人三十一人同启①

由该启事可以反映出工人图书馆直接的目的是使工人有场所可自由阅览图书以满足工人的求学，以享受增加知识的权利。唐山工人图书馆对于劳苦的无知识的工人群众而言，无异是一颗"夜光珠"，点燃了工人求知的希望，也点燃了工人追求平等、追求权利的希望。

唐山工人图书馆建立后，在一些期刊上刊登过募捐启示。1922年1月23日，上海《民国日报》副刊《觉悟》上刊载了《唐山工人图书馆募捐》，全文如下：

热心人类幸福的朋友们：

你们抱着指导群众趋向光明路走去，你们抱着伟大的毅力来冲碎一切障碍物，你们的精神长此伸长而且永远继续，你们创造出来的光明高耀于全社会。我们感受了你们的引力，我们并不敢多谈一声："多谢！"我们只能努力跟从你们大步的走去。

但是少数人走得太没有兴味了，而大数人向隅也未免不公平，所以，我们要组织一个工人图书馆，收集各种书报和杂志，

---

① 《唐山工人图书馆启事》，载中共唐山市委党史办公室编《唐山革命史资料汇编》第6辑，1987年，第72页。

以期同享。现在我们都是家无宿粮的可怜人们，起手动作总是缺乏秩序又缺少经费，正所谓心有余而力不足。虽承各地的热心朋友帮助，无奈车薪杯水，路遥力驹。我们处于这种情景之下，欲进不能，欲退亦不甘愿，想你们闻之亦必生怜。

我们素来是对不起你们，现在我们正在意于对不起你们的中间说一个对不起。我们的意愿是如此，前途有如何的障碍，那是不管的。你们是我们的好老师，你们是我们的良友，谅你们都很愿帮助我们，使我们有成。如有书报和杂志赠送我们，那就是我们的大幸运了。

即此顺祝你们康健！

唐山工人图书馆[1]

1922年2月5日，唐山工人图书馆在《工人周刊》第28号刊发《唐山工人图书馆通启》，全文如下：

工友们：你们看过那工人图书馆的缘起，谅来可以明白我们的意思了。但是我们还得再向诸位声明：你们也能想到自己没有求知识的地方，也没有什么书报给你们看，你们自己的经济又不充足，所以求知识一层总不能圆满解决的，这实在是痛苦得很。我们这个工人图书馆，就是每人出少许钱，可以得到许多书、报、杂志来看，并时有专人在那儿，任你们随意阅看，那是多么好呀！但是初创的时候，一切经费等项都很困难的，虽有各处的热心的工友们来帮助，总是力量很薄弱。所以我们希望你们有热心的牺牲，有点遂意的捐助，来维持这个凡是工人都有利益的工

① 《唐山工人图书馆募捐》，载《民国日报·觉悟》1922年1月23日，第4版。

人图书馆！

唐山工人图书馆①

工人待遇差，生活水平低，要兴办自己的图书馆需要借助群体的力量，募捐是工人图书馆初期兴办和发展的一种重要方式。随着唐山工人图书馆声望日隆，各地工人和各界人士的赠书和捐款也越来越多。

在唐山工人图书馆组织建设上，邓培等人一起议定了宗旨、组织管理和经费来源等问题并制定成《唐山工人图书馆简章》《唐山工人图书馆阅览规则》《借书规则》《唐山图书馆干事会议简章》等规章。

《唐山工人图书馆简章》内容如下：

（一）本馆以增高工人知识、联络工人感情为宗旨组织。

（二）本馆由热心工人教育和工人组织之人，为本馆会员。

（三）会员每半月开一次馆务会议。

（四）本馆遇有重大事故，经会员十人以上之提议通过，本馆干事会得召集临时会议。

（五）本馆全体会员会议时，选举干事人员及会议重大事故。平时一切事故，由干事会议解决之。而各干事有执行会员会议及干事会议认可各条件之权。

（六）本馆设干事五人，并于五人中推定二人为正副主任干事，余三人为文牍、庶务、管理等职。

（七）凡入本馆为会员者，须有会员二人以上之介绍，经干事会认可，并得填具志愿书，方能入会。

（八）凡不守本馆章程、违犯本馆教条以上者，或借本馆名

---

① 《唐山工人图书馆通启》，载中共唐山市委党史办公室编《唐山革命史资料汇编》第6辑，1987年，第76页。

义在外招摇撞骗者，经干事会议证实，得取消会员资格。

（九）本馆经费分三种：

（1）特别捐（由热心工人教育者或赞成人捐助之）。

（2）会员每月会费贰角。

（3）经干事会议通过通知会员得由干事人员用本馆名义向各处募捐。

（十）本馆图书由图书馆专则规定之。

（十一）本简章自图书馆第一次会议议决实行之。

（十二）本简章有会员十人以上之提议，得于全体会员会议时修改之。①

《唐山工人图书馆阅览规则》，内容如下：

（一）凡属工人皆可入览。

（二）所置书报等，不得毁坏，不得带出。

（三）凡入览，不得在览室高声谈笑。

（四）要阅何项书籍，可持阅书条写明自己姓名及职别并书名，交于管理人，由管理人交出。阅毕交还管理人。

（五）在阅室不得高声朗诵，不得任意玩笑。②

《借书规则》，内容如下：

（一）本馆会员才有借书仅。

（二）本馆会员概发借书证，惟不准转借别人。

---

① 《唐山工人图书馆简章》，载《工人周刊》1922年第28号，第3版。

② 《唐山工人图书馆简章》，载《工人周刊》1922年第28号，第4版。

（三）本馆书籍单本者及新出版书，不能借出。

（四）本馆书籍借出不能过一星期，到期须亲自送还。

（五）会员借书务必加意保护，不准用笔或刀勾画剪裁，如有上项事故或遗失，须照原价赔偿。

（六）如有三次过期不还，得取消借书权。

（七）借书须将借书证交管理人收存，待把书交还，始得退还借书证。

（八）借书只许借一部。[①]

《唐山工人图书馆干事会议简章》，内容如下：

（一）干事员由全体会员会议选举之（复选法）。

（二）任期以一年为限，惟可连任。

（三）职责：

（1）正主任干事，管理全馆一切事务，有对内对外各种权限。

（2）副主任干事，帮助正主任干事，如遇正主任干事告假，得代执行正主任干事之职责。

（3）文牍兼书记，掌理本馆一切文件、布告及收发各种书、报、杂志，并于每月底造一报告。

（4）庶务兼会计，掌理本馆一切出入经费及购置、修缮等事，并于每月底造预算及报销各一份。

（5）管理兼指导，掌理本馆一切设备及整理并招待等事，并于每月底造一报告。

---

① 《唐山工人图书馆简章》，载《工人周刊》1922年第28号，第4版。

（四）会期每月一次。

（五）有召集临时会议之权。

（六）干事员之权利与会员相等，无物质之报酬。

（七）凡干事员有不尽责者，其他干事均有劝导之义务。如该干事员实不能负责或故意不负责者，得通告全体会员另选之。

（八）本简章由干事员三人以上之提议，得于干事会议修改之。①

通过这几个简章和规则，唐山工人图书馆的基本制度确立和规范起来，其运作更加有效。

邓培从苏俄回到唐山以后，加强了对唐山工人图书馆的领导。他和李树彝一同领导建立了干事会。具体工作则由教育程度更高的李树彝和阮章主持，大多由阮章出面办理。李树彝是交通部唐山职工学校的教员，但由于北京政府更迭频繁，1922年年初交通系下台，铁路职工教育停办，李树彝不再担任职工学校教员。他专任中国劳动组合书记部北方分部特派员，专门主持唐山工人图书馆工作。工人图书馆还聘用了一位跟从李树彝来唐山的何顺为管理员。工人图书馆的经费来源主要是会费，经费主要用于购买书刊、订阅报纸，支出房租和管理员的薪金，每月约需20元。虽然争取了一定的募捐，但经费常常不足，于是党、团员和工会积极分子就主动把不足的经费包下来，其中邓培捐献的经费最多。

唐山工人图书馆在早期北方工人运动中影响很大。1922年6月30日，中共中央执委会书记陈独秀，在给共产国际的报告中的第三部分，谈到了当时中国劳动运动的发展情况，列举了北京方面的情况："设立长辛店铁路

① 《唐山工人图书馆简章》，载《工人周刊》1922年第28号，第4版。

工人学校及俱乐部、唐山铁路工人图书馆、天津工人补习学校。"①从这个报告中可以看出,唐山工人图书馆是当时北京党组织领导的几个最重要的团结、教育工人群众的阵地之一。图书馆是一种为社会普遍认可的文化传播中介,过去很少有工人自己的图书馆,尤其是在工人中传播革命思想的图书馆几乎没有,唐山工人图书馆为唐山工人能够学习知识,尤其是能够获得革命思想的熏陶提供了重要条件。

唐山工人图书馆是中国工人最早成立的工人图书馆之一。它既是唐山工人学习文化知识的场所,也是党、团、工会团结、教育和发动工人群众的场所,还是唐山党组织集会的一个场所,为唐山革命事业的发展起到了非常巨大的作用。

首先,唐山工人图书馆为当地工人提供了读书看报、学习革命文化知识的场所。图书馆中有书刊室和阅报室,陈列着上海《民国日报》、天津《益世报》等几种报纸和《东方世界》《小说世界》等一些刊物,凡是工人都可以阅览。工人图书馆还注重服务,为阅览工人备有茶水。有了固定的看书场所,工人们每天下班以后,成群结队去阅览。工人图书馆还将收藏的马克思、恩格斯、列宁的著作和《新青年》《工人周刊》《先驱》等许多革命书刊秘密地借给会员阅读,提高了工人的文化水平和革命意识,图书馆受到了唐山各厂矿工人们的欢迎。

其次,唐山工人图书馆又是党领导下的一个公开的工人运动机关。根据简章规定,工人成为图书馆的会员后,要接受干事会领导,每半月要参加一次馆务会议。而干事会又在邓培的直接领导下。到1922年夏天,唐山工人图书馆已有会员200多名。邓培和李树彝利用图书馆馆务会议,向会员宣传马列主义和革命斗争方式。他们讲俄国十月革命,讲工人罢工,

---

① 《中共中央执委会书记陈独秀给共产国际的报告(一九二二年六月三十日)》,载中央档案馆编《中共中央政治报告选辑(1922—1926)》,北京:中共中央党校出版社,1981年,第6页。

讲革命导师列宁，讲北方共产党领袖李大钊，讲中国劳动组合书记部领导的工人运动刊物《工人周刊》，讲党、团刊物《先驱》等，唐山工人深受影响。受苏联之行的启发，邓培对唐山工人说："要想争人权，争自由，必须把所有的工人都团结起来进行斗争。""俄国工人、农民已经得到翻身解放，将来我们也能和俄国工人那样劳动和生活，再也没人敢打骂我们了。不过这不是一件容易的事。我们要和俄国工人一样，团结起来斗争。"他进一步告诉大家："俄国人民能够求得解放，是因为有共产党的领导，咱们中国也有了共产党啦！"①在邓培的积极宣传推动下，唐山工人们阶级觉悟迅速提升，并开始着手准备斗争。实践表明，创办工人图书馆是当时组织工人群众，使马列主义与工人运动相结合的一种有效的形式。唐山工人图书馆成了中共北京区委、劳动组合书记部北方分部和中共唐山地委团结唐山工人群众的重要纽带。

同时，唐山工人图书馆对唐山党组织和工会的革命活动也起了掩护作用。图书馆的前屋摆的是报纸和刊物，后屋就是党和工会秘密集会的场所。党团员常以借书看报为名，到图书馆来参加党组织活动。各地劳动组合书记部的书信文件等都寄到图书馆。中央或地方党组织有代表来唐山，也是到图书馆接头。经过周密安排，反动军警虽然常来检查，但他们没能发现这些秘密。

1922年6月，为了推动开滦煤矿工人运动的开展，邓培联合先进开滦工人在开滦矿务局东隔壁小广东街孙家大院租了3间房子（小木楼），办了开滦大同社。来大同社的几乎都是开滦工人，开滦工友们很热心，找来了长桌等帮助大同社尽快开办。唐山工人图书馆为开滦大同社的办理提供了模式，工友们来到大同社也是为了学习知识和革命思想。大同社里准备了《向导》《新青年》等革命书刊，供工人阅读。邓培和劳动组合书记部

① 《远东民族大会》，载中共唐山市委党史办公室编《唐山革命史资料汇编》第6辑，1987年，第417页。

北方分部的同志有时会到大同社了解工作进展，对工友们进行革命思想的宣传，加强了与开滦工友们的联系。劳动组合书记部北方分部和唐山党组织指派李昂和陈洪负责大同社的社务，他们还在大同社开课，讲授革命知识。在此基础上，邓培和党组织通过大同社在开滦工人中加强了组织建设，培养了一批工会骨干分子和入党积极分子。开滦工人中的李星昌、刘长顺、只奎元等人在大同社学习后，都成长为工会的领导人和罢工领袖，李星昌等人还光荣加入了中国共产党。大同社在3个月后停办了，但大批工人在大同社的影响下参加到之后的罢工运动当中。

1922年7月，邓培等人又在新立街南端合乐馆租房开办了附属于唐山工人图书馆的铁路工人补习夜校。学员基本上是唐山制造厂的工人，其中大部分还是青年工人。这所夜校主要由阮章负责，李树彝和唐山大学的进步学生也被邀请到夜校授课。

夜校里主要开设的课程有语文课、英语课、制图课、数学课和社会常识课。学员每天晚上上课两小时。在邓培的领导下，阮章和李树彝等人在夜校不仅教授文化知识课，帮助工人学习文化知识，还对工人学员进行革命教育。阮章就经常逐段逐句地给夜校工人学员讲解《新青年》《工人周刊》《先驱》等党团刊物上的文章，实际上，党、团报刊成为了夜校的常用教材。

阮章在工人补习夜校对工人群众进行革命教育，从劳工神圣、无产阶级受剥削受压迫的理论，一直讲到团结斗争和组织工会的实践。阮章在讲课时说："工人是伟大的。你们想想，铁路是谁修的？火车是谁开的？机器是谁造的？""咱们工人不盖房，谁也没有住处。工人不织布，谁也没有衣穿。世界上哪个人离开工人也不能活，这不是工人的伟大吗？可是，工人为什么受穷呢？这不是命里注定的，是因为受了有钱人的剥削。""有钱人不劳动，光享福，咱们工人整天流汗，祖祖辈辈受苦，这是世界上最不合理的事情。"他还讲了帝国主义的侵略和包工头们的压迫。他告诉大家："工人受压迫该怎么办呢？大家要团结起来斗争，要建立工会，要长期奋斗。"他说："团结就是武器，咱们虽然赤手空拳，团结就有力量了。"①这些话使工人受到阶级斗争的教育，认清了社会现实，也学习到了如何进行反抗和斗争，由此看到了无产阶级革命光明的前途。

邓培叫阮章教这些工人学员唱《国际歌》和进步的西方歌曲，其中一首英文歌歌词是："我们是建设者，我们建设万物，这万物的世界是我们的手造成的。"②这些革命和进步歌曲振奋了工人的精神，许多工人经过工人补习夜校的学习，提高了斗争觉悟，马上就参加工会，工人补习夜校为推动唐山工人运动起到了积极作用。

二、推进唐山工会发展

1922年前后，在邓培的领导下，京奉铁路唐山制造厂同人联合会取得了相当程度的发展，在工界声望已经非常高了。邓培等工会领导人通过秘密串联、个别发展，不断推进工会组织建设，这个阶段唐山制造厂的工人已经初步组织起来，大部分工人已经加入工会。在邓培的领导下，工会通过个别谈心，与群众交朋友等方式团结教育群众，得到了工人的大力拥护。先加入工会的骨干会员通过串联交到数位朋友，而十人团代表、厂房总代表和工会委员身边集中了更多工人。这样，一传十、十传百，工会的影响不断扩大，凝聚了工人群众巨大的力量，为之后的罢工做好了组织准备。邓培等工会领导人利用与其他工人待在一起的时间和他们谈心，聊家长里短，关心工人们的生活情况；再谈到阶级斗争，鼓励工人们保护自己的权益，时间长了，彼此就成了知心朋友。1949年后，老工人王鹤鸣回忆邓培经常对工人兄弟说："工人辛辛苦苦，可是我们还吃不饱、穿不暖。资本家不劳动，他们住高楼，坐汽车，娶小老婆，他们挥霍享受哪里来钱，都是工人的血汗。""北京大学有个大能人李大钊先生讲过，工人受

---

① 中共唐山市委党史办公室编：《冀东革命人物》第1辑，1988年，第121页。
② 中共唐山市委党史办公室编：《冀东革命人物》第1辑，1988年，第122页。

剥削受压迫,必须团结起来进行斗争才有饭吃。"邓培等工会领袖也时刻关注工人的工作情况,有的工人遭遇不公,打算离厂,工会委员就会主动了解情况,同情和支持受难工人,告诉他们资本家本质相同,转投其他工厂仍然受欺压,不如留下和其他工友团结起来争取自己的正当权益。邓培说:"当黑暗笼罩大地时,总有一线光明,这就是希望。"这就大大激励了遭受不公的工人,这些工人以后更加紧密团结在工会的周围。

同人联合会积极开展自身建设,邓培和阮章等工会领导人主动学习其他工会工作经验,推动唐山制造厂工会开展工作。4月,阮章代表工会向上级组织写信寻觅其他工会章程,"请在沪代觅机器工会章程一份来,或其他工会亦可"[①],体现了邓培等人积极学习其他工会,努力建设和发展工会的精神。

工会还积极进行宣传工作。工会到处散发传单,有的传单上印有工厂中监工和工头干的罪恶勾当,激起工人群众的公愤,有的传单介绍各地工人斗争的消息和斗争口号,如"我们不能饿着肚皮干活""反对压迫工人的狗腿子""受苦受难的人联合起来""打倒帝国主义"等,提高了工人群众的革命觉悟。邓培和工会委员们设计和印制传单,常常忙到深夜。邓培派工会委员刘玉堂去各处散发传单,为了避开厂方的注意,刘玉堂假装成材料科职员,利用材料账本夹带传单。有一次刘玉堂在货车场散发传单,引起了厂方爪牙的注意,刘镇静地向一个老工人询问:"这个车还需要多少材料?还需要几天完工?"还掏出本子记下工人的回答,厂方爪牙也就对他消除了怀疑。工会委员们就是在这种革命斗争的实践中积累了经验,为下一阶段的罢工斗争做好充分的准备。

同时,工会积极开展对工人的教育工作,组织工人群众学习革命刊物。工人们知识水平较低,对革命的理解不够,而组织他们学习的做法也

---

① 《阮章请寄工会章程致子由的信(一九二二年四月二十四日)》,载中央档案馆、河北省档案馆编《河北革命历史文件汇集甲》第1册,1997年,第26页。

是工会诸多工作中成效最大的一个。当时唐山制造厂的工人每天早上7点钟进厂，8点钟才开工，开工前工人们总是三五成群围在一起聊天。邓培认为这是组织工人学习的好机会，就布置工会委员和十人团代表，每天利用这个时段邀请工人坐在一起，给工人读《工人周刊》和《先驱》等杂志上的文章。《工人周刊》是中国劳动组合书记部机关刊物，四开一小张，有评论、演说、劳动新潮、工人谈话、游记、劳动调查和劳动文艺，还有各地工人斗争的情况报道，内容丰富，通俗易懂，贴近工人实际，最受工人欢迎。《工人周刊》无情揭露中外资本家对工人的残酷压榨，工人们在恶劣工作条件下过着牛马般的生活，极大地启发了工人的阶级觉悟和革命意识。如李树彝以笔名"舒意"在《开滦矿务局之实行包工制》一文中描述唐山开滦煤矿："开滦矿务局向来对待矿工是非常残酷的，简直可以说比对待牛马还要过一百二十倍"，资本家"以他们的豺狼心肠，强盗手段，再接再厉的去贯彻吃人的主张"。[1]在南口火车房工人高步安作为一个老工人，叙述了工人的艰苦状况，"工人含冤，无处告诉，亲爱的工友们，我们要大家反对那帮狼心狗肺的东西才好"，"我们开车的工友们，天天要吸这样大股的煤气，工友们，我们是苦不是苦呢"。[2]这篇谈话真实形象，容易在工人中产生共鸣。《为什么唐山火车房生火工人就没有例假呢？》反映唐山火车房生火工人的疾苦，生火工人没有例假，经总管允许并公示的假期也被取消。文章指出生火工人应坚持要求获得例假的权利："甚望生火诸工友努力进行，坚持下去，如若稍让，那你们以后更要被人轻蔑了"[3]，唤起了工人维护权益的决心。《工人周刊》还刊登当时工人斗争的基本口号，如"工人应获得罢工权""唯有劳动者乃能得食""八小时的

---

① 舒意：《开滦矿务局之实行包工制》，载《工人周刊》1922年第28号，第2版。
② 高步安：《工人的苦况》，载《工人周刊》1922年第28号，第3版。
③ 唐撤：《为什么唐山火车房生火工人就没有例假呢？》，载《工人周刊》1922年第30号，第3版。

工作，八小时的休息，八小时的教育"等，对工人的教育意义重大。邓培等人还常把《工人周刊》上登的劳动文艺读给大家听。《工人周刊》还刊载上海工人拜年片子背后印的《太平歌》，歌词这样写道：

> 天下要太平，劳工须团结。
> 万恶财主铜钱多，都是劳工汗和血。
> 谁也晓得：为富不仁是盗贼；
> 谁也晓得：推翻财主天下悦；
> 谁也晓得：不做工的不该吃。
> 有工大家做，有饭大家吃
> ——这才是共产社会太平国。

有一首《劳动歌》这样写道：

> 天下有这样大，
> 人类有这样多；
> 没有劳工做起来供大家用，
> 大家都会饿，
> 大家都会寒，
> 大家都会无处宿。
> 如想不饿、不寒、有处宿，
> 一定靠劳工。
> 劳工哪可轻？
> 万般皆下品，惟有劳工高！①

---

① 《大平歌》，载《工人周刊》1922年第29号，第4版。

这些通俗的歌谣很受工人欢迎，工人听后非常感动，在工人中流传很广。

《工人周刊》期刊社下附设的北京劳动通讯社，搜集与工运等相关的新闻稿件。根据劳动组合书记部北方分部的要求，邓培先后将梁鹏万和阮章推荐进劳动通讯社编辑委员会。邓培还组织唐山制造厂工人为《工人周刊》提供素材和写稿。

《先驱》是中国社会主义青年团机关刊物，1922年创刊后，不断关注各种群众运动，对推动工人运动等起到了积极作用。1922年5月1日，出版了"五一纪念号"，中国社会主义青年团在"五一纪念号"敬告工人"我们不要怕资本家和资本家政府的势力，只要我们一旦把我们自己的反抗力觉醒起来，我们的势力就比他们的大得多，不但可以抵抗他们，而且可以推翻他们"。[1]蔡和森在《中国劳动运动应取的方针》中明确提出"'一切生产手段收归社会公有'，这就是劳动运动根本的目的"，"实行阶级斗争与社会革命"是达到劳动运动目的的唯一方法。[2]中国社会主义青年团第一次全国代表大会召开后，《先驱》刊发了大量有关青年工人运动的文章。这些文章对于推动唐山工人运动起到了积极作用。

不久，唐山制造厂厂方对工会的工作有所察觉并上报了交通部。交通系指示厂方孙鸿哲加紧对工人的控制。孙鸿哲指示他的秘书林端甫收买了一批工头和员司，组织了一个员工同人会，以对抗革命工会，并且建乐队、搞活动，企图和革命工会争夺工人。这个员工同人会鼓吹"孙总管与工人同心同德"，叫工人"不要上过激分子的当"，并用提级、涨薪等手段收买工人参加员工同人会。面对阶级敌人，邓培带领工会坚决斗争。他发动工会揭露员工同人会的阴谋："说孙总管与工人同心同德，为什么工

---

① 《中国社会主义青年团在"五一纪念节"敬告工人》，载《先驱》1922年第7号，第1页。

② 和森：《中国劳动运动应取的方针》，载《先驱》1922年第7号，第2页。

头压迫工人他不管？""孙总管组织的是工头会，和咱们工人走的不是一条道！""只有穷人才能帮穷人，咱们要组织自己的工会！"[①]孙鸿哲的阴谋被揭穿，工人们没有上当。员工同人会成立没几天就无声无息，而革命工会的影响却日益扩大。

孙鸿哲又组织了一帮打手监视工人的行动，四处搜寻革命工会活动的地点。工会在邓培领导下，坚持灵活隐蔽的策略，不断与反动工头周旋。邓培家是工会活动的一个重要场所，开会时邓培让自己的儿子邓国强爬到树上站岗放哨。开会时邓培在院墙上挂上一块纸皮黑板，桌上放上直尺、三角板等，如果有外人来，就在黑板上画图写字，讲生产技术。这样，反动爪牙抓不到把柄。工会开会的地点经常变换，有时甚至在野外庄稼地或树林子里召开。据老工人回忆，当时的工会有时利用休息日时间，由工人们带上胡琴等乐器和干粮，跑到郊区开会议事，遇到生人就吹拉弹唱起来，装作是在野游。工会经常利用晚上开会，邓培在会场周围安排一些工人放哨，如果发现可疑的情况，岗哨就会发出暗号，不用多久，就传到会场，立即疏散，等打手们赶到，只能扑个空。通过斗争，工会已经积累起丰富的斗争经验。

三、发展壮大唐山青年团

中共一大后，在张太雷等人的努力下，各地青年团组织相继恢复。中共中央发出通知，要求各地党组织切实注意青年团组织的改造，并寄发了改造宣言和章程。唐山社会主义青年团因当时核心团员邓培、梁鹏万正前往苏俄参加远东各民族代表大会，唐山仅剩李树彝等3名团员，因此未能及时按中央要求改造团组织。邓培回国后，1922年4月16日唐山社会主义青年团召开团常会，在会上修改了章程，并成立委员会，正式选举邓培为书

---

① 王士立：《中国工人运动的先驱：邓培》（《唐山文史资料》第18辑），1994年，第69页。

记，李树彝、阮章为委员。

1922年上半年，在邓培和李树彝等人的领导下，唐山社会主义青年团组织建设取得一定成绩。1921年7月6日，唐山社会主义青年团成立时有团员7人，同年8月，陈洪、陆振轩2人赴法勤工留学，团员还有5人。至1922年4月，唐山交通大学学生周树梧已被发展为团员，田玉珍在王仲一介绍下入党，同时也兼为团员。但梁鹏万因参加远东各民族代表大会造成旷工被厂方开除，离开唐山赴上海工作，唐山团组织又减至6人。此时除正式团员外，尚有候补团员王麟书、梁鹏云、李福庆、刘玉堂等六七人。唐山社会主义青年团于4月16日召开团常会，将王麟书等候补团员转为正式团员，唐山团员人数相应增至十二三人。

1922年2月22日，上海社会主义青年团书记施存统（又名方国昌），根据中共中央指示，以中国社会主义青年团临时团中央的名义发出通知，要求各地青年团组织选派代表赴广州参加中国社会主义青年团第一次全国代表大会，以组织正式的团中央统一领导全国的青年团运动。唐山社会主义青年团召开了团常会，决定派代表出席全国代表大会。3月27日和4月10日，唐山社会主义青年团先后向上海代理团中央和施存统报告了唐山建团情况和组织发展情况。4月16日，唐山社会主义青年团召开了团常会，正式决定派李树彝参加青年团第一次全国代表大会。由于当时邓培回国不久，险被厂方开除，因此他不能去广州赴会，唐山团组织最后推举李树彝为代表。邓培和阮章联名向团中央写信报告唐山社会主义青年团派李树彝参加中国社会主义青年团第一次全国代表大会事宜，信的内容如下：

国昌兄：

前接来函云向京方面领取三十元旅费，为唐山代表赴粤之用。兹接京复函，只付二十元，树彝曾函追寄。现蒙复函云："我们前收上海共计八十元，分给唐山、北京、张绥、长辛店四

处代表，每一代表应给二十元。"

唐山代表是树彝先生，他去的时候不只旅费完全由我们向债主借来，一切困难，是不用说了，只希望你们能允再寄十元以上的款子为好，因为我们是借了廿元的。

梁鹏万家的费用，如何办法，请示知，再者梁鹏万的粤通讯处，亦请示知。《劳动周刊》来的太少，实无法支配，敬祝康健！

邓培　阮章　上

四月廿一日[①]

由此信可以看出当时唐山社会主义青年团经费十分困难。由于没有固定会费，各地团代表前往广州参会旅费需要由团中央支付，而团中央的经费也紧张，李树彝作为唐山社会主义青年团代表仅获得20元的经费补助，邓培、阮章等人又筹借了20元，才使李树彝得以前往广州。而筹借的20元，邓培等人还担心还款问题，反映了当时革命经费筹措之不易，革命活动开展之不易。

有的研究认为邓培去了广州参加中国社会主义青年团第一次全国代表大会。张国焘在《我的回忆》中曾记述邓培去广州参加了第一次全国劳动大会，并成了中国共产党拟定的五人主席团成员之一。实际上邓培在从苏俄回国之后，已经请假数月，差点被厂方开除，家中的生活也受到很大影响。唐山的党团和工会组织并没有充足的经费，连派李树彝参加青年团大会的经费都借了一部分，因此，邓培再前往广州，经费更无处筹集。另外，搜寻了第一次全国劳动大会的相关史料，《时报》1922年4月23日刊登的《全国劳动大会代表纷纷赴粤》记载"唐山机器工会树彝等多人，均于

---

① 《唐山青年团给团中央的信报告唐山代表是李树彝》，载中共唐山市委党史办公室编《唐山革命史资料汇编》第6辑，1987年，第57页。

昨晚与中国劳动组合书记部代表许白昊、梁鹏万等乘新宁轮船赴粤"①，该记载记述了唐山出席全国劳动大会的代表是李树彝，有没有可能还有邓培一同前往呢？在记述中国劳动组合书记部时则描述了许白昊和梁鹏万两人，因此，如果唐山有两位代表，则在新闻中应当一同出现。再者，如上文所述，4月21日，邓培和阮章联名向团中央写信报告唐山社会主义青年团派李树彝参加中国社会主义青年团第一次全国代表大会，说明此时邓培仍在唐山；"唐山代表是树彝先生，他去的时候……"则说明邓培写信前李树彝已经出发，而1922年4月23日《全国劳动大会代表纷纷赴粤》则印证了唐山代表在4月22日已经达到上海。因此，邓培应没有前往广州参加第一次全国劳动大会。

1922年5月5日，中国社会主义青年团第一次全国代表大会在广州召开，大会制定了团的纲领和章程，通过了《关于政治宣传运动的决议案》等文件。李树彝代表唐山社会主义青年团，在广州出席了大会。当时全国有17处地方成立了社会主义青年团组织，团员达到5000余人。李树彝是参加大会的全国15个地方组织的25名代表之一。中国社会主义青年团第一次全国代表大会召开的同时，还举行了马克思诞生纪念大会和欢迎全国劳动代表大会，李树彝代表京奉铁路唐山制造厂同人联合会，出席了5月1日在广州召开的第一次全国劳动大会。第一次全国劳动大会是在全国各地工会不断建立和发展的过程中，受到世界潮流尤其是苏俄革命胜利和远东各民族代表大会胜利召开的影响，由各地工会要求中国劳动组合书记部召集的。中国劳动组合书记部在1922年五一劳动节前三星期才发函各地工会，但却得到了各地工会的大力支持。中国劳动组合书记部在1922年4月22日上海《申报》上刊发《中国劳动组合书记部关于召开中国第一次全国劳动大会的通告》，记述了开会的宗旨为"纪念'五一'节，联络全国工界感

---

① 《全国劳动大会代表纷纷赴粤》，载《时报》1922年4月23日，第3版。

情，讨论改良生活问题，各代表提议事件"。包括唐山在内全国各地派到广州的参会代表有三四十人，李树彝就是其中光荣的一员。第一次全国劳动大会期间，各省代表提出了许多议案，审查付议的有十余项，议决的有十项，其中李树彝和徐家棚粤汉铁路工人俱乐部代表吴海堂共同提交"订定中国劳动歌及劳动旗帜案"，获得大会通过。李树彝回到唐山后，向唐山社会主义青年团常会和邓培作了广州之行的报告，邓培充分肯定了他在两会期间发挥的重要作用。

1922年6月间，邓培根据青年团中央发出的第一、二号通告要求，按照中国社会主义青年团第一次全国代表大会通过的《中国社会主义青年团章程》规定，对唐山社会主义青年团进行改组。原来的唐山社会主义青年团委员会改组为中国社会主义青年团唐山干事会，邓培担任书记，阮章等人担任干事。

四、中共唐山地委的发展

以唐山社会主义青年团和唐山制造厂工会的发展为基础，唐山革命形势高涨，共产党的队伍也不断发展。在邓培的领导和影响下，唐山制造厂、开滦矿务局和启新洋灰公司，以及唐山交通大学，涌现出一批具有共产主义觉悟的先进工人和学生。通过不断吸纳工人和学生中的积极分子，唐山共产党组织建设不断发展。京奉铁路唐山制造厂原有党员邓培、阮章和许作斌等党员。随后，邓培发展王麟书、刘玉堂、李华添入党，使唐山制造厂的党员人数增加到6人。

王麟书（1895—1930），字宝珍，唐山宋谢庄人。出身农民家庭，家里有几亩田地。唐山同仁小学毕业，18岁入唐山制造厂学徒，后成为修配场刨床工匠。五四运动时曾参加赴京请愿团，担任过唐山各界联合会代表。1920年年底，唐山制造厂职工联合会成立后被选为秘书，有口才，善辩论，对唐山工会工作贡献很大，长期担任邓培的助手。

刘玉堂（1903—1935），又名刘铁牛、刘小曼，河北省静海县人。唐山同仁小学毕业。唐山制造厂生铁房（铸铜房）工人。1920年唐山制造厂工会成立后担任委员，阶级觉悟高，斗争勇敢，被工人们称为"铁牛"。他曾写过一首《偶感》诗发表在《劳动音》杂志上："你既是具了一腔的热血男儿，请将你可爱的面目转过来，不可对着伊笑，伊是我们的仇敌，更不必和伊亲密了。我们和伊亲密的就是奋斗！"[①]这首诗表达了刘玉堂对于现实社会制度极端不满，尤其体现了他作为青年革命者对资本家的痛恨。

李华添（1899—1929），广东中山人。唐山制造厂生铁房翻砂工人。很早就随邓培参加工人运动。1919年五四时期投身于反帝爱国运动，后跟随邓培组织并参加了唐山制造厂职工同人会和救国十人团。

6月后，邓培在开滦矿务局工人中发展了6名党员，分别是李星昌、只奎元、邓汝明、刘长顺、谢作先和陈子云。

李星昌（1885—1942），广东中山人，外号"广东李"。唐山矿翻砂场工人。一直是开滦矿工会运动的骨干分子，积极参加唐山工人图书馆活动，在开滦大同社中起到了重要作用。他家住菜市街，是唐山党组织在北片的秘密联系据点。

只奎元，时年30多岁，唐山矿木工，有口才和组织才能，是开滦矿工斗争的带头人。

邓汝明，唐山石庄人，唐山矿井下工人，在邓培培养下成为工人代表。1922年5月1日曾代表开滦矿工参加在广州召开的第一次全国劳动大会。

刘长顺、谢作先、陈子云均是唐山矿工人。

1922年8月，根据中共二大通过的党章规定，在中共北京区委指示下，原来的中共唐山地方委员会改组为中共唐山地方执行委员会，下辖唐山制造厂支部和开滦矿务局支部，邓培、阮章和田玉珍为委员，邓培任委员

---

① 刘玉堂：《偶感》，载《劳动音》1922年9月17日，第4版。

长，总理党务及会计，阮章任组织委员，田玉珍任宣传委员。邓培同时兼任唐山制造厂支部书记。

中共唐山地方执行委员会建立以后，邓培继续推进党的组织建设。在10月唐山各厂矿罢工之前，中共唐山地方执行委员会所属唐山制造厂支部和开滦矿务局支部共有党员18人，分别是唐山制造厂的邓培、阮章、许作斌、王麟书、刘玉堂、李华添、李福庆、何炳恒、王玉亭、黄德伦，开滦唐山矿的李星昌、只奎元、邓汝明、刘长顺、谢作先、陈子云，启新洋灰公司的杜玉田和唐山大学的田玉珍。这样，三大厂矿和唐山大学都有了党员，但仍以唐山制造厂党组织为中坚。为了加强领导，劳动组合书记部北方分部派驻唐山的党员特派员李树彝、吴先瑞、彭礼和等，也参加唐山地方执行委员会的工作。

中共唐山地方执行委员会的建立，表明唐山工人运动和群众运动得到了更有力的地方党组织的领导，这为即将来到的罢工高潮奠定了扎实基础。邓培肩上的担子更重了，肩负起更大规模的党、团、工会等各组织的领导工作。

1922年，在中国共产党的领导下，唐山的革命形势不断向前推进。邓培领导中共唐山地方组织、唐山社会主义青年团和京奉铁路唐山制造厂同人联合会等革命组织，通过举办工人图书馆、大同社、工人补习夜和其他各种形式组织和发动群众，有效地发展了唐山的革命力量，为9月以后的工运和学运高潮的到来提供了条件。9月，唐山响应全国形势，发动了劳动立法运动；10—11月，京奉铁路唐山制造厂、开滦煤矿、启新洋灰公司和华新纱厂等企业中相继出现工人罢工，交通部唐山大学学生举行了罢课，从而实现了唐山第一次工人运动和第二次学生运动的高潮。

第八节　中共三大当选中央候补委员

自从中国共产党建立后，全国革命形势焕然一新。在邓培领导唐山工人运动走向高潮之时，南方的广东也吸引了大批革命有志之士，逐渐成为大革命的策源地。1923年四五月间，中共中央已正式迁到广州。6月12日至6月20日，中国共产党在广州市恤孤院后街31号（今恤孤院路3号）召开第三次全国代表大会，到会代表40余人，代表全国420余名党员。

参加中共三大的北方区代表有12人，分别是李大钊、罗章龙、王荷波、王仲一、王俊、张德惠、何孟雄、邓培、孙云鹏、陈涛、刘天章等，工人占了多数。因中共三大在广州召开，邓培以返乡探亲为名向厂方请假，先坐火车至上海，然后乘轮船赴广州出席这次大会。大会的中心议题是讨论和确定共产党员以个人身份加入国民党，实行国共合作，建立反帝反封建的革命统一战线，发动和推进国民革命。

在三大之前，共产国际和中共中央对这一时期各地工人运动进行了分析和总结。一方面指出了此时工人运动的局限，"中国独立的工人运动还很软弱"[1]，而开滦工人罢工和二七工人大罢工的挫折也被陈独秀等人认为工人阶级没有力量。但是从中共组织发展上看，正是因为蓬勃开展的工人运动，工人党员数量急剧增加，至三大召开时，工人党员164人，而从二大到三大党员人数增加了大约200人，其中工人党员有130人。应当说，正是在邓培等工人领袖的推动下，大批工人运动的中坚分子加入了中国共产党。

---

① 《共产国际执行委员会关于中国共产党和国民党关系问题的决议（一九二三年一月十二日）》，载广东革命历史博物馆编《中共"三大"资料》，广州：广东人民出版社，1985年，第21页。

　　三大召开后，邓培首先听取了陈独秀代表第二届中央委员会作的工作报告，报告大篇幅地总结了工人运动，也谈到"京奉路的组织是秘密的"，"在京奉路上，到现在为止，还很难于把不同部门的工人联合起来"，既肯定了邓培领导的京奉路工人组织保存了力量，也指出了京奉路各路段工人联合不够。报告还指出了党内问题，对个别党员提出了批评意见，认为陈独秀"由于对时局的看法不清楚，犯了很多错误。另外，他很容易激动"，张国焘"思想非常狭隘，所以犯了很多错误。他在党内组织小集团，是个最大的错误"，还认为邓中夏在唐山和开滦矿工罢工时"犯了严重错误"。①实际上在中共三大召开前，工人运动先是在1922年下半年呈燎原之势，但规模最大的开滦矿工罢工却遭受挫折，再到1923年二七工人大罢工经历血雨腥风。在工人运动遇到重大挫折的背景下，陈独秀代表中央对包括他自己在内的个人进行批评是正常的，反映了共产党人敢于自我批评的精神，也从侧面反映了唐山工人运动的重要地位。当然，开滦和启新等工人罢工之所以遇到挫折原因是复杂的，乃至于马林在陈独秀报告之后做了补充发言，认为陈独秀的报告"非常悲观"，"至于说工人运动和政治积极性，那是有成绩的"，并认可邓中夏和邓培等人实践的工人运动和学生运动相结合的革命道路，"知识分子和工人在党内必须很紧密地结合起来"。②

　　会议第二天，邓培和代表们一起讨论了陈独秀的报告。第三天马林向邓培和其他中国代表报告了第三国际共产主义运动与国际工运的问题。第四天，邓培和其他代表向大会汇报各地工作。第五天是大会发言，邓培聆听了包括毛泽东在内的几位代表的重要发言。而一个多星期的会议中大部

---

①　《陈独秀同志代表中共中央向第三次党代表会议的报告（一九二三年八月十八日）》，载广东革命历史博物馆编《中共"三大"资料》，广州：广东人民出版社，1985年，第61页。
②　《马林的补充发言》，载广东革命历史博物馆编《中共"三大"资料》，广州：广东人民出版社，1985年，第62页。

分时间在讨论国共合作和共产党员是否加入国民党。会上，陈独秀延续其在大会报告中的思想，认为党员不多、力量不强，工人没有文化，觉悟不高，还武断地认为工人不懂革命，也没有革命理论，主张要在国民党中发展共产党，主张共产党整个地加入国民党。张国焘等人则反对共产党全体加入国民党，认为要坚持知识分子和工人阶级的联合。在代表发言中，邓培表示支持陈独秀的一些观点。[①]邓培在会上提供了唐山工人运动和京奉路工人运动的实际情况，共产国际代表马林在其笔记中记录邓培等工人领袖在中共三大会议中提供的情况有一个共同的特点："工人们关心改善生活条件问题，他们对政治和阶级斗争的认识较肤浅"，进而认为"我们可以说我们取得了经验，能进一步开展工会工作，但是我们不能把建立工人党的想法与工会混淆起来而犯错误"，马林也努力使邓培等工人领袖意识到"我们必须发展工会和发扬革命精神"。[②]

经过热烈讨论，大会通过了《关于国民运动及国民党问题的决议案》，决定在"工人运动尚未能强大起来成为一个独立的社会势力"的背景下中国共产党须与国民党合作，共产党员以个人资格加入国民党，帮助国民党加强民众政治宣传，改造国民党致力于反帝反封建，同时保持共产党在组织上、政治上的独立。在这次大会上，邓培有机会和李大钊、毛泽东等无产阶级革命家一起讨论党领导中国革命的相关问题，大大提高了自身的马克思主义理论水平。邓培与出席大会的何孟雄、冯菊坡、项英、孙云鹏、刘尔崧等工人运动活动家一起讨论起草了《劳动运动决议案》，获得大会通过。《劳动运动决议案》议决"中国目下劳动运动方取守势，党

① 《斯内夫利特笔记（中国共产党第三次代表大会关于国共合作问题的讨论）（1923年6月12日—20日之间）》，载中共中央党史研究室第一研究部编《共产国际、联共（布）与中国革命文献资料选辑（1917—1925）》，北京：北京图书馆出版社，1997年，第468页。
② 《斯内夫利特笔记（中国共产党第三次代表大会关于国共两党关系的讨论）（1923年6月12日—20日之间）》，载中共中央党史研究室第一研究部编《共产国际、联共（布）与中国革命文献资料选辑（1917—1925）》，北京：北京图书馆出版社，1997年，第466页。

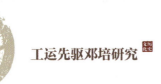

的活动须多于工会活动，恢复工会口号，须在被封工会各工友中宣传，引起压迫下之工人作政治的斗争"，在认清工运形势的基础上着手恢复和发展工人运动。最后，大会修改党纲，修正章程，并根据新的章程选举中央委员会委员9人，候补委员5人。邓培首次当选为候补委员。大会最后一天，邓培等全体代表来到黄花岗七十二烈士墓举行了悼念活动，瞿秋白还带领大家一起唱《国际歌》。

邓培在中共三大当选中央候补委员是他革命人生的又一个重要时刻，他在党内承担起更重要的工作职责，历史将他推上了更广阔的政治舞台。

第四章

文历
化史

风起云涌的唐山
工人运动

第一节　参加全国劳动立法运动

一、全国劳动立法运动的兴起

1921年7月，中国共产党宣告成立。中国共产党是无产阶级的政党，中共一大通过了《关于当前实际工作的决议》，确定党成立后的中心任务是组织工会、教育工人、领导工人运动。随后各地的工会不断建立发展起来。为了加强对工人运动的统一领导，8月11日，中国劳动组合书记部在上海成立，工人运动发展更加蓬勃。

1922年被称为"中华劳动纪元年"，这一年的工人运动在中国共产党的领导下走向了高潮。1月，香港海员罢工，随后，上海、广州、汉口等各地发生工人罢工，工运已呈现燎原之势。8月以后，长辛店铁路工人率先在北方发动罢工，全国罢工形势高涨。在中国劳动组合书记部的领导下，全国掀起了劳动立法运动。

香港海员罢工后，全国各地工会一致声援。正是在这样的背景下，第一次全国劳动大会在广州召开了。这次大会虽然提高了中国劳动组合书记部在全国工会组织中的领导地位，确立了中国共产党在工人运动中的领导地位，但因为包括国民党在内的各种政治力量的介入，这次全国劳动大会没有针对全国第一次工运高潮制定一个斗争纲领。当时，主管党的宣传工作的李达在大会召开前撰写了《对于全国劳动大会的希望》一文，代表中共对大会提出了四点希望，"一，要组织永久的全国劳动大同盟；二，各处工会要设法化除乡土观念；三，工人不要怕社会主义"；四，立法运动"。李达特别强调，希望第一次劳动大会可以开展立法运动。中国当时处于军阀混战时代，军阀财阀仇视劳动运动，"撄其锋者，就以军法从事"，"罢工处刑，公然载在中华民国法律之上，工会不能称法团，劳动出版物不能公然发行，或者加以宣传过激主义罪名，即行查禁"。1922年之后，李达深感"中国为劳动运动而牺牲或者受害的人很多，我以为实有干立法运动之必要"。如何办理立法运动呢？李达提出在南方政府势力范围内的工人可以向政府当局请愿，而北洋军阀政府势力范围内的工人，"首先也当去为合法的运动"，若北洋军阀政府"执迷不悟"，则"或行示威运动，或举行有意义的罢工"，立法运动的主要要求是："一，承认劳动者有罢工权；二，制定工会法；三，制定工场法；四，实行八时间劳动制；五，保护童工、女工；六，制定劳动保险法。"①李达的观点虽在第一次全国劳动大会未能完全实现，劳动立法运动没有通过大会迅速开展起来，但却为之后的劳动立法运动指明了方向。

1922年中国局势动荡，北洋军阀政府总统徐世昌倒台，南方政府陈炯明叛变，大批的国会议员重新聚集在北京。8月，北洋军阀政府伴随直系上台，黎元洪复出，第一届国会第二期常会在北京复会，酝酿制定宪法。在国会复会前李庆芳就已提出保护劳工法案，吴佩孚更是假惺惺地提倡"保护劳工"。虽然国会的复会不过是军阀政治的闹剧，但是中国共产党决定利用这个机会，开展劳动立法运动。中国劳动组合书记部在中国共产党的领导下拟定了"保护政治上的自由""改良经济生活""参加劳动管理""劳动补习学校"等劳动立法四项原则和劳动法案大纲，作为这次运动的指导原则和奋斗目标。

8月14日，中国劳动组合书记部正式号召全国各地工会开展劳动立法运动，发表关于开展劳动立法的通告：

> 近年国会制定新宪法运动，进行颇速，但对于劳动立法之制定，尚未闻有提倡者。幸吾劳动界之奋斗精神与组织能力，尚能坚持不渝，此吾人所可庆幸者。惟吾等之自由屡受他人侵害，正

---

① 李达：《对于全国劳动大会的希望》，载《先驱》1922年第7期，第3版。

式劳动工会始终未为法律所承认，同盟罢工屡为军警所干涉。凡此种种，均缘法律尚未承认劳动者有此种权利之故也。倘能乘此制宪运动之机会，将劳动者应有之权利以宪法规定之，则将来万事均易进行矣。望贵团体从速开会讨论，将其结果报告本部，并祈通电国务院及全国工商学各界，以增吾劳动界之声势。①

为推动劳动团体加入劳动立法运动，中国劳动组合书记部还于8月15日致信《晨报》，要求刊布通启，联络各劳动团体：

近来国会制宪，颇引起各界对于宪法之主张，中国劳动组合书记部为拥护工人阶级利益起见，现亦联络劳动团体有所进行，昨已发出正式通告，通知各地工会，其词如下：

本部近因国会制宪正在进行，回想我劳动界历来所受痛苦，均由于法律上无丝毫有利于我们工人之规定，使我们受尽苦难，无处呼吁。幸年来我工界日趋觉悟，"组织""奋斗"，一日千里，真是劳动界极好现象，但是对于工人在法律上地位，尚未见有所主张，致使我们许多进行，均受阻碍。如正式工会常不能在官厅立案，同盟罢工常受军警干涉，这便是法律上不承认工人有这些权利的原（缘）故。现在国会将制宪法，我们正好乘这个机会把我们劳动界的利益请求在宪法上规定，以后我们各事都易进行。此事的大概理由条件和方法等，均登在第四十七期劳动特刊号里面，希仔细阅看，详加研究。本部希望贵团体于接到此项通告后，即刻开会讨论，讨论结果，即刻报告本部，以资参考。同时并请尊处向北京府院国会，及全国各工、商、学界团体，各报

---

① 《中国劳动组合书记部关于开展劳动立法的通告（1922年8月）》，载中共唐山市委党史办公室编《唐山革命史资料汇编》第6辑，1987年，第123页。

馆，发一通电赞助，务使此项空气，日益浓厚，庶以后易于进行。此项电稿同时寄本部一份，本部将以极敏快的方法促进此事之进行。

中国劳动组合书记部通启

八月十五日①

中国劳动组合书记部关于开展劳动立法的通告表明了中国工界在五四运动后已有极大进步，受党的领导、受马克思主义指导的工人组织不断涌现，工人阶级的力量逐渐加强。关于斗争的方式，劳动组合书记部不单单局限于罢工等，也把握政局演变的趋势，利用国会复会的机会提出并积极推进劳动立法和劳动群众利益入宪的运动，做到了有理有利有节，使劳动立法运动一经提出便处在一个积极主动的位置。

同日，中国劳动组合书记部还在《晨报》上刊载了《劳动法案建议》，描述了劳动立法运动的缘由，"现在国会制宪已成为时局的中心问题……我们劳动群众过去所受的蹂躏，所供的牺牲，原因虽多，然法律上积极的摧残和消极的漠视，便是这些原因中最重要的一个。现在既然有一个机会在我们眼前走过，我们应该出来做一次劳动立法运动，换句话说，我们应该出来主张劳动阶级的利益要求宪法的保障"；记述了立法运动的要求的条件，"第一关于政治自由的"，"第二关于改良经济生活的"，"第三关于工人参与管理的"，"第四关于劳动补习教育的"，分别从政治、经济、劳动关系和受教育权四个方面保障劳动群众的基本权益，"为我等最低限度之要求，亦所应努力实现者也"；列出了"劳动法案大纲"十九条，内容有：

---

① 《劳动立法运动之进行》，载《晨报》1922年8月17日，第3版。

（一）承认劳动者之集会结社权。

（二）承认劳动者之同盟罢工权。

（三）承认劳动者之团体的契约缔结权。

（四）承认劳动者之国际的联合。

（五）日工不得过八小时，夜工不得过六小时，每星期连续四十二小时［休息］。

（六）十八岁以下的青年男女工及吃力的工作，不得过六小时。

（七）禁止超过法定的工作时间。如在特别情形须得工会同意才得增加工作时间。

（八）农人的工作时间虽可超过八小时，但所超过之工作时间的工值，须按照八小时制定的基础计算。

（九）须以法律担保一般不掠夺别人劳动之农人的农产品价格，此项价格由农人代表提出，以法律规定之。

（十）吃力的工作及有碍卫生的工作，对于十八岁以下的男女工人绝对禁止超过法定时间。绝对禁止女工及十八岁以下的男工作夜工。

（十一）体力的女工产前产后各八星期休工；其他工作之女工，产前产后各六星期休工，均照常领取工资。

（十二）禁止雇用十六岁以下之男女童工。

（十三）为保障工人适当以至低限度的工钱，国家须制定这种保障法律。当立此项法律时，须准全国总工会代表出席。无论公私企业或机关的工资，均不得低于此项法律保障的至低限度。

（十四）各种工人，由他们产业组合或职业组合保障，可选举代表参加政府经济机关，及选举代表参加政府企业机关及政府所管理的私人企业或机关之权。

（十五）国家对于全国公私各企业均须设立劳动检查局。

（十六）国家保障工人有完全参加国家所设劳动检查局之权。

（十七）一切保险事业，须由工人参加规定之，以保障所有在政府的、公共的、私人的企业和机关内的工人之损失或危险。保险费完全由雇主或国家出之，受保险者决不分担。

（十八）各种工人和雇用人，一年工作中有一月之休息，半年中两星期之休息，并有领薪之权。

（十九）国家须以法律保证男女工人有受补习教育的机会。[1]

一时间，中国劳动组合书记部开展劳动立法运动的消息传播开来，19条内容为工人群众所逐渐了解。中国劳动组合书记部在《先驱》发布该19条还附文说明此19条是根据各国劳动法拟定的，是最低的内容要求，并决心"非要国会都要通过不可的"。[2]

二、唐山的最先响应

最先响应劳动立法运动的正是邓培领导的唐山工人群众。近代以来，唐山工人长期处于帝国主义和封建军阀的残酷压迫下，没有平等、自由、民主的权利，工会组织始终没有被法律和政府认可，罢工斗争也屡遭军警干涉，因而深切感到争取合法权利的重要。劳动立法运动所提出的原则和内容反映了唐山工人的心声，能够维护唐山工人的利益，自然受到唐山工人的拥护。中国共产党二大召开后，中国劳动组合书记部总部迁往北京，邓中夏任主任，北方的工人运动声势更大。

邓培于8月底代表唐山去北京中国劳动组合书记部商讨，了解立法运动推进情况。《晨报》在8月27日以《劳动立法运动进行不懈》为题记录了这一历史："唐山派代表邓垓（应为邓培）……入京与该书记部接洽此事，

---

① 《劳动法案建议》，载《晨报》1922年8月17日，第7版。

② 《劳动法案大纲》，载《先驱》1922年第11期，第2版。

并催促该书记部赶速召集全国各工团来京会议，以便结队请愿并游街示威。"①邓培等代表在劳动组合书记部的领导下对推进劳动立法运动保障工人权益态度坚决。以邓培领导下的唐山工人和其他各地工人为后盾，中国劳动组合书记部讲究策略，先致请愿书于国会，并联络一些议员，另一方面更加积极地联络全国各地工会组织，继续为劳动立法运动造势。

随后，邓中夏等代表中国劳动组合书记部向众议院议长写下了一封请愿书，提出"连年来亲睹国内劳工饱受暴力摧残之惨状，深知国内劳工无法律保护之痛苦，加以感受操政权者之巧于舞文玩法，益觉得劳动法案规诸宪法之重要，用是为全国劳工请命计，为国家立法前途计，理和拟具劳动法案大纲十九条，依法请愿，贵院尽量采纳"，请愿书列出的请愿人是中国劳动组合书记部总部邓中夏和劳动组合书记部各分部负责人，经过一番联络，一批议员成为了请愿书的介绍人，有童启曾、杜凯元等22人。②

为了推进劳动立法运动，京奉铁路唐山制造厂职工会在邓培等人组织下于8月下旬以全厂3000余工人名义以决绝的态度通电全国要求北京国会以中国劳动组合书记部所列19条劳动法案大纲为最低限度条件通过劳动法案，同时希望各界人士支持工人的斗争。9月1日《晨报》以《唐山铁工注意劳动立法——认劳动组合书记部所拟劳动法大纲为最低限度的条件—若不能如愿以偿—则相率来京求速死》为标题将电文刊出：

致全国电：北京《晨报》、《京报》和《工人周刊》转全国各报馆，各工人团体、农人、兵士、学生会、各界同胞钧鉴：

国会议员是代表人民意思的，人民现在是注重要图实现全民政治的，是希望每个人都得到同样权利的。这次国会制定宪

①《劳动立法运动进行不懈》，载《晨报》1922年8月27日，第3版。
②《劳动立法运动之进行（续）》，载《顺天时报》1922年8月30日，第4版；《劳动立法运动之进行（续）》，载《顺天时报》1922年8月31日，第4版。

法，看他能不能本全民众治的精神，以适合我们人民的要求。如果他们仅制成保护一阶级——有产阶级——的权利，谋少数人幸福的宪法，那就失掉了人民大多数的同情，社会必因此就纷乱起来，全国人民永远的幸福固属得不到，暂时的安乐也梦想不到，这是我们全国工团、农人、兵士、学生会各界同胞都要注意预防的一桩事。工友们！伙伴们！劳动立法是关系我们生死关头的一桩事，是关系我们子子孙孙利害的一桩事。我们亲爱的指导者劳动组合书记部所拟的劳动法案大纲，既得了一部分表同情的议员先生提出，我们当这个时候，更应加努力去奋斗，一面作劳动组合书记部的后盾，一面长表同情的议员先生的气焰，誓必达到劳动法已列入宪法了，劳动法已完全采纳劳动组合书记部所拟定的劳动法案了，那我们才能休止。不然，我们以后也不是人的生活了，变做了奴隶生活了，何必不当在这个时候，就相率来都，以求速死，倒还痛快！工友们！伙伴们！伟大的人间，光辉灿烂的世界，在在都是我们一锤一斧造的，血与汗换来的，我们贡献社会的功劳，可说比天还要大，反得不着些小权利，尚要被寄生物——资本阶级——戏弄如猿猴，对待若奴隶，说来真堪痛心，实为社会上太不平等事。当这制定宪法的时候，我们除一面致电议员要求制定劳动法外，尚望各界人士以及报界诸公多多帮忙，多多指导，我们是感激到万分了。①

同版，邓培还领导唐山制造厂职工会致电国会议员。电文内容如下：

参众两院议员先生：自国会开幕以来，政局顿呈新鲜气象，

---

① 《唐山铁工注意劳动立法》，载《晨报》1922年9月1日，第2版。

要务首在制定国宪。近来各界人士纷纷对此问题活动，而我们劳动界自从劳动组合书记部提出劳动法案大纲以来，我们觉得非常重要，显系我们生死关头的问题，今持本着我们十二分的诚意，郑重对着两院议员先生说几句粗鲁而关痛切的话，乞与鉴察。你们职在代表民意，理应变成群众的化身才对，我们劳动群众人数为最多，因此就有注意之必要。想本全民政治达到共同幸福起见，尤应当从我们劳动群众着想。我们劳动群众虽素来遭一班士夫所摒弃而不齿，但自念贡献社会功劳，也堪可夸说，惟我独尊。世界上的文明，都是我们一锤一斧造成的，血与汗换来的，假若没有我们劳动者，空间就会马上万机动息，变成了沙漠地方，谁也都活不成了。到还一切寄生人们去掉了，我们劳动者尚能保成庄严伟大之人间，明白现在社会经济政治状况而灼知劳动价值者，这也不难见到。我们既有大功于社会，理应享受优良待遇，今反不然。尤其是我们中国劳动者，地位更属悲惨，处此重受两重压迫——外国资本家和本国资本家——之时，适逢国为不法之国，任忍贪婪的资本家尽情剥削，任凭无法的官僚故意欺凌，约法上虽许人民结社自由，而专对于劳动者剥夺殆尽。其余如时间之长，工资之贱，工厂设备之不卫生，与乎妇人小子滥施吃力工作，种种悲惨状况，可说全地球之所无，亘古今之所未有。所以年来工潮，明争暗斗，前波未平，彼波继起者，谓非无因。两院议院（员）先生苟不速即审查国中动日状况，察世界劳动的情形，及时制定劳动法，以和缓我们阶级的斗争。不然，恐怕我们将会要扰得社会上鸡犬不宁。劳动组合书记部所拟的劳动法案大纲，是我们最低限度的条件，务必要条条如愿以偿。且再要特别说明白一句话，我们要求制度劳动法，是要以法律来保护我们利益，不是以法律来限制我们的利益，这是要请两院议员先生千万注意的。倘此次制宪，我们尚不能得到法律上的良好保障，那我们也再不愿度这种奴隶生活了，将会相率来京，以求速死。特此电呈，敬求鉴核，并视康健。唐山京奉路制造厂职工会三千余人启。[1]

邓培领导的唐山制造厂职工会是最早通电支持劳动立法运动的工会团体，其言辞之激烈，对运动支持之用力，对其他各地工人及工团产生了积极的影响，也引起了各界人士的关注和同情。唐山工人"素来在社会上很能容受潮流的，历年来对于国家发生了重大问题，往往总有一番表示"[2]，这从侧面反映了以邓培为代表的唐山工人已经站在了历史发展的潮流之上。

三、组织唐山劳动立法大同盟

邓培领导的唐山制造厂职工会不仅仅以发电文的形式支持劳动立法运动，他们还派出代表前往开滦矿务局、启新洋灰公司和华新纱厂等唐山各厂矿积极进行联络，发起组织了唐山劳动立法大同盟，"以图联合唐山所有工人结合一个大团体去奋斗"。不几日，他们在唐山各厂矿散发了几十份传单，宣传开展劳动立法运动对广大工人的重要性。职工会还在唐山制造厂南厂门前贴出传单，标题是《生死关头的一桩事》，内容如下：

最亲爱的工友们、伙伴们，大家都知道国会正在那里制定宪法吗？大家又知道我们最亲爱的指导者劳动组合书记部所拟的劳动法案大纲吗？伙伴们，大家要醒醒，这个劳动法是关系我们生死关头的一桩事，有了这个劳动法，就能够得最大的幸福，没有这个劳动法，我们就会永久的被铁链锁着颈，过那压在第十八层地狱的奴隶生活了。因为如此，我们应当联合起来，团结起来，

① 《唐山铁工注意劳动立法》，载《晨报》1922年9月1日，第2版。
② 《唐山工人组织劳动立法同盟》，载《晨报》1922年9月5日，第3版。

作劳动组合书记部的后援，努力向国会去争，要争得国会已将劳动法列入宪法了，劳动法已都采用劳动组合书记部所拟的劳动法案大纲了，那我们方才放心。如这个目的没达到，那我们将来也活不成了，就活也不是人的生活了。何必不就当这个时候，和国会斗他一个你死我活，在社会上扰他一个轰轰烈烈的示威运动呵！①

这份传单的内容紧扣劳动立法运动，抓住工人权益，突出跟随中国劳动组合书记部，同国会做斗争，主题明确，态度决然。传单贴出后，南厂门口人山人海，工人们大受鼓舞，有力地推动了唐山劳动立法运动的发展。

8月30日，邓培就领导京奉铁路唐山制造厂和开滦矿务局等厂矿的工人代表联合召开了唐山劳动立法大同盟筹备会。不到3天的时间，各厂矿工人就如火如荼地活动起来了。9月3日晚，在邓培领导下，唐山劳动立法大同盟成立大会召开，参加大会的有唐山各厂矿的代表近50人。他们的宗旨是"本齐民政治精神，要求适当劳动法列入宪法"。会上首先推选唐山制造厂职工会委员刘玉堂为临时主席。这个很年轻又很热心的工人代表发表致词："庄严灿烂的世界，新奇闪耀的文明，在在都是我们劳动者一锤一斧造成的，血与汗换来的，我们贡献社会上的功劳，堪可夸说比天还要大。因此，我们应享受国家权之必要。唐山为北方无产阶级大本营，久为四方工友们所瞻仰，偶有举动，足以风化社会上而悚当局。因此，我们具有实力要求国家权利之可能。当此国会制宪时候，我们努力去争到法律上的保障，开我们将来光明的道路，谋我们子子孙孙的幸福。"刘玉堂接着阐述工人应当在社会得到相当幸福和权利，要如此，必要工人自己起来去争。他也意识到北洋军阀政府决不把权利白给工人，虽然已经有一部分议员同情工人而提出了劳动法案，但工人们如果不在社会上活动，也不知道劳动

---

① 《唐山工人组织劳动立法同盟》，载《晨报》1922年9月5日，第3版。

法案能否通过，因此，他强调工人一定要团结，要切实干，要争得法律上的保障。接着唐山制造厂职工会副委员长陈文海发言，强调劳动立法运动要迅速干，愈快愈好。再接着是由唐山制造厂职工会秘书王麟书发言，他介绍了劳动立法运动的意义，指出不能完全依靠议员进行运动，有好些议员先生们，多半带了官僚的臭味，鼓励大家相互宣传。刘玉堂之后作了总结，他以大树因为孤立而吹倒，小树因为丛生而不倒，鼓舞工友们团结起来支持运动进而获取胜利。大会接着用推举法推选职员16人组成执行委员会，办理交际、庶务、宣传、书记等事项。最后为筹措活动经费而鼓动工友们自由捐款，得到工友们的踊跃参与，大会胜利结束。①

在中国共产党领导下，工人们支持劳动立法运动的声势很大，但是北京政府是军阀政府，"保护农工"只是一句口号，并没有诚意要实行民主法治，更不会保障工人的权益。国会虽然复会了，但中国劳动组合书记部所提出的劳动法大纲并没有通过。

虽然如此，这次劳动立法运动深刻地影响了唐山工人运动。首先，提高了唐山工人群众的觉悟。这次劳动立法运动宣传了法制、立宪、工人权利等现代政治原理，让唐山工人群众了解到自己在社会当中的作用，唤起了工人群众保卫自己权益的决心。劳动立法运动最终的失败又使工人群众抛弃了对北洋军阀政府的幻想，意识到保卫自己的权益必须要依靠自己的力量。其次，有力推动了唐山罢工高潮的到来。唐山是最早响应劳动立法运动的地方，广大工人参加了唐山劳动立法大同盟，受到了劳动立法运动的锻炼，他们的革命斗争情绪受到了进一步的鼓动。劳动立法运动刚结束，唐山工人就在邓培和中共唐山地委领导下举行了京奉铁路唐山制造厂工人罢工、开滦矿工罢工、启新洋灰公司工人罢工和华新纱厂工人罢工，推动了全国罢工高潮向前发展。

---

① 《唐山工人组织劳动立法同盟》，载《晨报》1922年9月5日，第3版。

第二节　领导唐山制造厂工人罢工

一、筹划罢工

1922年，北方政局波谲云诡，直奉大战极大地破坏了北方的社会经济，人民群众的生活受到极大影响，工人更是深受其害。因为中外反动势力的联合压迫，工人工资不涨，物价倒是上涨不少，许多工人已是痛苦异常了。京奉铁路唐山制造厂的工人们长期处于英帝国主义和中国军阀政府统治之下，处境非常悲惨。在此背景下，工人们急切地要求改善待遇。

劳动立法运动失败以后，全国各地迅速地出现了罢工高潮。中国劳动组合书记部总部迁到北京之后，北方的工人运动形势不断向前推动。1922年8月24日，京汉铁路长辛店工人举行了两天的罢工，发布了《京汉铁路长辛店工人俱乐部全体工人罢工宣言》，提出"厂中日后进人退人，均要通过工人俱乐部委员会，厂长和司事，概不得私行荐人"[①]等8个条件，强烈要求保障工人权利。长辛店工人发动罢工后，唐山党、团和各级工会组织均讨论了长辛店罢工情况，将长辛店罢工的胜利消息传达给了唐山工人，邓培领导的唐山制造厂职工会迅速发出通电支持：

> 北京《晨报》《京报》《工人周刊》转各报馆、各机关、各工人团体均鉴：长辛店工友们熬不了人间地狱生活，竭情披露上呈，以图当局从中挽救。他们一片之苦衷，竟不为当局所谅解，被迫作此直接行动罢工之举，实受当局故意有所促成，并非他们心所甘愿。我们同属一阶级人们，睹此故意压迫险状，不忍坐

---

① 《照录京汉铁路长辛店工人俱乐部全体工人罢工宣言》，载《京报》1922年8月25日，第2版。

视，誓告奋勇，作为后援军，警告当局者。以为工人可欺，工人不是前年工人了，已有阶级团结了，轰轰烈烈一动，就在社会上要地折山崩了。（下略）①

在经历了第一次全国劳动大会和劳动立法运动之后，全国各地的工会组织愈发团结。正如唐山工会对长辛店罢工的支持和援助，无产阶级的团结已然形成，工人阶级的强大有力充分体现出来。

全国劳动组合书记部十分重视北京以东地区的工人斗争。天津、唐山和山海关这一片区域是北方最大的产业工人聚集地，工人规模达到近6万人，有京奉路、唐山铁路制造厂、开滦矿务局、启新洋灰厂和华新纱厂等大型厂矿，也相应成为中国共产党和全国劳动组合书记部推进工人运动的重点区域。全国劳动组合书记部的斗争思路是从京奉铁路入手组织工会，再将开滦煤矿等厂矿工人组织起来，条件成熟后发动整片区域的工人罢工。长辛店工人罢工胜利后，全国劳动组合书记部召开会议，讨论了京奉路及开滦五矿斗争问题。会议决定由罗章龙前往唐山，召开唐山党团会议来决定唐山工人斗争事宜。罗章龙随后在唐山和上海关等地密切联络当地工人领袖和工人代表，了解各地斗争形势。②

9月9日，邓培领导唐山制造厂职工会召开全体会议，研究实行唐山制造厂全体罢工，拟定罢工条件四则，内容为："（一）星期日及各项放假日，均须一律发薪。（二）增加工资，十五元以下者加三成，十五元以上五十元以下者加二成，五十元以上者加一成。（三）因此次战争损失所发给之基金，须与车房一律，并每年须加薪一次。（四）厂中工人与司员待遇平等。"该四条件由全体代表表决通过，指模画押，发誓一定要达到目

---

①　《长辛店路工宣言停止罢工——唐山路工遥为声援通电》，载《京报》1922年8月27日，第2版。

②　罗章龙：《椿园载记》，北京：三联书店，1984年，第191页。

的。而在斗争策略上，第一步上禀总管，10日就已上报；如总管不准，则实行第二步上禀总办；仍不准，第三步致电交通部；交通部再不准，则工人只能罢工，并向其他工会求助。①

9月11日，罗章龙带领长辛店工人俱乐部代表王俊、须永德到达唐山，会同邓培等一起研究了唐山制造厂的工人斗争情况，决定立即成立以邓培为首的罢工委员会，准备罢工。邓培召集工厂各场、房工人代表开会，代表们积极响应罢工，表示"我们要吃饭，要自由，要和各地工人一样，立即起来斗争"②，并提出了各种改善工人待遇的要求。

二、提出要求

9月13日，由罗章龙起草，邓培领导全厂工人在《京报》上发表了宣言，向厂方和京奉路局提出了改善生活待遇的5条要求，限3日内答复。同时，要求各地工人声援：

> 我们在黑暗地狱的唐山制造厂工作，迄今十有余年。悠悠岁月，来了又去，去了又来。终日精疲力竭，执奴隶牛马之役，为的是资产阶级的繁华富丽。到而今个人的生活，竟至辗转沦落，每况愈下。呻吟憔悴，限于求生不能、求死不甘的状态。我们心酸泪落，怀着无限的悲愤，到此万不能隐忍了！所以于今日提出最低限度条件五则（列后），向路局交涉，限期答复。我们认为这些条件，是起码的要求，只有全部允许，决无磋商余地。现已全体公决，誓非达到目的不止。素仰贵处工友热心，敢为我们工人阶级争利益，祈本互助之谊，与以实力援助，则我们感激到万

---

① 《铁路工人增进其地位之声》，载《京报》1922年9月13日，第2版。
② 王士立：《中国工人运动的先驱：邓培》（《唐山文史资料》第18辑），1994年，第78页。

分了。今将所提条件五则列后：

（一）星期及各种假日，须照常发给全薪。

（二）工人有入厂十余年或七八年未加薪者，应即日加薪。按月薪十五元以下者加三成，十五元以上者加二成，五十元以上者加一成。

（三）以后每年应加薪一次。

（四）此次直奉战争工人所受损失，应照车房例，同样发给恤金。

（五）关于待遇平等，包含下列各项：

（1）三年须有二月例假。

（2）每年须有两星期例假，假期中发给全薪。

（3）病假须给全薪。

（4）工人向厂买物及购煤，与员司受同等待遇。

（5）每月发给五路乘车免费票一次。①

　　9月13日，邓培、王麟书等4位工人代表直接向京奉铁路机务处副处长兼唐山制造厂副厂务经理孙鸿哲提出改善生活待遇的要求。但工人代表等了半天，孙鸿哲才出来，他开口便说有的工人偷东西，有的工人怠工，要开除一半的工人，工人提加工钱的要求厂方是不可能接受的。他还指责工人代表直接向他提出要求是不合程序的，应由工人将要求写在禀上呈报工头，由工头呈报监工，再由监工呈报他，而且须要每个场、房各写一张禀，这才合法。"你们是工人，我是总管，你们哪有资格来找我麻烦呢？"邓培等代表看了孙鸿哲的表现，认为实在是反动透顶。孙鸿哲还对工人代表说："我在英国留学时，看欧洲是没有八小时工作制度的，你们

---

① 《唐山路工提出五项要求》，载《晨报》1922年9月16日，第3版。

切莫要误听了。"邓培等当即反驳他："总管平日不看报吗？分明法国维尔萨和会议，国际劳动会议，已将八小时案通过，以班格孟沙那样顽固，也不敢说个'不'字，你没有看见吗？"这位瞧不起工人的大总管反被工人驳倒了，他张口结舌，满脸通红，却又装腔作势，发了一通胡言，然后劝工人代表退去。①

9月14日下午6时，邓培在工厂门前大广场召开大会，全厂3000余工人皆到会，秩序井然，"旁观者拥挤甚众，颇极一时之盛"。邓培担任了大会主席，首先他宣告开会，接着向工人群众报告了连日来与当局交涉的情形。邓培说："昨日（十三日）呈秉处长，限三日答复。未蒙允许，我们应取何种态度？"工人群众都答以最后手段罢工对待。然后邓培介绍长辛店和山海关铁路工人代表登台演说，首先长辛店铁路工人代表王俊介绍了长辛店工人罢工的情形，尤其是重点讲明了"不怕什么武力压迫"的斗争经验。接着山海关铁路工人代表佟恩荣讲述了唐山工人与山海关工人之间的紧密联系，表示两处工人要加强联络，"一齐向资本家奋斗，誓达最后胜利"。两位代表的演讲得到了唐山工人群众的鼓掌支持，最后全场工人三呼"劳工万岁"而散。②

会后，邓培率唐山制造厂工人代表百余人，赴庆合园饭庄举行宴会，欢迎长辛店和山海关的5位工人代表。入席后，邓培首先致欢迎辞。接着长辛店代表王俊讲话。他充分肯定了此次唐山制造厂工人斗争，同时还提醒："现在我们中国各处工友有一种顶不好的现象，就是分什么南方、北方、某省、某地的界限。诸位亲爱的工友们，我们要认清楚我们都是'卖力气''赚工钱'的人。我们整天做工，还要受饿。假若一天不做工，就会饿死。现在要醒悟过来，不要受资本家和他的走狗煽动，什么南北省地方界限，我们都是一家，都是无产阶级，我们不要自己和自己争斗。"接

① 《京奉路唐山工人大示威之结果》，载《晨报》1922年9月19日，第6版。
② 《唐山制造厂工人大结合》，载《晨报》1922年9月18日，第3版。

着是长辛店另一位代表须永德演说，他提到长辛店工人罢工情况，"我们长辛店此次罢工，本是单纯的经济问题，而一般失意的政客和无聊的新闻记者硬迁到政治关系"，强调长辛店工人罢工是"出于自动的"。这一观点一方面表明当时工人斗争主要还是维护工人的经济利益，其中还有早期工人自发斗争的遗痕；另一方面也表明当时的工人斗争在尽力回避所谓"政治关系"以顺利推进斗争的进行。山海关工人代表则表示要与唐山制造厂工人联合作战。邓培随后发表了总结演说，肯定了长辛店罢工的有益经验，即以经济斗争为切入点开展工人斗争，但是强调了唐山制造厂工人斗争有其特殊性，"因我们的位置与关系，和长辛店又不同，这是要十分注意的"。既能学习已有的工运经验，也能充分注意到唐山工运自身的特点，反映了邓培在工人斗争中已经注意讲究策略。在场全体工人同仇敌忾，斗争情绪十分高涨。晚上11时后宴会方散。这次聚会加强了北方三地工人的团结，唐山制造厂工人内部更加团结。①

　　军警当局看到工人集会情况，实行高压政策，贴出一张告示——"集会结社，久干例禁"，禁止工人集会结社。工人在厂方和军警当局的双重压迫下更加怒不可遏。邓培于9月15日在唐山制造厂厂门前组织了大示威活动。当天午后2时，全厂工人在厂门前集合，四面排列纠察队，人丛中设演说台。首先由工人代表报告交涉情形，揭露厂方在交涉条件时蛮不讲理的态度。然后工人自由演说，"尽情将工人苦处反复发挥，声泪俱下，掌声震天，三呼'劳工万岁'而散"。军警当局看工人似铁一般团结，会场井然有序，也就不敢镇压。孙鸿哲也吓破了胆，担心工人会暴动，于是他托人向工人说好话，"至若条件自有商议的余地"。工人代表见其态度转变，邓培等领导人为全局考虑，决定先礼后兵，先同工厂当局商量，如厂方不接受工人条件，再来罢工。②

①　《唐山制造厂工人大结合》，载《晨报》1922年9月18日，第3版。

②　《京奉路唐山工人大示威之结果》，载《晨报》1922年9月19日，第6版。

为了不让工人罢工，孙鸿哲一面拖延，总对工人说上面还没有批下来，一面指使工头于亮找邓培等人进行威逼和收买活动。于亮向邓培说："你不就是挣钱吃饭吗？领头干这作什么？"邓培说道："我是受大家的委托。"于亮碰了壁，只好灰溜溜地走了。①

京奉铁路局迫于当时全国罢工的形势，于9月底贴出《京奉铁路管理局布告第124号》，答应了唐山制造厂工人提出的一部分要求。在工资方面，给工人、帮工、技工以不同比例增加工资；假期方面，根据工人服务年限定给资假，病假给薪；煤斤方面，一切技工给予与员司同样等额之煤斤。工人斗争虽然取得阶段性胜利，但是厂局并没有满足工人的所有要求，工人对此甚为不满。

三、援助山海关工人罢工

罗章龙于10月1日再次来到唐山，与王尽美和邓培3人组成最高党团，在中共北京区委的领导下，负责领导唐山和山海关两地工人的罢工斗争。邓培随罗章龙前往山海关与王尽美、佟惠庭等共同研究京奉路工人斗争事宜，决定山海关的罢工工作由王尽美和佟惠庭主持，唐山则开展经济斗争，由邓培主持，罗章龙赞襄其事。起初，王尽美建议唐山制造厂与山海关铁工厂立即同时罢工。此时，山海关的斗争已箭在弦上，而唐山制造厂的斗争却已逼迫当局做出了妥协。邓培分析了唐山制造厂工人斗争的实际情况，认为立即举行罢工的条件不成熟；同时认为两地同时行动，相互支援也有难度。后来大家一致同意，山海关铁工厂工人率先罢工，唐山制造厂工人罢工紧随其后，然后再发动开滦煤矿工人罢工。罗章龙曾赋诗记载此次与邓培共赴山海关决定罢工事宜："风雪榆关道，同君到海隅。地掀千嶂起，波涌片帆孤。海岳兼形胜，天才辟坦途。叮咛五矿

---

① 《王彦文忆南厂罢工》，载中共唐山市委党史办公室编《唐山革命史资料汇编》第6辑，1987年，第150页。

事，喜汝建良图。"①

9月底10月初，山海关工人因反对工贼陈宏经及要求改良生活，向当局提出6条要求，后陆续召开了3次露天会议。消息传到唐山，唐山制造厂工人纷纷表达了支持。邓培一方面派人到山海关对那里的工人斗争表示支持，唐山代表在山海关工人第二次露天会议发言时表明"若当局不完全承认我们的要求，山海关一有举动，唐山方面决以实力来援助，望大家努力进攻勿退缩"②，另一方面领导唐山制造厂职工会加快了罢工的准备工作。邓培派党员、团员和职工会委员，到唐山工人群众中作罢工动员工作，他们在工人中传播山海关等地罢工消息。10月7日，得山海关电报告了解到山海关工人的要求并没有得到当局的满足，唐山制造厂职工会告知工人群众该消息后，全体工人异常愤怒，预备以罢工声援山海关工人。

邓培当即领导唐山制造厂职工会发出通电，声明如13日山海关罢工风潮不解决，唐山工人则与山海关工人取一致行动，进行罢工：

《晨报》转全国各工团钧鉴：山海关工友不堪工贼陈宏经压迫，任意开除工人代表佟惠庭、景树庭二君，要求开除陈宏经，恢复二代表原职。同时感受生活困难和我们一样提出五条件，一并向当局要求，再三哀求，当局将条件批出来，竟对于开除陈宏经及恢复二工人代表原职，一字莫提。工人愤甚，不得已才取罢工手段。今罢工几日矣，我们已向当局恳求，速与圆满答复，竟充耳不闻，置之度外。我们认此次当局所答复我们的条件，已有十二分不满意，加以山海关工友本与我们一致，决不能任当局横迫他们。因此，我们为己身利害计，为工人阶级利益计，决定十三号当局尚不与山海关工友圆满解决，就与山海关工友取一致

① 罗章龙：《椿园载记》，北京：三联书店，1984年，第222页。
② 《山海关工潮愈趋愈烈》，载上海《民国日报》1922年10月6日，第6版。

行动罢工。盼望各地工友，本阶级奋斗的精神，与一致之援助。唐山京奉路制造厂职工会叩。①

唐山制造厂职工会的援助对山海关工人罢工起到了巨大的鼓舞作用，山海关铁路当局为了罢工不扩大至唐山，在唐山制造厂职工会通电要求的13日之前同意了山海关工人的要求。唐山制造厂职工会的援助可谓山海关工人罢工获胜的重要原因之一，这一过程也充分显示了唐山制造厂工人和职工会的力量，鼓舞了唐山制造厂职工会掀起唐山工人运动的高潮。

四、准备罢工

邓培在劳动组合书记部特派员吴先瑞等人的帮助下积极筹备罢工，组织了罢工委员会，起草了罢工宣言，研究了罢工的组织领导、罢工纪律、罢工期间工人生活和与各地工人罢工相互支援等问题。邓培将工会会费集中起来，再募捐了一部分款项，初步解决了罢工经费问题。这笔经费保障了罢工时期工人的基本生活。职工会的委员们带领一批积极分子秘密地为罢工准备了旗帜和纠察队用的木棍、臂章与胸章。

罢工的准备工作是在邓培的领导下进行的。五四运动之后，经过历次斗争的洗礼，邓培更加沉着、坚定，话虽不多，但很有主见，他对时局的判断与罢工时机的选择是较为准确的。这次罢工的具体安排，大多是由邓培设计的。10月初，唐山制造厂罢工主要是以支援山海关工人罢工来进行准备的，当得知12日山海关工人罢工获得胜利之后，唐山制造厂职工会将宣传的重点转变为9月底当局没有完全满足工人要求，并鼓动工人群众提出新的权益要求。

10月10日，在山海关铁工厂工人罢工的关键时刻，为了支持山海关

---

① 《唐山工人援助山海关工人》，载《晨报》1922年10月12日，第6版。

工人罢工，动员唐山制造厂工人起来斗争，邓培领导唐山制造厂职工会决定以庆祝"双十节"的名义召开群众大会。这一天，唐山制造厂门口成了会场，搭了大席棚，扎了彩旗，邓培在会上发表了鼓动工人团结斗争的讲话。随后，邓培又召集各厂矿工人代表开会，报告山海关工人罢工情况，邀请劳动组合书记部特派员吴先瑞演讲，号召工人团结起来斗争。这天晚上又举行了提灯会。邓培手提一个写着"引导"的大灯笼，走在队伍的最前列，紧随其后的是唐山大学学生、唐山制造厂工人和开滦煤矿工人3个大队伍，浩浩荡荡，盛况空前。这天的系列活动彰显了唐山工人阶级的力量，为之后的罢工做好了准备。

在支持山海关工人罢工的同时，唐山制造厂职工会又向京奉路和唐山制造厂当局提出六条要求，限路厂当局于10月12日以前答复，否则罢工。6条要求内容如下：

（一）铁路当局应承认职工会有代表工人之权限。

（二）以后厂中雇用和开除工人，须经过职工会委员会通过。

（三）铁路当局应在适当地点建筑工人居住房屋和工人俱乐部，并须设备自来水、电灯。

（四）工人因公受伤或年老不能工作时须养其终身，并照常发给原薪，工人死亡，工作一年须发给两月工资恤金，工作二年给发四个月，余此类推。

（五）罢工时间工资须照常发给。

（六）消灭旧包工制度。①

10月12日，已到唐山制造厂工人要求厂方答复的期限，但厂方仍然不

---

① 《唐山制造厂工人实行罢工》，载《晨报》1922年10月17日，第3版。

答复工人的要求。这一天传来了山海关工人罢工胜利的消息。在山海关工人罢工胜利的鼓舞下，为了连续打击当局，维护工人权益，中共唐山地委和邓培根据劳动组合书记部的意见，决定唐山制造厂于10月13日举行罢工。

12日晚，中共唐山地委在唐山扇面街5号召开了由唐山制造厂各场、房代表和工会积极分子参加的紧急会议。会上，王麟书宣布罢工，随后邓培作了重要讲话，强调罢工是为工人争取待遇平等和改善工人生活。会议通过了罢工宣言，决定成立罢工事务所，选举邓培、王麟书、刘玉堂、许作斌、阮章、李华添、李福庆、罗占先等25人组成罢工委员会，推举邓培为委员长。罢工委员会下设组织、宣传、文书、总务、财务、护厂、外交、募捐8股，任用32名干事。罢工期间委员的分工为：财务许作斌，总务邓培（兼），组织李华添，募捐崔宝罗，宣传梁鹏万，外交梁灿之、陈辉容，秘书程禹民，英文秘书王麟书。会议议定了罢工委员会的规约："（一）本会一切事务，由委员会议决后，委员长执行；（二）本会人员一律服从委员长指挥，如无命令，不得私自行动；（三）本会各职员应遵守职责任事。"①会议还决定了罢工工人集合的时间和地点。罢工委员会成立后，决定以十人团为骨干组织1000多人参加的纠察队，20人为一队；任命50名积极分子担任纠察队长，分5班，昼夜保护工厂。邓培和王麟书负责对外交涉，他们就驻在罢工事务所主持罢工。共产党员刘玉堂担任工人纠察队总队长。北场的工人纠察队由阎福林负责，南场的工人纠察队由王彦文率领。纠察队的任务是纠查外奸，保护工厂维持罢工秩序，检查大街上闲游的工人，组织他们到工厂附近的集合地点统一行动。邓培说："我们要想参加斗争，要有敢死队的精神。罢工还要有秩序，不要叫坏人钻空子，遭

① 王士立：《京奉铁路唐山制造厂一九二二年罢工始末》，载政协河北省唐山市委员会教科文工作委员会编《唐山文史资料》第2辑，1985年，第7页。

到他们的破坏。"①

罢工委员会组织调查队，任务是侦察厂方、路局和军警的行动，邓培写了多封快邮代电，发往京汉、津浦、京绥、京奉各铁路大站请求声援，调查队就到邮政局、电报局了解外地发来的声援的电文和捐款情况，防止被反动当局扣留。

1922年京奉路唐山制造厂工人罢工事务所旧址（原扇面街5号）

罢工委员会组织守望队，保护工人家属，防止有人乘机报复。

邓培还向共产党员提出要求：一，坚持到底；二，组织队伍；三，成立罢工委员会；四，对敌人不能屈，在罢工前要分别向工人宣传"工人团结力量大""成立工会有好处"等。②

五、罢工风潮

10月13日，邓培正式领导京奉铁路唐山制造厂3000名工人进行罢工。长期受压迫和剥削的唐山制造厂的工人们，这次铆足了劲，开始了争取自己合法权益的神圣斗争。

凌晨5时，工人纠察队开始在工厂周边布岗。上午7时40分，全厂工人按时进厂。工厂并不大，邓培派年轻的罢工委员刘玉堂用20分钟的时间跑遍全厂，向工人群众宣布罢工委员会的决定。各厂房工人立即将场房门锁好，把门和窗封上封条，然后在各厂房代表的带领下走出工厂，到厂门外

---

① 《王彦文回忆南厂罢工》，载中共唐山市委党史办公室编《唐山革命史资料汇编》第6辑，1987年，第150页。

② 《邓开泰回忆南厂罢工》，载中共唐山市委党史办公室编《唐山革命史资料汇编》第6辑，1987年，第161页。

集合，纠察队则把守大门。

京奉铁路机务处长兼唐山制造厂厂务经理詹姆森和总务帮办撒克敦没有料到工人们能够团结起来进行罢工，手忙脚乱起来。撒克敦追到厂门口，看着工人们如潮水般涌向厂外，只能对着工人队伍大吼大叫。孙鸿哲当时刚吃完早饭，正端着茶碗喝水，从窗口看见工人罢工后出厂的队伍，大惊失色，碗也掉在地上摔碎了。于善敏等厂方的帮凶也到工人队伍中阻拦，但罢工已不可阻挡，不管是洋人总管，还是路局大员，或是凶恶的走狗打手，一切的阻挠都已无用。平时骑在工人头上作威作福的经理、处长、监工、工头，早已威风不在，在工人罢工的气势下纸老虎的本质显现出来。就连驻厂的美国兵也躲在营房里静看工人罢工。

工人纠察队身挂胸章或臂章，手持棍棒，保卫工厂，保护机器。罢工开始时，厂中员司尚未进厂，工人纠察队把守全厂入门处，"惟外人员司则让进，其余中国员司上自副厂长，下至小书记，一律不许入门"。①纠察队20人为一小队，共50小队，分为5班，昼夜轮流站岗放哨，防范坏人乘机破坏工厂。调查队也行动起来，他们出现在制造厂的周围，出现在邮政局和电报局，分头侦查敌人的活动。守望队也在自己的岗位上支持罢工。

罢工队伍一出厂，就有工人发现厂内第一锅炉房在冒烟。邓培立即派纠察队长王彦文和阎福林率纠察队进厂搜查，发现在厂方总管监督下有监工和工头正在生火。纠察队员冲进锅炉房，把这些监工和工头捆绑起来，赶出工厂，将锅炉房的火扑灭，全厂停工。

工人出厂以后，来到附近的马家坟广场集合。邓培首先讲话，公布了罢工条件，宣布大罢工开始。王麟书向工人群众报告了连日来与厂方交涉的结果，他说："厂方一直拒不答应要求，我们应该怎么办呢？"不等王麟书接着说下去，工人们义愤填膺地回答："罢工！"王麟书大声

---

① 《唐山制造厂罢工风潮》，载《京报》1922年10月17日，第6版。

说："对，我们全厂工人今天开始实行罢工。我们要团结一致，坚持到底，不达目的，决不复工！"接着他宣布了罢工委员会制定的四条纪律："（一）罢工期间本会人员应听从罢工委员会的命令；（二）罢工期间本会办事人员每日应集合到一定地点；（三）罢工期间本会人员不得三五成群在街上乱闯；（四）罢工期间本会人员未得罢工委员会正式上工通告，不得私行上工。"全体工人热烈鼓掌表示赞成，齐声高呼"劳工万岁"。以后工人每天都按时到马家坟集合，听消息和报告援助情况，王麟书和刘玉堂等委员多次讲话。罢工委员会每天点名两次，工人严格遵守罢工纪律。① 《京报》《申报》《晨报》《大公报》《民国日报》（上海）等在报道罢工消息时，都认为工人罢工秩序良好。

工人罢工后，邓培派刘玉堂向厂方递交了罢工宣言，一份是中文写的，一份是英文写的，同时发布公开信，说明工人罢工的正义性。接着，罢工委员会向北京政府、曹锟、吴佩孚和京奉铁路局局长水钧韶发出快邮代电，申述工人的正义要求，请求当局的支持和回复。同时向京奉、京汉、京绥、津浦等地铁路工会发出快邮代电，报告罢工情况，请求他们的支援。

邓培还派人把罢工宣言寄往各地报刊发表。《京报》在10月14日刊载了《唐山制造厂职工会罢工宣言》，内容如下：

> 全国工友们！同胞们！我们从九月十三号向当局提出最低限度条件五则，谅大家早已看过了，何等轻而易举呀，差不多都为各路早已实行。当局苟稍具体恤工人生活艰难之心，理应立即完全允许，今竟不然，他们起始故意愚弄我们，三翻四转，出那缓兵计，以图消灭我们一鼓勇气。我们看透了他们的诡计，决定和

① 王士立：《京奉铁路唐山制造厂一九二二年罢工始末》，载政协河北省唐山市委员会教科文工作委员会编《唐山文史资料》第2辑，1985年，第8页。

他背城借一。当局才下了一次单方上谕式的通告，但是对于所提条件，没一条答复得圆满的。我们加薪是要普通全体加薪，他竟分出学徒的区别和年龄的限制，并有两条一字不提的。我们因此大不满意，当即就向当局连续上三次禀函，均被当局置之不理，殊属藐视我们工人团体。当局此时尚要任意借端裁减工人，不知是什么道理。若说是节省经费，然而厂中不劳而获领干薪的多得很，不裁冗员们，而专要裁减我们流尽血汗的工人，岂非怪事。我们因劳苦终日，不得温饱，才向当局要求，当局不独不体恤我们的苦处，且故意藐视我工人，愚弄我工人，更欲置工人于死地。现在我们为争生存计，为争人格计，不得已才出此最后罢工的手段。全国工友们！本阶级利益起见，我们已开往前线决战，请你们速速来作后援军呵！各界同胞们，看看我们穷苦工人不得已之苦衷，来与一致之援助，那我们就感激到万分了！

除前提五条外，罢工后提出条件如左：

（一）铁路当局应承认职工会有代表工人之权限。

（二）以后厂中雇用和开除工人，须经过职工委员会通过。

（三）铁路当局应在适当地点，建筑工人居住房屋，和工人俱乐部，并须设备自来水、电灯。

（四）工人因公受伤或年老，不能工作时，须养其终身，并照常发给原薪。工人死亡，工作一年，须发给二个月工资恤金；工作二年，发给四个月，余此类推。

（五）罢工时间照常发给工资。

（六）消灭旧包工制度。①

---

①　《唐山制造厂职工会罢工宣言》，载《京报》1922年10月14日，第7版。

罢工宣言描述了罢工的前因后果，向当局提出了新的条件，尤其是前两条政治性很强的条款。由此看出，这次罢工已从经济斗争发展为政治斗争，唐山工运已到达新的阶段。

　　工人罢工以后，厂方及其背后的铁路当局和工人之间立刻展开了激烈的较量。

　　京奉铁路局在接到唐山制造厂罢工的消息之后，当天就在唐山等各地贴出布告，污蔑工人是"破坏工厂"和"扰乱治安"的"暴民"，强令工人复工，不然就要"拘拿惩办"。直隶警察厅随即从天津派出300名保安队员前往唐山等地实行镇压。

　　10月14日，驻防滦县的陆军第十五师师长彭寿莘命一营官军从芦台调出赶赴唐山，弹压罢工。这支军队由第十三混成旅旅长董政国率领，在当天晚上开着兵车到达工厂。他们荷枪实弹，直奔唐山制造厂南厂的西门外，诬指工人"破坏工厂"，气势汹汹地叫嚷着要开进工厂，发电照明，遭到工人纠察队的阻挡。南厂纠察队长王彦文上前交涉，王彦文义正言辞地说工人纠察队是保卫工厂的，是怕有人破坏机器，并告知官兵邓培等罢工领袖在罢工事务所，领着董政国等人前往罢工事务所。当时几百名士兵一窝蜂地拥到工厂门口，和工人纠察队对峙起来，情况非常紧张。

　　董政国带着卫兵气势汹汹地来到罢工事务所，蛮横无理地要求工人立即复工，邓培沉着应对并坚决拒绝了官兵的无理要求。

　　邓培向董政国陈述工人罢工是为了改善生活待遇，三次向厂方提出条件，但厂方拒不答复工人要求，工人忍无可忍，才决定罢工；强调罢工是正义的，在罢工过程中，工人纪律严明，厂里的机器设备没坏一件，而组织纠察队是为了保护工厂。他很有针对性地提出北洋军阀政府尤其是吴佩孚"保护劳工"的政策，工人罢工维护自己的权益应该受到政府和官兵的保护。邓培的一番陈述，使董政国无言以对。董政国转而与邓培商量，希望工人先复工。邓培早有准备，立即表态要厂方先答应工人要求再复工。邓培有理有节，始终处于对话的主动地位，在气势上完全压倒了对方，表

现了工人领袖的勇敢担当。最终，董政国等官兵离开了罢工事务所。

罢工后，邓培领导罢工委员会讲究策略，于10月14日向曹锟和吴佩孚发电通报唐山制造厂工人不得已罢工的情况，并得到了吴佩孚15日的回电。吴佩孚为巩固直系军阀统治，以"保护劳工"伪装自己，在回电中称国家多故，肯定工人爱国，但要求工人"切勿操之过激"①。当时直系军阀政府迫于全国罢工高潮的形势害怕激起更大反抗，又受到南方政府和其他军阀的牵制，不敢下令镇压。有了"吴大帅"的"肯定"，工人罢工的底气更足了，邓培利用有利形势派罢工工人把吴佩孚的回电贴满了唐山的大街小巷，工人斗争的声势更大了。15日，董政国接到上级命令，把军队撤走了，代之而来的是京奉路局派来的代表警务处处长吴大挺和京奉津浦两路总稽查彭寿华。他们15日乘火车到达唐山，要求工人代表去火车上谈判，当局的代表妄图不下火车就迫使工人停止罢工，罢工委员会则针锋相对提出要在工人事务所谈判，并质疑两位代表是否能够完全代表路局；如果不能代表，则不必谈判。路局也派爪牙到处贴通告，诋毁工会的禀帖不合法，禀帖上未列负责人之名，因此不能接受禀帖，要求工会必须上呈正式公文，写明负责人姓名。工人和罢工委员会对路局的态度十分不满，沿途撕去路局通告。

与此同时，厂方一方面向军警当局请求，调来了唐山的商团和开滦煤矿缉查队，他们与天津警察厅的警察一起与工人纠察队对峙。邓培和罢工委员会的委员们一起深入到工人群众中去，坚定了工人斗争的信心。邓培号召工人们决不能屈服。工人们深受鼓舞，表示不达目的决不复工。

工人罢工后，罢工委员会派出代表去京奉、京汉、京绥和津浦等各路工会送信联系，希望得到援助，酝酿共同行动问题，引起了当局的恐慌。他们通过军警探知工人代表的行踪。派往京汉路进行联系的代表火车房工

---

① 《唐山罢工风潮尚未解决，吴使有电劝工人爱国》，载《京报》1922年10月18日，第6版。

人罗占先，于10月13日夜离开唐山，14日拂晓到达丰台，把信交给了丰台负责人，并对丰台的工人做了演说，告知那儿的工人们唐山制造厂已经罢工了，希望丰台的工人们也团结起来斗争。完成任务以后，14日上午，罗占先又赶赴北京，根据邓培的指示到中老胡同找邓中夏报告唐山制造厂罢工的情况。邓中夏写了一封信交罗占先带回唐山。当天下午罗占先由京返唐，当火车行至丰台时，由于反动工头刘雨亭的告发，罗占先被军警扣住。他见势不妙急忙把邓中夏的信放进嘴里嚼碎了，随后被天津警务处以"煽动工人罢工"的罪名关押起来。罗占先故意将自己的名片扔在押解他的车上，工友们发现了他的名片，就知道他被捕了。罗占先被捕引起工人的极大愤怒。邓培发动全厂工人签名抗议，并举行游行示威。在原来所提的要求外，又增加1条："立即释放代表罗占先。"

10月15日，京奉铁路局派庞士清等3人来工厂谈判，罢工委员会派邓培、王麟书等7名代表参加谈判。邓培要求工人代表们提高警惕，当局不答应条件，绝不能同意复工。

庞士清对谈判并无诚意，反而对邓培等工人代表威逼利诱。他一到罢工委员会开口先赞扬邓培一番。他寒暄道："老邓啊，今天我找你有件事和你商量一下。如果这儿不方便的话，咱们可以找个地方谈谈。"邓培直接对他说："有话你就在这说吧。"庞士清鬼鬼祟祟看了看四周说："没别的事。我是想和你谈谈闲事。你家有几口人哪？"邓培很冲地回答他："四口人，你想怎么样？"庞士清说："不用说，你一定有两个小孩喽。好哇。照说你一天挣一块七毛钱，够过了。何必你还领导工人罢工呢？我劝你还是叫大家复工吧。再说，复工对你还有好处哪，说不定还要给你加薪。"邓培没有理会他。庞士清以为可以说服邓培，又接着说："要复工就赶紧下命令吧！"邓培把脸一变，哼了一声，说道："我早知道你来的用意，想收买我是办不到的。今天如果你们不答复我们条件，那就别怪我们不客气，明天还要再加三条。"庞士清碰了一鼻子灰，却不肯罢休，又用威胁道："好吧，既然肉包子往咀塞你不吃，那我们有办法。"邓培愤怒地回应："早知道你

们有这一招。你们有办法，我们更有办法，让车轮不转。"①庞士清见威逼利诱都无效，答应把条件带回去研究研究就悻悻地走了。

厂方和路局并不想答应工人要求，他们一方面找来了天津警务处处长吴大挺、陆军十五师副官邓家魁、唐山警察局局长姚彤章，以"调停"为名，继续胁迫工人复工；另一方面请出唐山的一些名绅出来"调停"，不断对罢工施加压力。邓培等工人代表异常坚定，要求当局必须答应工人所提条件，不达目的，罢工就一直坚持下去。

谈判不成，厂方用各种诡计企图分化瓦解罢工队伍。厂方用提级涨薪的手段，收买了火车房的两个领班和20多个工人破坏罢工，宣称"谁复工，给谁涨工钱"，并将此信息散布开来。针对厂方对罢工的破坏行动，邓培召集罢工委员会开会，决定对这种破坏罢工行为进行反击。首先，罢工委员会先对火车房工人进行劝告，但是劝告无效。火车房的工人是住在厂里，邓培命令工人纠察队封锁了火车房，那些工人困在里面没有饭吃。英国监工千方百计想把食物偷带进去，但都被工人纠察队查出扣留。最后厂方用小火车头向火车房送饭，又被纠察队发现，刘玉堂带领1000多名纠察队员和工人赶来，将火车房重重包围。工人纠察队命令开火车的司机停车，司机不理。在刘玉堂的指挥下，大批工人躺在铁轨上，拦住火车头；另一群工人上前把小火车头包围，司机不得不停下来。工人纠察队从车上搜出了食物，火车房被收买的工人还是饿肚子，他们也就无法上班了。厂方连忙向厂里的美国驻兵求救。美国兵在厂方怂恿下，荷枪实弹，赶到火车房把工人驱散，直接干预罢工。工人们的怒火燃烧起来，邓培致函美国兵营提出严重抗议，函中指明美国号称文明国家，质问干预罢工是否符合国际法，是否承认中国为独立国家，指出如美国士兵不撤退，激起工人暴动，当由美军长官负责。罢工委员会又发出宣言，控诉了厂方的倒行逆

---

① 《李辅祥回忆南厂罢工中的邓培》，载唐山市总工会工运史志研究室编《唐山工运史资料汇辑》第4辑，1988年，第35页。

施，要求开除破坏罢工的工人。虽然厂方使出种种诡计，但工人们在邓培的领导下仍然坚持团结斗争。

　　厂方又利用地域观念妄图分化工人的团结。在罢工委员会中，有以邓培为代表的一批广东籍委员，厂方对工人说："广东人参加罢工，以后全部开除；如果北方人不参加罢工，以后要提级增薪。"但是唐山制造厂的工人们在邓培、王俊等工运领导人的教育下早已了解到了工人要不分南北，要团结斗争，"天下工人是一家，南北方工人都是受压迫的兄弟"。[①]工人们反而团结得更加紧密了。厂方又企图开除罢工领导人邓培，但邓培在唐山工人中的威望很高，唐山各厂矿工人纷纷表示，如果唐山制造厂开除邓培，唐山全体工人将举行罢工。

　　在民国初年出现过因为工人斗争而大批开除工人的情况，路局就在工人和家属中散布要关厂和另招工人的消息，企图以大规模开除工人威胁工人复工。厂方的一批爪牙扬言不开工就饿死工人全家，还在工人中制造谣言，说什么有人复工了，他们当着这部分工人说那部分工人复工了，当着那部分工人又说这部分工人复工了，企图搞乱人心。厂方的英籍管理者更是在厂门口架了两个大喇叭，整天对着工人疯狂叫嚣。因为英籍员工可以出入工厂，撒克敦领着几个英国监工到锅炉房生火，企图等烟囱冒出烟后，就叫嚷工人复工了，欺骗不明真相的工人，以瓦解工人罢工斗志。但是罢工委员会早有准备，邓培早安排工人把锅炉里的水放干，英籍员工一烧火，保险堵就漏了，英籍员工们被烧得狼狈不堪，他们的诡计自然没有得逞。

　　工人们坚持罢工了几天，有的工人家庭生活确实发生困难，少数工人产生了动摇。邓培一方面及时通过党、团、职工会、十人团等组织发动群众，在工人中进行思想教育，要求将罢工坚持到底，同时发动工人互帮互助，共克时艰。另一方面，邓培领导罢工委员会积极筹款，同时争取各

---

① 王士立：《京奉铁路唐山制造厂一九二二年罢工始末》，载政协河北省唐山市委员会教科文工作委员会编《唐山文史资料》第2辑，1985年，第14页。

地工会和工人的援助。在唐山制造厂工人罢工以后，本厂工人个人捐助有三五元不等，又有捐馒头者；收到本地其他厂矿捐助，开滦矿局工人捐洋100元，启新洋灰公司工人亦有捐款和捐粮食。罢工委员会还收到长辛店、山海关、秦皇岛、郑州、济南等地铁路工人和香港海员工人的大批捐款，其中山海关工人就捐助大洋500元，罢工委员会及时把这些捐款分发给工人。邓培还要求共产党员工人起模范带头作用，发扬舍己为人的精神，把自家的粮食送给有困难的群众，与工人群众风雨同舟。工人和家属的情绪又安定下来，大家团结起来继续坚持罢工。罢工委员会再次告诉大家，没有委员会的统一命令，任何人都不能复工。

工人罢工时，邓培团结全厂员司一道参加斗争，这些员司虽然不用卖苦力，但仍然受压迫和剥削。罢工委员会中也有员司的代表郭东潮和徐秉恒等人，但郭东潮经不起厂方的威胁和利诱，这时表现动摇，每次开完会他就到厂方去报告。邓培觉察后，及时提醒罢工委员会："郭东潮不稳，今后重要会议不要叫他参加。"[①]由于邓培未雨绸缪，郭东潮的动摇没有影响大局。

厂方没有动摇工人群众罢工的决心，又想着去收买罢工领导人邓培。厂方的爪牙找到邓培，以涨工钱和当工头为条件让邓培带领工人复工。邓培非常生气，义正词严地反驳了他们，坚持要厂方答应工人的条件，并且还在工人中揭露厂方这个阴谋。厂方见收买不成，就勾结军警阴谋逮捕邓培，以打击工人罢工。他们指使工厂警务侦察邓培的行踪，但邓培机智灵活，在工人群众的掩护帮助下，躲过了各种危险。邓培为了躲避军警当局的搜捕，常常一夜搬几次家，还让工人李银宝租了一辆黄包车，停放在同兴里胡同。有一次，军警去搜查邓培的家，邓培就换了衣服装作黄包车夫，躺在车上，把帽子往脸上一盖装睡觉，躲过了军警的搜查。还有一次，邓培去宋谢庄王麟书家，在路上发现有人跟踪，他灵机一动，走进王

---

① 《程帝炳忆南厂罢工》，载中共唐山市委党史办公室编《唐山革命史资料汇编》第6辑，1987年，第158页。

麟书家对面的一家棚铺里，脱下外衣，装扮成扎纸工人，蹲在墙角糊纸马。跟踪的密探进门就问刚才进来的人在哪里，邓培从容回答人从后门走了，并让他快去追。那个密探赶忙往后门去追。不一会儿那个密探又转回棚铺，问邓培叫什么名字，邓培糊弄他说自己叫孙信。那个密探又叫邓培向他送情报，并监视邓培和王麟书。他还给邓培留下一张名片，上面写着"孙信有事随便出入"几个字。邓培将计就计地收下名片，之后在一次军警当局搜查工会活动地点时，这张名片派上了用场，邓培就是用它跑出来的。在与当局的斗智斗勇中，邓培积累了丰富的斗争经验。

　　为了消弭罢工，当局软硬兼施，既派了兵，也谈了判，实在不行又拉拢地方士绅"调停"罢工。同兴酒店在唐山制造厂附近，掌柜安品卿在工厂附近有一定名望，当局和罢工委员会后面将同兴酒店作为一处谈判地点，安品卿自愿参加调停。他面上同情罢工，请罢工委员会在他的酒馆开会，殷勤招待工人代表，乘机从中"调停"。路局和厂方与罢工委员会的谈判处在僵持阶段，除修建工房和发工作服没有答应外，路局和厂方答应了其余全部条件，而工人代表则坚持要当局答应全部条件以为工人争取最大利益。后来安品卿受了厂方的贿赂，转而支持厂方，要求工人复工，并演出了一场闹剧。他先让两个儿子举上两块牌子在工厂附近游走，一块牌子写着"工能致富"，一块牌子写着"平安是福"，企图瓦解工人斗志。到了罢工第8天下午，安品卿用钉子把自己的腮帮子钉在广告牌上，对工人说，"你们不复工，我就不拔出来"，以此威胁工人复工，工人纠察队立即对他进行了抢救，并将情况报告了罢工委员会。

　　唐山制造厂的罢工坚持了8天，铁路当局在经济上遭到不小损失，恐旷日持久，损失更大，终于被迫让步。工人坚持罢工，给北洋军阀政府造成了非常大的压力。据上海《民国日报》所登载的消息，10月20日，"吴佩孚电王承斌，派兵镇压唐山厂工人，再不从，即解散俱乐部"①，北洋军阀

---

①　《吴佩孚电王承斌》，载上海《民国日报》1922年10月22日，第2版。

政府已经做好了屠杀工人的准备。在这个关键时刻，邓培和李昂等人召开了紧急会议，经过研究，认为主要条件当局已答应，罢工取得了决定性胜利，所差工房和制服的两个条件可以让步，因此决定与当局开协议会，互相签字。就这样，唐山警察局局长姚彤章和京奉路局总稽查彭寿华等与罢工委员会达成复工协议，内容如下：

（一）罗代表在津急速放归。

（二）工人年龄加薪，应准一律加薪；惟在年龄二十一岁以上，以三角六分为标准，学徒以二角五分为最低。

（三）每年两星期例假工资一节，用记假办法，应给两星期的工薪，年终发给。

（四）特别加薪，另案办理。如十余年未加薪者，应普遍加薪等，斟酌办理在案。

（五）建筑俱乐部，须俟本路局财政充裕，或由该工匠等自行成立，路局酌量补助之。

（六）旧包工制度不善，要求照前薛总管里工包工办法，查明核办，候商同外人缓为筹办。

（七）裁减人员，并无事实；如无过失，当然不得借故开除。

（八）罢工薪水一律照给，但须承认开工。

（九）开工期限，定于即日照常开工，先放自来水、电灯，至迟不得过晚五点钟。①

10月20日，邓培赴天津，代表罢工委员会与路局签订了复工协议，并探望了被捕的代表罗占先。21日，唐山制造厂工人正式复工，工人的主要

---

① 《唐山罢工风潮平息》，载《晨报》1922年10月23日，第3版。

要求得到了满足，罢工圆满结束。这一天，锣鼓喧天，工人齐集车站，他们迎回了邓培和罗占先。复工时，厂方鸣汽笛20分钟，还请来了当地驻军的军乐队，在工厂门口奏乐，欢迎工人回厂。工人终于扬眉吐气，获得了罢工的最终胜利。

虽然当局没有公开承认职工会，但职工会还是挂牌成立了。斗争过程中，职工会在工人中的影响扩大了，没有参加的工人争着参加职工会，会员人数增加得很快。而在罢工斗争中表现出色的积极分子光荣地加入了中国共产党，工厂党组织在斗争中不断壮大。

在中国共产党的正确领导和邓培的杰出组织下，唐山制造厂罢工取得重大胜利。

第一，重视罢工准备工作。在邓培的领导下，唐山党团组织通过职工会和工人图书馆，把工人群众牢牢团结在一起，通过召开罢工会议，将罢工工作由党员、团员推广到积极分子，再由积极分子推广到工人群众当中。在罢工前已将工人生活、对外联络等工作积极筹备好，能够抓住时机，利用全国工运高潮，尤其是山海关罢工的胜利，立即提出工人最迫切的要求，并领导群众进行坚决斗争。

第二，强调工人的思想教育工作。劳动组合书记部和邓培领导的唐山地方党团组织通过工人图书馆、群众大会、山海关工人代表和长辛店工人代表演说会等各种形式教育工人，唐山制造厂工人们在罢工中始终保持了团结，体现了罢工中团结就是力量、坚持就是胜利的真谛。

第三，强调罢工纪律。邓培和唐山地方党团组织在唐山制造厂工人罢工中建立了严密的罢工组织和骨干队伍。罢工有坚强的领导机构罢工委员会，它在罢工中真正成为指挥部，成为了工人群众的主心骨。罢工中还组织了纠察队、调查队和守望队，使得罢工有序进行，得到了舆论的普遍支持。罢工中也有定海神针，那就是工人领袖邓培。邓培在领导唐山制造厂工人罢工过程中一面紧紧依靠中共北京区委和劳动组合书记部的领导，一面团结了一批党员团员和积极分子协助他工作。王麟书协助邓培罢工时

主持对外联络工作和参加谈判，常上演舌战群敌的好戏。刘玉堂英勇果敢，号称"铁牛"，担任纠察队总队长，奋战在最前线，攻无不克，战无不胜。阮章有文化，罢工时主持宣传工作，为赢得社会舆论的支持立下汗马功劳。李华添则沉稳坚定，是协助邓培决策的重要人物。还有许作斌等人，在罢工中都表现得很突出。他们都是工厂的工人，又都是共产党员，与工人群众建立了密切的关系，在工人中都具有威信。在邓培的领导下，全体唐山制造厂的共产党员和职工会干部始终站在斗争的最前列，在罢工中以身作则，坚持到底，全心全意地为工人的利益而斗争。

第四，重视斗争策略的灵活性。邓培领导工人群众在罢工中始终处于主动地位，进行有理有利有节的斗争。邓培从实际情况出发，利用劳动立法运动的有利影响，巧妙利用北洋军阀政府尤其是吴佩孚"保护劳工"的政策，争取社会各界和舆论的支持，集中了众人的智慧，及时采取适当对策，粉碎了路局和厂方种种分化瓦解罢工的阴谋，最终取得了罢工的胜利。

这次罢工的胜利，提高了工人的待遇，尤其是工人获得了来之不易的政治权利。罢工也锻炼和教育了广大工人群众，使工人意识到团结斗争的重要性。邓中夏高度评价包括唐山制造厂罢工在内的铁路工人运动："铁路罢工激动了每个工人的心胸，数千年麻痹自卑的劳动者到此时的确昂藏自负起来了，也就因此迅速地从改良生活的经济斗争，一跃而到反对军阀争取自由的政治斗争。"①这次罢工的胜利，有力地推动了唐山乃至北方工人运动的发展，特别是直接导致了开滦煤矿五矿同盟大罢工的爆发。

唐山制造厂工人大罢工是第一次全国工运高潮的重要组成部分，体现了中国无产阶级自五四运动登上政治舞台后的不断成长，在中国工人运动史上留下了光辉的一页。此次罢工以后，邓培作为工人领袖在工人群众中的威望更高了。

---

① 邓中夏：《中国职工运动简史》，莒南：新华书店，1949年，第30页。

第三节　发动开滦煤矿工人同盟大罢工

一、开滦煤矿工人的早期斗争

中共北京区委既定计划是在唐山地区组织一个铁路、矿山、工厂的联合罢工行动，有力打击英帝国主义、北洋军阀政府以及官僚资本家。邓培在领导唐山制造厂罢工取得胜利后，接着又参与组织领导了震惊中外的开滦煤矿五矿3万余工人同盟大罢工。

清末洋务运动之际，为支撑军事工业的发展，中国近代煤炭工业发展起来，开滦煤矿就是在此背景下成立的。开滦煤矿包括了以开平和滦州为中心的一大片煤矿区。开平矿务局正式成立于1878年7月24日，1879年年初开始在唐山乔屯采用西法开凿矿井，它是我国最早用机器开采的煤矿，这时实行官督商办，开平煤矿初期的盈利丰厚，经营较为成功。1898年，英国墨林公司来华，以提供技术援助为名派胡华出任开平矿务局总矿师，开始染指煤矿管理。1900年义和团运动爆发，八国联军占领了京津一带，开平矿被英帝国主义控制。为了抵制英国控制开平矿务局，1906年年底，袁世凯命周学熙筹建滦州煤矿，但是在开平公司的步步紧逼下，滦州矿步履维艰。1911年，辛亥革命爆发，滦州矿当局加快了投靠开平公司的进程。1912年经袁世凯批准，滦州矿被开平公司吞并，成立了开滦矿务局，总局设在天津，袁世凯之子袁克定担任督办。开滦矿务局名为中英合办企业，实际上完全为英国资本控制，管理权则完全操于英国人之手。这些外国资本家，"天性骄慢"，将工人视为牛马，常以外语把工人们骂成猪狗，还常嘴叨纸烟，在矿局散步徘徊，满是得意之色。①开滦矿务局依靠帝国主义

---

① 《唐山工潮之原因及请愿》，载《益世报》1922年11月10日，第3版。

和北洋军阀政府，霸占煤矿资源，剥削工人群众，攫取大量财富，在冀东的天津、唐山和秦皇岛等地建立了"独立王国"，连当时北洋军阀政府的法令也达不到这块"禁地"。① 比利时充当了英帝国主义的帮凶，庚子之变后，"大好的矿产，即被英比两国攫去"。②

开滦煤矿

开滦煤矿包括5个矿，即唐山、赵各庄、林西、唐家庄和马家沟，1922年矿工已达3万余人。他们长期处于英国殖民入侵者、反动军阀和反动买办的统治之下，饱受压迫和剥削。英籍矿务局管理层在矿区成立了保安队，又利用包工制度，层层控制工人。李树彝就在《工人周报》上以舒意的笔名发表了《开滦矿务局之实行包工制》，批评包工制"是用包工头用最低报酬去雇用工人，用包工头直接指挥工人，以免罢工"③。工人在多重压迫下生活极其悲惨，这些苦煤矿工，整日蓬头垢面，穿着破烂衣服，皮肤黝黑，与他们的白牙形成鲜明对比，他们锅底似的脸使他们看上去比实际年龄苍老许多，被称为"窑花子"。矿工终日辛勤劳动，但所得工资甚少，不够养家糊口，有些工人只好拼死劳动，工作不分白天黑夜，经常工作16小时以上，甚至没有休息日。为了节约成本，赚取更大利润，当局雇用大批工人，采用简陋的生产方式，让工人在没有安全设施的矿洞里工作，矿井简直是一座地狱。包工头还利用克扣工资、罚款、高利贷等方式剥削煤

---

① 王冠东：《英帝统治下的开滦煤矿》，载政协文史资料研究委员会编《文史资料选辑》第63辑，北京：中华书局，1979年，第184页。
② 《开滦五矿实行总罢工》，载《大公报》1922年10月28日，第2页第3版。
③ 舒意：《开滦矿务局之实行包工制》，载《工人周刊》1922年第28号，第2版。

矿工人。据文献资料记载，20世纪一二十年代，矿方给工人的工资大概0.3元，而包工头就要克扣0.1元，包工头还时常罚工人的工数，扣发工资。工人所剩的工资，只够吃上两顿玉米面或吸上两卷纸烟。矿工不能生病，一病就只能等死。矿井安全设施差，常有塌方，或煤石下坠，"各矿每日，必死伤工人数名"，平均每月伤亡4人，多者十几人至几十人，甚至"门外常期设备薄质棺木，每日抬运尸棺，出入数次"，除了死亡，伤者众多，"数见不鲜"。①

唐山交通大学的学生在邓培等人的推动下关注工人群体，对开滦工人状况进行调查。曾在唐山交大学习的王羽仪在《唐山潮声》上发表了一篇《水深火热中之唐山矿工》，开篇即言："在资本主义下当工人，没有一个人不说是大不幸事；当工人而当到矿工，更是不幸，矿工而当唐山开滦五矿的工人是不幸之尤者。"文中描述了唐山工人的生活，"他们每天在地道中，做十几个钟头的工作，差不多终日不见太阳，而每天所得的工资最少的竟只铜元五枚"，还记载了开滦矿曾发生安全事故的惨剧，"矿内因藻气着了火，五百多工人同时葬在火中"，而外籍矿师对此应负责任，"原来藻气这样东西是查得出来的，是可以预防的；调查、预防，都是矿师底职任，而唐山洋矿师从不过问，遂演此惨剧"。②

在辛亥革命前的开滦煤矿，粤籍工人曾组织过唐山粤人自治会和自治研究社，并参与建立了唐山广东会馆。辛亥革命爆发后，一些开滦工人加入唐山工党，组织工人阅读书报社和工人夜校，发行刊物，组织讲演队宣传时事。五四运动中，开滦工人参加了唐山公民大会，成为了唐山反帝爱国运动的一支主力军。五四运动后，李大钊派罗章龙等人深入开滦煤矿，调查矿工的劳动生活状况，推动开滦工人召开庆祝五一劳动节的群众大会。

1920年5月，属开滦矿务局的林西矿首先罢工，争取工人乘罐下井和

---

① 《唐山工潮之原因及请愿》，载《益世报》1922年11月10日，第3版。

② 仪：《水深火热中之唐山矿工》，载《唐山潮声》1922年第1期。

增加工资，最终矿局承诺加薪，工人复工。随后，由于矿局加薪承诺未兑现，把头又虐待工人，马家沟矿再起罢工风潮，工人再次提出增加工资的要求。紧随其后，唐山矿工人也宣布罢工，并发表了罢工宣言，内容如下：

> 在煤烟弥漫的唐山，我们看不见天日，谁又看见我们是一群供给日用最紧要品的工人呢？所以我们的痛苦只藏在这煤烟中，黯然不显出来。我们显然是被人看做一群挖煤的机器。
>
> 幸亏，谢谢，我们还有一点知觉。我们虽然是把力气卖给人家了，幸亏，更谢谢，我们还是自己来运这力气，但这又是极不幸，极不足感谢的事啊！我们有这一点知觉，就惹得我们觉得饥饿的痛苦，我们因为自己运用自己的力气，就不得替自己修理一个好好的机器。近来不做美的时世，也要把各物的价钱抬得那么高，可怜我们卖力气的价钱，还是十几年前估定的！我们现在觉得饿了，我们的力气价值不能不加了，加的还不能不让我们有生存的力量。但那些总办矿师、管工的，自己肚皮饱了。我们的血汗，谁还念到我们的饥饿艰难呢？所以我们近来虽然几次要求加工钱，都遭拒绝，我们弄得没法，只好不卖力气给他们了，因于六月五日宣布全体罢工。现已经过多少天了，这几天中，官场的武力压迫，矿师的势力威吓，处处可以逼我们不愿意的再去做工，但我们是决意的不把自己劳动卖的太贱，致不得肚子一饱。我们全世界的人们听者，我们是为着争生存而罢工，世界上果然有逼人向死路的工作吗？我们敬人们，凭着良心下一个批评，给一个帮助。①

---

① 《唐山矿工人罢工宣言》，载中共开滦党委党史资料征集办公室编《开滦工运史资料汇编》第1辑，1985年，第66页。

这个宣言描述了开滦煤矿工人的真实处境，五四运动后的工人终于觉醒，用罢工的方式维护自己最基本的权利。6月11日，矿方统一增加工资，三矿罢工结束。

随后，开滦还爆发了马家沟矿工人反包工斗争，赵各庄矿反水碴煤涨价斗争、反对矿区保安队斗争等。这些斗争教育了唐山工人群众，邓培也深受影响，他积极支持开滦工人的斗争，并从中吸取经验教训。

二、领导开滦煤矿革命组织建设

在中共唐山地委成立前后，邓培不断深入矿山，发展矿工群众组织，鼓动矿工参加学习，并进一步在进步矿工中发展党员。

为了更好地团结和组织开滦矿工，至迟到1922年4月，在邓培的支持下开滦林西矿工人建立了工余补习社，郭润航担任代表，朱金华担任副代表。参与发起建立工余补习社的还有孙家耕、赵玉亭等。1949年后，部分参与者回忆了当时建立这一组织的过程。

1958年朱金华曾回忆，工余补习社的任务是团结工人，研究如何改善工人生活。工余补习社是在邓培影响下办起来的。邓培常和开滦煤矿工人们谈话，说应休礼拜。更重要的是邓培肯定了工人的地位，说世界上没有劳工是不行的。邓培叫开滦工人们团结起来，随后就成立了工余补习社。

1961年孙家耕更加详细地回忆了工余补习社的建立经过和活动情况，部分开滦煤矿工人们是通过郭润航的介绍认识邓培的。后来邓培去过开滦煤矿两次，头一次邓培和工人们一起到老南门喝茶聊天，第二次工人们请邓培下馆子"吃公嘴"。开始时大家只是朋友关系，随便谈谈，后来邓培叫开滦工人组织起来，一方面可以团结工人，一方面也可以推动职工教育。孙家耕等几个老工匠一合计，就成立了工余补习社，郭润航、赵玉亭、陈哲鑫、房隆胜、刘起云等也起到了重要作用。工余补习社不仅让到这里来的人学技术，或是休闲，还常向工人讲述外国人欺负工人，工人们不够团结，一盘散沙，鼓动工人团结起来，团结起来才不受欺负。

开滦矿中有一部分工人是广东人，他们和邓培是同乡，相互比较熟悉，加之邓培一直是唐山的工人领袖，早就在开滦工人中有影响力。矿方当局认为马克思主义在开滦矿工人中影响"较为强烈"，"主要的是广东人沾染了这些思想"[1]。

唐山工人图书馆在唐山工人中影响力很大，一部分开滦煤矿的工人在唐山工人图书馆中学习积极，成为革命积极分子。邓培通过唐山工人图书馆经常向工余补习社寄送党、团和中国劳动组合书记部的宣传材料。1922年4月25日，唐山工人图书馆为推动林西矿工余补习社积极参加非宗教运动，写信给上级请寄进步书刊给林西矿工余补习社，"刻此地附正林西矿务局有工余社，对于非宗教一大可运动。前所寄来册子，已发尽，恳再赠些来，以便联络"[2]。工余补习社通过图书宣传，极大提高了林西矿进步工人的革命觉悟，进步书刊一时供不应求。林西矿工余补习社，在开滦煤矿1922年10月罢工前的两个月时间里，对于团结教育林西矿工人起了很大的作用。后来林西矿工人在邓培领导下建立了工人俱乐部（工会），工余补习社的成员陆续参加工人俱乐部，工余补习社也就结束了它的使命。

中国劳动组合书记部先后动员了十几位同志，到唐山进行组织工人的工作，主要有彭礼和、吴先瑞、李树彝等七八人，邓培和他们一起深入矿区，教育和组织群众。当时唐山工人主要来自南北两个区域。一是以广东人为主的南方工人，工程技术人员居多。二是以河北和山东为主的北方工人，大多为井下工人。南北不同地域的工人常因工作或语言产生隔阂，发生争执，有时闹得不团结。邓培和劳动组合书记部的特派员，对不同地域的工人们晓以革命大义，鼓励他们团结起来组织工会，以维护工人们的权

---

[1]　《开滦矿务总局关于1922年罢工总矿师的报告》，载唐山市总工会工运史志研究室编《唐山工运史资料汇辑》第4辑，1988年，第141页。

[2]　《唐山工人图书馆关于非宗教运动及请寄册子》，载中央档案馆编《河北革命历史文件汇集》甲第1册，1997年，第27页。

益。1922年8月，在邓培的直接领导下建立了开滦矿务局党支部。有了党的领导，开滦矿工的革命斗争情绪更加高涨。

三、组织开滦各矿工人俱乐部

9月中旬，邓培领导京奉铁路唐山制造厂工人向当局提出改善工人待遇的要求，随后以唐山制造厂职工会的名义，致函开滦机器房工友，鼓动他们迅速团结起来斗争，并表示愿意帮助他们斗争。信函原文如下：

机器房列工友：

我们此次举动，虽说没得到圆满结果，但证明团体力量足以谋共同利益。要团结得好，千万彼此连成一片，才有力量，才可与有产阶级奋斗。近闻你们工友中正在活动时期，井下工友正在努力进行。快快都起来干干。不要骇（害）怕，也不怕损失什么。只要组织得成，不论什么利益都可以得到。你们生活也太苦，何不起来干干呢？你们有举动时，决计派人前来帮助一切。我们经过此次风潮，也知道一点团结组织的方法了。特此奉告，敬祝努力。

京奉铁路唐山制造厂职工会启[1]

邓培领导的唐山制造厂工人斗争是1922年唐山工人运动的先声，深深影响了唐山其他厂矿工人的斗争意识，使他们意识到工人必须要团结组织起来才有力量，才能与中外反动势力斗争。

林西机器厂工人接到信函后深受鼓舞。他们按照信函的精神鼓动各矿工友，于9月21日制作了《致开滦工友书》，印成传单，散发给各矿工友，

---

[1]　《京奉路唐山制造厂职工会致开滦机器房工友函》，载中共开滦党委党史资料征集办公室编《开滦工运史资料汇编》第1辑，1985年，第194页。

呼吁开滦工人学习京奉路唐山制造厂工人组织工人团体，改变一盘散沙的现状，并与其他企业工人组织联合进行反对资本家的斗争。原文如下：

> 诸位工友们呀！现在机会到了。什么呢？就是我们劳动工人各处都结合团体喽。现在，仅我们开滦的工友们仿佛像一盘散沙一样，所以屡次要求加薪，都被上司侮弄与压迫。如今京奉路已结成团体了。须要晓得，我们工人系同舟共济，休戚相关的。我们应该同他们联合一堆，结合成一个工人总团体，将来凡事有了后盾，方不致受资本家苛待与压迫。诸位工友们呀！快快醒来吧！大家组织仿效吧！敬此奉告，恭候努力。

> 一九二二年九月二十一日①

开滦各矿工友大受鼓舞，他们仿效长辛店铁路工会，在各矿秘密建立了工会组织工人俱乐部。秦皇岛最早成立俱乐部，接着，林西、马家沟和赵各庄等各开滦矿务局所属矿山也积极响应成立俱乐部。各俱乐部以唐山矿俱乐部为总部，声势日隆。时机成熟后，他们在华宾楼组织五矿工友俱乐部，实际上建立起领导

开滦五矿工友俱乐部（华宾楼）

全矿的工会机构。五矿工友俱乐部一经成立，各项工作稳步开展起来。邓培则从开滦工人中，挑选出在群众中有威信的坚定的革命积极分子，担任

---

① 《开滦五大厂（林西机器厂）致开滦工友书》，载中共开滦党委党史资料征集办公室编《开滦工运史资料汇编》第1辑，1985年，第195页。

各矿工人俱乐部的领导人。唐山矿的只奎元担任五矿工友俱乐部主任，许多在唐山工人图书馆和林西工余补习社学习过的工人，成为各矿工人俱乐部的中坚力量。

四、指导开滦工人提出要求

开滦工人代表参加了10月10日由邓培组织的在唐山制造厂召开的"双十节"庆祝会，学习了长辛店铁路工人罢工胜利的经验，听取了山海关铁路工人罢工的报告。这次会议起到了动员开滦工人起来斗争的作用。

京奉铁路唐山制造厂的工人开始罢工以后，邓培于15日代表中共唐山地委召集唐山各厂矿工人代表开会，决定广泛发动群众起来斗争，讨论了各厂矿在斗争中互相支援、共同对敌的策略问题。

而在京奉铁路制造厂工人罢工期间，开滦矿务局矿师因为担心矿工也会起来斗争，向天津要来一批保安队，共200人，作为预防。

开滦五矿工人在唐山制造厂工人罢工的鼓舞下酝酿组织罢工。他们选出工人代表8人，这些代表是唐山矿的井下看守人张瑞峰、铸工李星昌、林西矿的骡夫刘河、骡夫刘宜美、机器匠孙家耕、赵各庄矿的机器匠刘忠、井下机器匠葛定东、秦皇岛的机器匠廖鸿详。他们在10月16日向开滦矿务局递交了《开滦五矿工人联合请愿书》，认为工人们"终岁勤劬"，而生活却越发拮据，"百物腾涨，价值倍增，以工等平日所藉之薪资，断非今日所能支持家计"，质问"我辈有作工十余年者竟未得加一文"；工人在矿局中亦无地位，与员司相较，"论理，待遇应持平等"，而实际矿局却遏抑工人，导致不公，另外工人没有享受星期日及年节假的福利。以上种种，工人生活万分困难，于是代表们提出了改善生活待遇的要求6条。内容如下：

（一）请求加薪分为三等：十五元以下者应加三成；十五元以上者应加二成；五十元以上者应加一成。

（二）我工人年尾应照庚子前给回一月偿金。

（三）我工人每月四星期（天）及年节停止工作，应援庚子前给回工资。

（四）工匠煤条及慰劳金，应与员司一律偿给。凡工人每月有十二元薪金者，应得享此条件。

（五）工人在局有过二十五年者，应给养老费，并须照原薪支给；倘无大过，不得借端革除。

（六）工人因公受伤，应给回工资。倘遇因公致命者，应酌给恤金。该恤金须照月薪计，最少补至五年，应作一次补足。①

8名代表要求矿务局3日内答复，否则工人举行罢工。

开滦煤矿是由英帝国主义控制的，英国是一个工业发达的国家，在英国工人罢工也常见，英国资本家对付工人有一套丰富的经验。总矿师杜克茹诘问工人代表是谁派来的，工人代表说他们是由开滦矿务局工人联合会派来的。杜克茹十分恼火，一方面表示工人的条件可以考虑，另一方面蛮横地表示劳资双方不能处在平等地位上谈判，矿方也不承认工人联合会。矿工代表则据理驳斥，表示工人们的斗争，对经济条件固然要争，但是在政治上组织工会的权利也要争。杜克茹则对工人代表说要请示在天津的开滦矿务局代理总经理杨嘉立后再作答复。

五、筹划罢工前的准备工作

10月19日，3天限期已过，矿方没有答复工人要求。当晚，邓培等人在华宾楼召开各矿工人代表会议，公开宣布开滦五矿工人俱乐部成立，并决定准备发动罢工，成立罢工领导机构——开滦五矿同盟罢工委员会。当时

---

① 《开滦五矿工人联合请愿书》，载中共开滦党委党史资料征集办公室编《开滦工运史资料汇编》第1辑，1985年，第195页。

劳动组合书记部在唐山的工作人员都积极参与了此次罢工的领导，罢工委员会成员有：中共北京区委代表、劳动组合书记部主任罗章龙（文虎），劳动组合书记部副主任王尽美（王瑞俊），中共唐山地委代表邓培（邓少山）和开滦五矿工人俱乐部代表等20多人。唐山矿的代表有只奎元、李星昌、马凤山、刘长顺等人，赵各庄矿的代表有工人刘忠、阎玉恒和职员刘玉之，林西矿的工人代表是李灿、杨福盛、孙家耕、赵玉庭、郭润航等人，马家沟矿的工人代表有郭春伶等人，总代表是五矿工人俱乐部主任只奎元。这次大会为开滦五矿工人罢工作了组织上的初步准备。

与此同时，为加强领导，做好罢工前的准备工作，劳动组合书记部在北京召集路矿联席会议，专门研究开滦罢工问题，其中最重要的是罢工经费问题。矿工俱乐部代表提出罢工以20天为限，但罢工基金不足，大多数工人须依靠工会救济。于是会议决定成立罢工经费募捐组、保管组和监察组。募捐组由几个主要的工会负责人组成，保管组由开滦煤矿只奎元负责，监察组由开滦工人俱乐部代表李星昌等3人和铁路代表甘达等2人组成，以邓培为主任。

李大钊和中共北京区委对开滦罢工十分关怀。中共北京区委积极领导开滦罢工，研究情况，提出斗争策略，使邓培等人备受鼓舞。北京区委还报告中央，请全国各工会成立开滦五矿罢工经济后援会，大规模进行支援及募捐活动，南洋劳工总党甚至捐洋万元，到10月初，捐款已达3万元。

杜克茹于10月17日赶往天津，与杨嘉立谋划应对工人斗争。他们担心工人罢工会破坏各矿生产，因此同意给工资在30元以下的工人增加工资10%，妄图以极小代价的妥协来消除工人罢工。杜克茹还面见直隶警察处长杨以德，以贿赂的形式要求他向开滦增派警察，加强矿区的警戒，阻止和镇压罢工，获得了杨以德的支持。10月19日，在杜克茹由天津返回唐山时，有100名保安、警察随同他到达矿区，其中50个派到赵各庄，20个派到林西，矿方已准备对工人实行高压政策。10月20日早晨，矿局发布宣言：

查近来常有一班人物，以政治关系，及个人宗旨起见，煽动汝辈工人罢工。此辈人对于汝等，并无何种帮助，不过利用汝等，以达若辈个人之目的而已。汝辈若听其言，煽为种种无理行动，以冀有所利益，须知汝辈永无利益之望。汝工人须念汝辈之保护人，实为开滦矿务局。汝有所需，汝有危难，惟开滦局能庇护之，而从未使汝有失望者。譬如最近奉直之战，汝工人一无受伤，亦无一受有损失，此皆开滦矿务局庇护汝等之力。且当时矿上之煤，因不能脱售，高如山积，而本局仍使汝辈照常工作，盖使汝辈有所谋生故也。常因食料不足，本局自津运谷来矿，汝辈当能忆之。本局于平时又复为汝工人等设立学校，又复创设贫苦院，凡兹种种利益，不复弹述。汝辈如发生种种暴动，肆为无理之要索，本局万难照准。如具有实在困难，本局极愿援助，本局深晓目下食物昂贵，他物亦因之继长增高，故本局对于汝工人工资，亦正拟增加若干。自本月起，凡工资在三十元或三十元以下者，无论为本局工人，或承揽人所佣之工人，俱照加一成。譬如每月工资为二十元者，另加二元，每月二十五元者，加二元五角。汝辈自当自问良心，仔细思量，愿追随于暴动分子之后耶？抑愿安心工作，为优良之工人耶？如愿追随其后，请汝辈扪心自问，警察对于尔辈骚动，必将严行干涉，汝辈至不可挽回地步，幸毋自悔。倘汝等信赖本局，安心工作，则本局允予汝等以保护，无论何人，不得损害汝辈，而工资之增加，尚在其外也。①

该宣言对工人的要求有一点松动，即工资在30元以下者加一成，但主要内容则认为罢工是由"暴动分子"煽动，威胁工人不要受人鼓动，如果

---

① 《矿局宣言》，载《唐山潮声》1922年第1期。

工人罢工就会联合警察来干涉。宣言的目的在于要工人逆来顺受，依靠矿局，安心工作，继续受矿局的控制。矿方答应的条件与工人所提要求相距甚远，矿工们大为不满。

10月22日晚，五矿代表联席会议在林西召开，商议对策，不料被矿务局侦知，派保安队抓捕工人代表6名。随即五矿代表们议决由林西代表向各矿报告联席会议情况并布告各矿工人。林西代表至唐山时已是晚上9点，唐山矿工人闻讯后，无不气愤异常。五矿工人俱乐部主任只奎元向罗章龙和邓培报告联席会议情况。

虽然邓培在此之前认为罢工需要筹备得更加充分（尤其是要等中共北京区委和劳动组合书记部相关罢工领导人员到位）后再发动，但情况紧急，经过罗章龙和邓培等人认真分析以后，认为罢工应该立即发动。一是开滦工人已从山海关铁路工人和唐山制造厂工人两次罢工胜利中受到极大鼓舞，个个摩拳擦掌，纷纷要求组织开滦工人罢工，可谓箭在弦上，一触即发。二是开滦各矿工人已经初步组织起来，建立了统一的工会组织，通过罢工能进一步团结工人群众，争取工人权利的实现。三是矿方已采取限制和防范，如再不采取行动，则对工人不利。于是罗章龙、邓培和只奎元等决定，从次日起，开滦五矿举行同盟总罢工。

当晚，在罢工委员会领导下，强大的执行机构罢工指挥部成立了。由罗章龙担任中共党团负责人兼指挥部主任，但不久因上级安排其他工作而离开唐山。邓培为党团成员，也是罢工指挥部的主要领导人，尤其是在罗章龙离开唐山后更多地承担了领导罢工的责任。根据中共北京区委指示，邓培为全力参加指挥部工作，以回广东老家探亲为名请假离开唐山制造厂，转入地下活动。劳动组合书记部副主任王尽美和特派员彭礼和、吴先瑞、李梅羹、王德周、梁鹏万等，以及中共唐山地委的王麟书、阮章等，也先后参加了指挥部工作。

罢工指挥部下设纠察部和调查部。纠察部的任务"系纠察外奸乘机入厂毁坏厂中重要物件"。纠察部设有部长，所有纠察队员听从部长调派，

不得擅离职守，要注意维持秩序。两千人的纠察队很快就组织起来，由劳动组合书记部派来的学过军事的同志率领。

调查部的任务是"调查内外奸细，如遇有破坏本会进行事宜，应即报告调查部长，再由部长传达委员会"。调查部设有部长，并设调查员若干人。

邓培领导制订了罢工委员会工作人员纪律，要求全体人员必须遵守纪律："（一）罢工时间，本会人员应听从本委员会的命令。（二）罢工时间，本会办事人员应每日集合一定地点。（三）罢工时间，本会人员不得三五成群、交头接耳，在街上乱闯。（四）罢工时间，本会人员未得委员会正式上工通告，不得私行上工。"邓培强调指出，只有铁的纪律才能保证罢工胜利。邓培还领导制定了罢工委员会人员规约，要求大家服从命令，听从指挥："（一）本会一切事物，由委员会议决后，由委员长执行；（二）本会会员一律应服从委员长指挥，如无命令，不得私自行动；（三）本会各职员应遵守职责任。"[①]林西矿工人代表连夜分头通知了各矿及秦皇岛经理处工人俱乐部同盟罢工的命令。

在邓培的领导下，各矿为推进罢工建立了严密的工人组织。各矿工人俱乐部负责领导各矿工人斗争，由会长、副会长和委员若干人组成领导核心，另外从工人中选出一部分积极分子担任俱乐部干事，负责办理具体罢工工作。根据矿务局当局查明的罢工为首之人名单，可以了解到唐山矿的核心人物是只奎元和李星昌等，赵各庄矿的核心人物是刘忠等，林西矿的核心人物是陈治元、孙家耕、郭玉珩、冯鸿年、杨昆山、赵玉亭、尹少卿和张敏斋等，赵各庄矿的核心人物是张长峰、傅宗岐、王得、阎玉堂、阎玉恒、阎三、赵光海和傅殿臣等，马家沟矿的核心人物是熊振东、武茂德、吕文岐、郭春龄、袁子恒、吴凤朝、梁画臣、刘万山、刘玉和刘昆

---

① 《罢工期间工人的内部组织》，载中共开滦党委党史资料征集办公室编《开滦工运史资料汇编》第1辑，1985年，第211页。

等。特别要指出的是开滦矿务局在这份名单中还将邓培列入为首之人行列，详细介绍其为广东人，三十来岁，突出了邓培在开滦工人罢工中的领导地位。①而在1922年大罢工与罢工有关联的外界单位及其负责人中，将邓培列为"开滦督办函请直隶省长查办罢工为首者"②，更加突出了邓培在开滦罢工中的领导核心地位。

工人群众则组成以牌为单位的群众组织。根据1922年11月14日《大中华商报》登载的直隶省警务处给各报馆的信的附件，某矿第十一牌组织情况如下：设正副代表各一名，纠察队正副百人长各一名，调查员长一名，调查员十名，共辖十二个十人团，每团设团长一名，团员一般十一名，个别团有十四名团员。③

各矿工人在五矿罢工委员会统一号令下举行了开滦煤矿的同盟罢工，这次罢工比唐山制造厂罢工规模要大，情况也更复杂。开滦矿务局和北洋军警勾结在一起，反动力量空前强大。矿务局代理总经理提出对付工人一手持棍，另一手持糖。他们首先搬出了不平等条约向北洋军阀政府施压，逼迫北洋军阀政府调动军警，对罢工采取武力镇压，又千方百计破坏五矿同盟罢工。他们财力雄厚，对罢工工人采用经济围困，逼工人就范；还对部分工人进行收买和利诱，分裂罢工队伍。针对这种情况，邓培和罢工委员会制定了相应的斗争策略。

六、开滦大罢工

10月23日，开滦3万余矿工在邓培和罢工委员会的领导下实行了罢工。

---

①　《总矿师查明罢工为首之人名单》，载唐山市总工会工运史志研究室编《唐山工运史资料汇辑》第4辑，1988年，第84页。

②　《一九二二年大罢工与罢工有关联的外界单位及其负责人》，载唐山市总工会工运史志研究室编《唐山工运史资料汇辑》第4辑，1988年，第89页。

③　《罢工期间工人的内部组织》，载中共开滦党委党史资料征集办公室编《开滦工运史资料汇编》第1辑，1985年，第211页。

早晨6时，林西、唐家庄、赵各庄、唐山四矿和秦皇岛经理处的工人们，按照罢工指挥部的命令同时举行罢工。罢工以前，各矿便早已把总干事、分干事、纠察、工人代表、会计、庶务等都选了出来。罢工开始后，他们各司其职，一点慌恐都没有。除锅炉房、绞车房、水泵房和电厂等要害部位工人坚守岗位外，其余井上和井下的工人一律离开岗位举行罢工。他们预先在车站附近的一片大场地上，造了一所极大的芦席蓬。罢工第一天，工人全部来到这个会场上开会议事。他们规定，工人白天就待在该场地，不能到大街上去；晚上有家的可以回家，没有家的便住在场内。每天三餐饭，都在大场中吃，餐饮由会场供给。所有消息，一概用大字布告，张贴于交通要枢，使工人们了解。罢工委员会发出罢工宣言，派代表向矿局交涉，电请北洋军阀政府解决。罢工过程有头有绪，没有出现混乱的现象。大街上没有工人的足迹，所见的只是几个办事人，身上挂了徽章，一见便知是工人职员，往来奔走于大街上，可见罢工是很讲秩序和纪律的。

唐家庄刚建矿没多久，但仅有的几十名工人与林西矿工人一起行动，秦皇岛码头工人停止搬运，电灯熄灭，火车瘫痪。马家沟矿工人由于受到矿方警察的严密监视，暂时未能同时罢工。各矿工人纠察队，手持木棍，身披红布条，上面写着自己的名字，举着白色和红色的旗帜，旗帜上

1922年开滦五矿同盟大罢工旗帜

有图案，有的旗上是两把交叉的榔头，有的旗上是镐和榔头交叉，镐代表井下工人，榔头代表井上工人，这寓示工人的团结。纠察队员威武雄壮地把守在矿厂门口和各交通要道，执行自己的任务。到处都有工人集会，数万矿工斗志昂扬，"工人团体精神非常坚固，万众一心，没一个故意捣乱者。工人沿途排列，秩序井然"。尤其是邓培领导唐山制造厂工人"极力

出来帮忙，工人精神振刷"①，开滦工人和唐山制造厂工人在邓培的领导下汇聚到一起，使唐山矿方更加感到震惊与害怕。罢工准备得较为充分，各矿罢工领导人都能遵守罢工纪律，保证了除马家沟矿外的各矿采取一致罢工的行动。就连开滦矿务局总矿师杜克茹也感慨："这个一致行动，说明各矿罢工者的组织是多么卓越，甚至于唐山警察大队长一点也不知道。"②

　　众多中外报刊纷纷报导开滦煤矿工人罢工后所表现出的严密的组织纪律性。1922年10月31日的《京津泰晤士报》对开滦工人罢工进行报道："开滦矿工之俱乐部，定名工友俱乐部，所定章程极佳。自罢工之日，部中极为严整，每日点名3次，轮流派出值岗，每岗三五人。此外又派出纠查员，并查工友，如有故犯会规者议罚之，如嫖赌等事，均在其列。尤有令人钦佩者，即矿局内之原有各处更夫，均由会派员，轮流值班。"《河北日报》记者也曾作过详细报道："记者踯躅道上，过矿工俱乐部前，见人山人海，万头钻〔攒〕动，蚁聚俱乐部门首者，均矿工也。部前墙高数仞，粘贴各地工团及其他团体捐款纸条几满，所书均系某团体捐款若干，特此鸣谢等语。细察工人虽多鸠形鹄面，衣冠不整，然精神焕发，与平日作工时大异。彼等据邻近一小隙地，为露天会场，即就其地领取食物。每天上下午各有演讲大会，轮流讲演，内容无非是激动大家坚持到底，求得最后胜利，及报告各地往来函电援助等事。每一次讲演辄至三四小时，鼓掌喝采〔彩〕之声不绝于耳。彼等更组织纠察队，遍地都设岗守望，或巡行街市，甚至排解纷争，代行警察职务，其纪律之严，俨然节制之师，殊令观者惊赏不置。闻该部除公开会所外，尚有秘密办事处数处，虽同属会中执行委员，彼此所居之地尚不互相知道，故其发号施令灵敏迅速，不可

① 《〈京津泰晤士报〉报导开滦罢工的原因》，载中共唐山市委党史办公室编《唐山革命史资料汇编》第6辑，1987年，第173页。
② 《开滦矿务总局关于1922年罢工总矿师的报告》，载唐山市总工会工运史志研究室编《唐山工运史资料汇辑》第4辑，1988年，第128页。

捉摸。"①这些报道反映了邓培等领导的罢工委员会将罢工组织得井然有序,罢工也因此获得了社会舆论的支持。

开滦五矿工友俱乐部代表全体矿工在报纸上发表了总同盟罢工宣言。内容如下:

> 全国工友们!同胞们!父老兄弟姊妹们!
>
> 我们矿务局被压迫的苦工人,现竟被洋资本家视若匪徒,昨日无故任意在林西扣留我们六名代表在局中。我们原来是酷爱和平,不愿铤而走险。谁料洋资本家,这样故意来挑衅我们,我们逼迫得万分不得已,才于今日(二十三日)举行这悲惨最后的罢工手段。
>
> 工友们!同胞们!开滦矿务局平时对待工人,不说没奴隶的身价,连一匹骡马尚比不上呢!往往井下发生了危险,洋人只问死伤了多少骡马,人是不介意的。因一匹骡马死了,价值二三百元,一头工人苦命,不过仅给百元就是了。工人因公受伤,就立刻逐出局外去,不顾你的死活。工人伤牲口,不独受罚,连工作也干不成了。其余别些污(侮)辱我们工人人格,草菅我们工人性命事实,是千言万语说不尽的。用言词也是说不出来的,真是人间地狱呵。现在我们正在打起精神,拼命奋斗,不达到圆满目的不止。望全国工友们,同胞们,快快来援助呵!②

宣言最后重申了10月16日《开滦五矿工人联合请愿书》中所列的六项条件。

---

① 《开滦罢工实况报道》,载中共开滦党委党史资料征集办公室编《开滦工运史资料汇编》第1辑,1985年,第213页。
② 《开滦五矿实行总罢工》,载《大公报》1922年10月28日,第2页第3张。

这次罢工，是对开滦资本家虐待矿工的强烈回应。"工潮酿成的远因，现在开滦矿务局对待工人，远不若庚子以前那样惠恤周到……工潮酿成之近因，开滦五矿工人既联合好了，就共同议决向矿师提出改良待遇，增加工资的条件。矿师不独不采纳，反批示说工人是无理的要求，开口就骂他们受人的鼓动，故意来扰乱治安，并还要派巡警来压迫，工人至此已愤不可言……二十二日林西地方无故竟将工人代表六名扣留在局中"①，3万多开滦工人罢工是为自己的权利而战。

　　10月24日，邓培和罢工委员会的同志们研究决定，为了拆穿矿方瓦解罢工的阴谋，针对矿局宣言，以唐山、赵各庄、林西、马家沟、秦皇岛五矿工人俱乐部名义，向矿务局总理致函，指出了矿局宣言的局限："总矿师仅办理矿务局的利益，而不考虑我们的困苦"，"把我们的要求看作不合理，他的评述才是真不合理"，"污蔑我们受了别人的煽惑，这是完全没有根据的"；表明了罢工的原因："总矿师也打算用警察来镇压我们，对此，我们非常忿恨"，"设若不是因为我们的六位代表被他扣压在林西，我们可能再向他递一呈文，以期达到互相谅解。现在我们完全失望。逼迫我们万分不得已才举行总罢工"：工人们还在10月16日的联合请愿书所提6条要求外再增加了4条：一，开滦矿务局应承认五矿工人俱乐部有权力代表全体工人；二，以后矿中雇用工人及开除工人，须经职工委员会即工人俱乐部通过；三，罢工期间工资照发；四，每年应给工人两星期假日。每三年应给予两个月假日，当休假时应发付全部工资。②

　　增加之要求中，第1、2两条内容具有明显的政治性，从而也让这次罢工除了是经济斗争外具备了政治斗争的特点。

　　24日上午，保安队开始镇压罢工。早上9点，保安队数十人包围罢工委

①　《开滦矿工总同盟罢工详情》，载上海《民国日报》1922年10月29日，第2版。
②　《开滦五矿工人俱乐部致开滦矿务局总理函》，载中共开滦党委党史资料征集办公室编《开滦工运史资料汇编》第1辑，1985年，第198页。

员会所设粥厂，质问工人为何罢工，在场工人众多悻悻离去。隔日，保安队又至，"欲觅捕代表"，但仍未得逞。①

为了适应斗争形势需要，防止矿方和军警当局破坏罢工，罢工指挥部始终分散隐蔽，有时设在唐山制造厂附近，有时改在唐山大学办公。罢工指挥部宣传机关分设在各厂矿郊的工人住宅内，得到了广大革命群众的掩护和支持。掌管罢工基金的财务机关设在较安全的山海关铁路工人俱乐部附近。罢工期间，还在天津租界设立罢工事务联络站，由劳动组合书记部特派员宋天放、李梅羹等人负责，所有关于罢工的文件公告都在天津秘密印刷发布。邓培在罢工中充分依靠群众，他把唐山的共产党员、青年团员和工会积极分子都组织起来，在斗争中发展了一批新党员和工会会员，表现出了杰出的指挥才能。

10月24日，矿方通知直隶全省警务处杨以德加派警察来矿，并考虑派遣外国军队到林西。杨以德从天津派出的200名保安警察，当晚来到唐山，立即被派往古冶至林西一线镇压罢工。随后，矿方又从天津调来有100名士兵的英军来复枪队。

10月25日上午，来复枪队到达唐山，开滦矿师杜克茹亲自率领这支部队去林西，目的是控制全矿区的命脉林西电厂并镇压林西矿工人罢工。消息被京奉铁路唐山制造厂工会获悉，邓培立即派人通知林西矿工人俱乐部，林西矿工人迅速组织起来，以纠察队员为骨干，组织了敢死队，前往古冶火车站。他们英勇地卧轨以阻挡兵车，并将道岔塞住，使机车落辙脱轨，最终将来复枪队所乘火车扣留在古冶，打乱了矿方的行动。

当日，唐山警方逮捕了唐山矿几名巡逻的工人纠察队员，工人集会商讨对策，并扣留了前来会场捣乱的两名警察，警方随后抢走了这两名警察。

10月26日早晨，罢工指挥部和邓培决定组织唐山矿全体工人游行示

---

① 《唐山开滦五矿罢工始末记》，载《晨报》1922年12月31日，第6版。

威，前往警察局，要求释放被捕工人，要求矿方答应工人提出的条件。于是唐山矿的工人扛着白旗和红旗，上面写着"唐山五矿工人俱乐总部"，举着木牌，拿着镐把、斧子和白蜡杆，喊着震天的口号，浩浩荡荡地走上街头。保安队出面干涉，迫令工人解散，工人不服其干涉，两边爆发冲突，保安队向工人开枪，当场有工人被击杀，被击伤无数，工人们群起反抗。一时间商铺关闭，行人断绝，唐山秩序大乱，枪声、杀伐声、工人呼号声、反抗声一片。郑芝刚、张庆祥、孙发顺、马世春、刘佐、毕鹤亭和韩秋成等工人受重伤，纠察团长也被警方抓去。这就是震惊全国的唐山矿务局西门喋血案，系"唐山罢工以来，未有之浩劫也"[1]，亦是全国第一次工人运动高潮中帝国主义和封建军阀联合镇压无产阶级斗争的开始。

　　惨案发生后，邓培召集矿工代表开会，议决以开滦五矿及秦皇岛全体3万余工人名义向矿方再加3条要求作为解决罢工问题的先决条件："（一）此次被打身死的工人，须按照西人被中国打死的身价同等赔偿；（二）受伤残废，终身不能工作者，须永给全薪养其终身，并须另给医药费五百元；（三）保安、警察须立即撤退，并须向工人谢罪。"[2]

　　随后邓培领导罢工委员会代表开滦工人们发表了第二次宣言，呼吁全国同胞主持公道，给以援助，内容如下：

　　　　全国各工团体，父老兄弟姊妹们：我们开滦五矿因为生活困难，受迫不过，才起来向当局要求加薪。当局苟有人道主义，就应当体恤工人的苦衷，允许所请。不想他们丧尽天良，视工人如牛马，大施压迫手段，调来保安队数百名严拿工人，任意殴辱，工人求生不得，求死不能，才于廿三日全体罢工。不料廿六日早

① 《开滦矿工潮日趋险恶》，载《大公报》1922年10月29日，第2页第3张。
② 《工人启事》，载中共开滦党委党史资料征集办公室编《开滦工运史资料汇编》第1辑，1985年，第201页。

八点，保安队全体出发，向工人示威，百般侮辱，工人只有隐忍不言。彼等以为工人柔弱可欺，先用枪刺横穿，继而全体向工人连放排枪数十次，计受重伤数十名，命在垂危待毙者廿余名。悲号惨目，血肉横飞，有人心者所不忍睹。我工人对此惨剧，惟有恳请全国同胞们主持公论，加以援助，以救我们三万余苦工人于水火之中。现在全体工友更加奋激，非达到目的不已。各界同胞、报界诸君们主持人道呀！我苦难工友们那就感激万分了。①

开滦矿的工人在唐山矿务局门前的斗争中表现得十分勇敢，但喋血惨案发生后，有小部分工人心生恐惧。军警当局采取武力高压政策，一时唐山陷入白色恐怖之中。邓培及时召集工人大会讨论对付方法，要求罢工工人坚固团结，预备最后之牺牲；派出救护队，尽心救援血案中的受伤工人；派出宣传队，到街头发表讲演，坚定工人斗争信念；派工人纠察队等继续执行任务，维护罢工秩序。

矿方为了破坏罢工，于10月26日从天津调来6名外籍人员和100多名工人，在警察的护卫下乘火车离开林西前往赵各庄。邓培和罢工指挥部获悉后，立即指示赵各庄矿工人俱乐部组织工人阻截火车。赵各庄矿工人英勇战斗，将火车司机扣压，火车最终被迫返回林西。

邓培十分重视利用舆论工具开展对敌斗争。10月28日，他以京奉铁路唐山制造厂职工会的名义，发出援助开滦五矿罢工宣言，称赞开滦矿局五矿同盟罢工是"向洋资本家执理抗争而奋斗"，对此罢工深表同情，"我们职工会和全场工人们，看见了他们可怜的情形，心伤泪落"，"他们的地位，是世界上再没有比他们更卑贱的矿工了，他们是卖力气的猪仔，他们的性命，比马还贱"，强烈抨击了矿方和军警对罢工的武力镇压，"资

---

① 《开滦五矿罢工之真相第二次宣言》，载《顺天时报》1922年10月28日，第3版。

本家还以为他们有马牛这样驯良，请来了杨以德的走狗、如狼似虎的保安警察，来强迫他们工作"，"眼前这群无衣食的矿工们，要被资本家杀死了，饿死了"。宣言表示全力支持开滦矿工人罢工，"用全体力量来帮助了他们"，并倡议其他工会团体支援开滦工人罢工。①邓培还领导京奉铁路唐山制造厂职工会发布致全国各团体、各工团以及各报馆通告两则，抨击开滦矿务局洋资本家的万恶和唐山警察的冷血，万分同情开滦矿工的种种悲惨苦楚，揭露了开滦工人罢工的真相；并陈述了中外资本家与警察勾结血腥镇压罢工的实情，表示唐山制造厂工人心酸落泪，呼吁各团体立即给予援助。几份电文在报纸发表后，在全国各界引起了巨大的反响。

罢工委员会在邓培领导下以五矿工人名义致电吴佩孚，说明矿工正当要求，希望吴佩孚"保护劳工"。吴佩孚于11月4日回电，大意"余已向国会致电，请求将保工条例加入于宪法，待宪法成立后，即当改善，务忍须臾等语"②。工友们将吴佩孚之回电张贴于俱乐部门口，以壮声势并对反动军警施加压力。吴佩孚之电报虽没有支持工人之罢工，但罢工委员会却能积极利用其"同情"，推动罢工的开展。

邓培还组织了唐山制造厂工人群众捐款支援开滦工人。王玉亭曾回忆开滦罢工后，邓培指示他将唐山制造厂职工会会费援助给开滦工人。"我按邓培的指示，化装成一个叫花子，把钱围在腰里，挎上一个小桶，手里拿着一根小棍，这样才顺利把钱送到古冶去。"③

邓培参与领导的罢工委员会还设立了一个由北大和唐山交大学生组成的英文编辑部，用英文起草与矿局交涉的文件，并通过天津通讯社向《泰晤士报》等英文报刊写通讯，另外还写信给在唐外籍军官，表明矿工罢工

①　《唐山制造厂职工援助开滦矿工》，载《京报》1922年11月1日，第6版。

②　《吴佩孚电慰罢工团》，载《大公报》1922年11月5日，第2页第3张。

③　《王玉亭回忆南厂支援开滦罢工》，载中共唐山市委党史办公室编《唐山革命史资料汇编》第6辑，1987年，第210页。

是主权国家的内部事务，要求外国军队不得镇压，争取外国军队对罢工采取了相对中立的态度。

邓培还及时向中共北京区委上报唐山工运情况。在中共北京区委的领导下，在马克思学说研究会率先推动下，北京各团体讨论了唐山工人运动形势，决定成立募捐队向各界劝捐，宣传开滦英国当局暴行，唤起国人注意，结合各团体成立唐山矿工罢工后援会。[①]

经过邓培的领导和组织，开滦罢工委员会收到了全国各团体和个人的多笔募捐，数额较大的有新加坡劳工协会总部10000元，京汉铁路长辛店工友俱乐部200元，北京马克思主义学说研究会收集捐款300元，京奉铁路工厂工人协会1000元，洋灰公司全体工人50元，香港海员俱乐部2000元，驻马店京汉铁路机械研究所工友俱乐部170元，浦口津浦铁路机械研究所50元，山海关工友俱乐部50元等。[②]而根据罗章龙的回忆，在罢工期间募得的捐款约为5万元，其中党内外募捐1万余元；铁路、海员工会2万元；国际工会方面1.5万元，由魏尔德交来；其他方面机关团体5000元。罗章龙认为全部罢工款项总额在六七万元。[③]除了捐款外，还有医药、寒衣、日用品等实物捐助。这些捐助为开滦工人坚持罢工提供了物质保障。

10月28日以后，唐山工人罢工形势继续扩展。当日，启新洋灰公司8000余名工人，在邓培和杜玉田领导下，举行罢工。华新纱厂工人也在邓培等人领导下同时罢工。启新和华新工人罢工是为了争取改善自身待遇，同时也是声援开滦煤矿工人的同情罢工。邓培领导唐山启新洋灰公司工人团、唐山纱厂工人会、京奉路制造厂工人联合会和京奉路火夫临时会议四

---

①　《北京各团体援助开滦罢工工人决定日内成立罢工后援会》，载中共唐山市委党史办公室编《唐山革命史资料汇编》第6辑，1987年，第196页。

②　《开滦罢工"若干有罪文件"》，载中共开滦党委党史资料征集办公室编《开滦工运史资料汇编》第1辑，1985年，第245页。

③　罗章龙：《椿园载记》，北京：三联书店，1984年，第213页。

团体发出要求全国工团援助开滦矿工电，重申开滦矿工的悲惨生活，"每天做十六时在黑暗地狱里工作，他们的生命，不值一骡马的生命，他们的待遇，比骡马还不好"，"劳工神圣的光也照不到他们的地狱里"，"他们因为受了种种非人的待遇，求生不能，求死不得"；抨击资本家残酷异常，"不但不肯扪着良心去容纳工人些微的哀求，却还调兵遣将，实行残杀"；大声疾呼"我们在唐山的全体工人、我们京奉路制造厂工人、我们京奉路全路火夫、我们启新洋灰公司工人、我们纱厂工人，在唐山目睹同胞之遭惨杀，无不义愤填胸。虽自知力微量薄，自顾难周，但触目惊心，不能自已"，"决定同情罢工，竭我们最后的血泪，以与我们可怜的矿友们同生同死"。[1]启新和华新工人罢工与开滦罢工相呼应，壮大了唐山工人罢工的声势，鼓舞了开滦工人的斗志。一波未平，一波又起，军阀政府在唐山工运的大潮中进退维谷。

在这种形势下，开滦矿方及其背后的英帝国主义大为恐慌，认为警方控制不力，"总的情况严重。恐怕煽惑者要将马家沟拖入，除非立即加以制止。警察既不对煽惑者加以逮捕，更不对自愿工作者加以保护。目前必须采取强有力的措施。杨以德须亲自来处理煽惑者"[2]。于是开滦矿务局代总经理杨嘉立和督办袁克定，向直鲁豫巡阅使曹锟、直隶省长王承斌和直隶全省警务处发出急电，要求加派重兵镇压开滦工潮。10月29日，驻滦县的陆军十五师师长彭寿莘和驻芦台的第十三混成旅旅长董政国，奉命派军队进驻唐山、林西、赵各庄矿区。直隶警务处处长杨以德先后派来的保安队有1000余人，连同开滦矿警队共计约1500人。此外，还有驻开平的蓟榆镇守使殷本浩的军队，连同英军和美军，各处参加镇压罢工的反动军警有3000余人。直隶天津警务处发布布告，为矿方辩护，称"开滦矿务局开办

①　《开滦矿工罢工后之援助声》，载上海《民国日报》1922年11月3日，第2版。
②　《一九二二年开滦罢工日记》，载中共开滦党委党史资料征集办公室编《开滦工运史资料汇编》第1辑，1985年，第228页。

以来，对于工作章程相待最优"，"最近该矿虽受战争影响，损失甚巨，而矿局仍顾念工人困苦情况，不待尔等要求，自行对于三十元以下的工人加价，不可谓相待不优"，进而认为工人之所以罢工，是"因尔等不明事理，误听奸人煽惑"，要求工人"亦当猛省"，"不如大家保持现状"，"即日一律上工"，还威胁解散工人，"亦不难呈行招募"。①

同时，矿局方面也意识到各处对开滦工人的援助越来越多，光靠武力压迫很难解决罢工风潮，他们又使用起经济压迫，扬言停办6个月，让矿工们的生活无以为继。

面对反动军阀政府不断增加镇压工人武装力量以及矿方的经济压迫，邓培召集罢工委员会，商量对策。北洋直系政府曹锟、吴佩孚政府尚且打着"保护劳工"的牌子，故军方首先希望矿方与工人能够谈判解决问题。邓培和罢工委员会认为反动武装力量并非铁板一块，驻军董政国与警方杨以德有矛盾，唐山的地方官蓟榆镇守使殷本浩和唐山警察局局长姚彤章同杨以德也有矛盾，他们都不满意杨以德从天津到唐山来逞威，唐山厂矿资本家即认为"殷镇守使每日来唐，惟其过恃和平"②。于是邓培制定了争取驻军和当地军警保持中立，将杨以德作为斗争的主要对象，集中力量打击杨以德的保安队的斗争策略。邓培还派人到第十三混成旅的官兵中和唐山的警察中进行宣传，表明工人罢工是出于生活贫困，要提高自己的工资，说服他们不要镇压罢工，对外籍军队也极力争取他们中立，集中力量与杨以德的保安队进行针锋相对的斗争。这种斗争策略很有效，董政国和殷本浩部许多官兵同情工人，表示不向工人开枪，《顺天时报》就有报道称

---

① 《直隶天津警务处布告》，载中共唐山市委党史办公室编《唐山革命史资料汇编》第6辑，1987年，第175页。
② 《李士鉴致杨以德函》，载唐山市总工会工运史志研究室编《唐山工运史资料汇辑》第4辑，1988年，第418页。

"附近滦矿驻站之军队观工人之举动，深表悲悯之同情"①，英军和美军中也有官兵表示不介入罢工事件。河北地区的其他工人团体也积极响应，争相弹劾杨以德。京汉路工人致电曹锟和吴佩孚，称"唐山工潮正是我们中国人民反对外人的一个好表现，然竟有丧心病狂、反复无常的杨以德，甘作外人的走狗，就以每月万元保险金和二十万的小借款，就尽这等忠心保护人家外国人，你想想这岂不是太不识时务，太不知远近了吗？这一种东西，简直不够代表民意资格的长官，我们就不承认他是一个什么处长，什么厅长，不能承认他是一个中国人的遗种，我们总要铲除他们"②，山海关京奉路工人俱乐部也致电开滦工人，称"何物杨以德，胆敢仰承洋人的意旨，嗾使其喽啰保安队，不问皂白，开排枪向我们矿工友队里轰击，同时唐山林西赵各庄工友被击毙数十人，伤数百人，工人何辜，遇此荼毒，各界人士再不起而昭雪，将何言乎公理，何言乎法律"③，直指杨以德是帝国主义走狗，有力地支持了开滦工人罢工。

　　月底，邓培和罢工委员会派人前往北京，向爱国进步政治家倾述开滦矿工罢工的正义性，揭露矿方和反动军警残酷镇压罢工的真相。国会议员胡鄂公等为开滦矿务局勾通军警残杀工人提出质问书，抨击矿方与反动军警勾结，破坏工人罢工，不问理由残杀工人，指出他们的卑劣行为"为国法所不容"，肯定五矿同盟罢工是"正当之举动，而亦事势之必要，情理之当然"，最后向政府提出质问："方今国会重开，法律彰明，究竟政府对于保护劳工，有无诚意？矿局勾通毒杀矿工，是否合法？地方行政长官，动辄派兵残杀工人，究属根据何项法律？洋人破坏工人团体行动，是

①　《开滦工潮感言》，载《顺天时报》1922年11月5日，第3版。
②　《京汉路工致曹吴两使函》，载中共唐山市委党史办公室编《唐山革命史资料汇编》第6辑，1987年，第197页。
③　《山海关京奉路工人俱乐部援助开滦工人电》，载中共唐山市委党史办公室编《唐山革命史资料汇编》第6辑，1987年，第197页。

否契约规定？否则，立请政府一面先行派兵驰赴该地，抚绥工人，一面对于杨以德、开滦矿务局及该局洋人等，任意纵兵杀人，公然破坏工人团体，皆属目无法纪，均应一并严行查办，分别惩撤，而此无告之数万工人，庶不至旦夕辗转于沟壑也。谨依法提出质问者，限三日答复。"①这一质问书伸张了正义，也威慑了残暴的矿方和反动军警，影响了整个社会舆论，对开滦工人罢工起到了积极作用。

10月30日，第十三混成旅旅长董政国乘火车抵达唐山。他希望在混乱的形势下能够迅速解决罢工问题，没下火车就提出要与开滦五矿工人代表谈判。邓培和罢工指挥部的同志们研究决定趁此机会争取董政国中立，但为了防止他倒向矿方扣押工人代表，罢工指挥部组织了100多名工人持旗护送工人代表参加谈判。工人代表向董政国递交了罢工宣言，争取他对罢工工人的同情，坚决要求矿方答应工人相关要求。董政国在工人陈述后表示会转交工人要求。

七、驱逐杨以德

11月1日，直隶警务处处长杨以德带领50名保安、警察到达唐山。警务处表面宣称罢工中"恐有奸徒乘机煽惑"，"倘有暗中鼓动煽惑之人严拿送究"，"一面秉承省长函致矿局设法消弭"。②背地里杨以德却接受了开滦矿务局英国资本家的贿赂，对总矿师表示将武力镇压工人罢工。

面对杨以德和矿方的武力镇压，开滦工人并未屈服。11月1日下午2时，在邓培和五矿工人俱乐部的领导下，马家沟大部分工人举行罢工，表示"我们今日罢工系对杨以德来唐山之表示"③，开滦五矿同盟大罢工终于实现，开滦五矿工人斗争到达顶峰。

---

① 《军警惨杀开滦矿工之反响（续）》，载《晨报》1922年11月5日，第6版。
② 《警务处来函一件》，载《大公报》1922年10月30日，第2页第3张。
③ 《唐山开滦五矿罢工始末记》，载《晨报》1922年12月31日，第6版。

11月2日，杨以德、董政国、殷本浩和启新洋灰公司经理李希明，与开滦和启新两企业的工人代表在火车厢内进行谈判。邓培指示工人谈判代表务必坚持斗争到底。杨以德气焰嚣张，他恐吓工人代表，说工人代表是过激派，林西矿工人代表刘学诚无所畏惧地回答工人是穷党急派。杨以德火冒三丈，声言要枪毙工人代表，这时由邓培组织的工人护卫人员立即围了上来。杨以德见势不妙，也就走了，谈判不了了之。

　　当日下午，杨以德在火车站前旷地，召集开滦矿工开会，诋毁工人不知矿局之优待，"乃妄举罢工"，疯狂叫嚣"不但矿局对你们不错，是你们的衣食恩人；就是我姓杨的，今天对太阳说话，也是对你们很好。道路我走不着，我可在唐山大街出钱修道。你们看我姓杨的不好，我可做了十几年的官了，要是不好早就不能干了"。他威胁工人赶快复工："你们看这些保安队都有枪，你们是徒手空拳，要说打战，打死你们白打，你们还不赶快去上工。若再不上工，我就要用压制手段，到那时候，你们后悔也晚了。"工人们听罢，无言而散，1000余保安队强令工人举手表示赞成，但工人无有应者。①

　　11月3日，唐山中外当局势力、矿方矿师、交通银行行长、中国银行行长、商会会长、殷本浩、杨以德和姚彤章等人在辛园举行会议，商讨如何对付工人罢工。矿方提出只能给工资30元以下的工人加薪一成，其余要求均不答应，认为此次罢工妥协则"每年当必有罢工之事发生，势必至矿局停办而后已"。杨以德为矿方打气，指出："罢工的事情，全是由工会发生出来的，若是将工会的办事人枪毙十个二十个，则罢工的事，立刻可以断绝。我的意思——今天在此发表出来，与其中国亡了，也不让工会成立。"然而，殷本浩与杨以德有矛盾，当场掏枪表态"如果有害我良民者，我必以此当胡匪办了他"，说完就要离场，惊得杨以德赶紧道歉。②这

①　《唐山开滦五矿罢工始末记》，载《晨报》1922年12月31日，第6版。
②　《唐山开滦五矿罢工始末记》，载《晨报》1922年12月31日，第6版。

又反映出唐山一批官员反对杨以德血腥镇压工人罢工的做法。

同日，军中张参谋召集各矿及秦皇岛工人代表8名与保安队谈判。保安队带着杨以德的命令妄图直接带走8名代表，即时枪毙，但被张参谋拦下。张参谋让工人代表返回，军方希望工人能马上复工，但是工人代表拒绝复工，表示将坚持斗争到底。这一天马家沟矿工人到开平举行了大规模游行示威，矿局勾结反动军警进行了镇压。

11月4日，直隶警务处处长杨以德、第十三混成旅旅长董政国、蓟榆镇守使殷本浩联名出示催迫工人上工，但是工人团结一致，打定主意非达到目的不可。警察局见阻止无效，查封了马家沟矿工人俱乐部，拆毁了罢工工人办的粥厂，警察到工人家中强制工人上工。杨以德指使保安队，查抄了启新工友总会，抢去经费数百元。当晚8时，他又命令保安队占据了开滦五矿工人俱乐部，逮捕了13名工人代表，并抢走了各地援助罢工的经费、物资和文件。[①]各工人俱乐部解散，矿工们异常愤怒，劳资矛盾更加尖锐。

11月5日早7点，军警搜查和封禁了唐山制造厂职工会和唐山工人图书馆，逮捕了北方劳动组合书记部特派员彭礼和。

在白色恐怖下，邓培领导包括开滦、唐山制造厂、启新等各企业工人在内的全体唐山工人坚持斗争。各工会团体被查封后，邓培指导罢工指挥部转移到唐山郊区，继续秘密指挥各矿斗争。为了传达罢工指挥部的指示，邓培派工人通信员骑自行车在矿区进行穿梭似的联络，军警想找到工人代表而无处寻觅，"真有发号施令而无人知其出自何地者"。[②]

杨以德勾结矿方指示保安队疯狂镇压工人罢工，激起了唐山全体民众的极大愤慨。有一次邓培和罗章龙等正在新街开会，偶然被少数保安队侦缉人员发现，他们冲进屋内，当场逮捕了包括罗章龙和李梅羹在内的几个人，给他们戴上了手铐，但出后门时遇到工人纠察队巡查路过，纠察队员

① 《唐山矿工俱乐部被警察解散》，载《益世报》1922年11月8日，第3版。
② 《唐山开滦五矿罢工始末记》，载《晨报》1922年12月31日，第6版。

人多势众，见状立即上前抢下罗章龙等人并驱逐侦缉队。

　　杨以德和他的保安队已经成为了罢工最凶残的敌人。邓培和罢工委员会认为，要取得罢工的胜利，必须打倒帝国主义的走狗杨以德，于是领导进行"驱杨斗争"。11月4日，邓培领导开滦五矿及秦皇岛3.7万名工人，致电参众两院，控诉杨以德"残杀工人，媚外贪财"，请求"提出弹劾，依法惩办"，历数杨以德与矿局相勾结，"矿局不顾我工人等之经济，即是我工人等及家族之生命，甘心以巨款与国贼杨以德及帝制余毒之保安队，而彼等竟敢甘受之以媚外"，疯狂残杀工人6名，受重伤者数十名，失踪者数十名；强迫工人工作，并以军法从事相威胁。电文宣告"工人等绝不受国贼武力之压迫，外国资本家之束缚而不得不自争人格及生活也"。①

　　11月9日，邓培和罢工委员会选派了开滦和启新的11名工人董宏猷、常振庸、梁鹏万、伍有临、万安全、白天柱、刘国才、刘明达、曾子才、邓扬、萧渊为代表，组成开滦五矿和启新洋灰工人请愿团，赴北京向政府和国会请愿弹劾杨以德。下午4点，请愿团到达北京，代表们手执白旗，上书"开滦五大煤矿罢工工人代表请团""唐山启新洋灰公司罢工人代表请愿团""四万六千工人请命""同胞呵！国贼杨以德受贿媚外枪杀我们呀！救！救！救！""同胞们！外国资本家压迫我们呢！救！救！救！"等字样。请愿团先后至新华门总统府和国务院，因时间太晚，仅递呈文，未获接见。后前往参众两院和内务部，皆以时间太晚，约次日再见。10日早晨，请愿团复至总统府，答以由国务院总理接见代表，在国务院等了一个多小时后，由总理秘书代为接见，答应将代表请求转达总理。请愿团又到内务部，等了两个小时，才见到内务总长。请愿代表递交呈文后，又面述罢工之经过和杨以德受贿纵兵之横蛮。内务部长一方面表示杨以德的行为不当，一方面又推说罢免杨以德职务非现政府所能做到，让代表们向直隶

①　《开滦罢工风潮之近讯》，载《晨报》1922年11月6日，第2版。

省长提出要求。参众两院部分议员接见了请愿团，他们表示，将在国会正式提出讨论。

请愿团向黎元洪呈文的内容如下：

具请愿人开滦五大煤矿、秦皇岛及启新洋灰公司四万六千工人代表董宏猷等为请愿事。唐山煤矿及洋灰工人前以不堪矿局及公司虐待，为自身生存起见，请求当局改良待遇，未蒙见允，遂至先后罢工，以促对方之反省。此中经过情形，京沪各报载之甚详，谅在我大总统洞鉴之中。罢工以来，于今十有五日矣，工人等既感衣食之困难，复受矿局之虐待，艰苦万状，不言可知。不意处兹悲惨之厄运中，更遭天外飞来之奇祸，上月二十六日天津警察厅长杨以德，无端嗾使保安队袭击工人。当场击毙工人六名，轻重伤五十七名，追逐失踪者无算。本月四日杨复令该队拘去工人八名，非刑拷讯。并抢劫五矿总工会、洋灰工人俱乐部及铁路职工会三工团，除所有文件籍据什物荡然无存外，共劫去洋合计六百余元。窃念工人亦国民一分子，唐山亦国所及之处，杨为国家官吏，竟弁髦法令，草菅人命，形同盗匪，至于此极，此不独唐山近来空前之剧变，亦可谓国内各地未有之怪现象也。道路传闻，杨之为此，系为公司贿赂所驱使，虽事无佐证，然观其一意孤行，甘心犯法，不为无因。工人等现处荆天棘地之中，实受人生未有之痛苦。伏念我大总统胞与为怀，必不忍吾数万工人葬身于杨以德一人贪壑之中，用敢掬诚请愿，迅恳将杨以德即予褫职，并治以杀人抢劫之罪，则水深火热之工人，将同庆更生，感戴靡涯矣。此呈大总统。请愿人：开滦五矿总工会及启新洋灰公司工人俱乐部代表董宏猷、常振庸、梁鹏万、伍有临、万安全、白天柱、刘国才、刘明达、曾子才、邓扬、萧渊。①

罢工工人赴京的请愿活动，在京城和全国造成了极大影响，遭到了矿务局和杨以德的敌视，他们策划逮捕邓培及其他罢工领导人。11月9日，杜克茹通知杨嘉立，开滦工人罢工领导人是邓培，并认为警察局应当监视邓培且限制他的人身自由。11月10日，杨嘉立复函杜克茹，称杨以德已经知道是邓培在领导所谓煽惑的活动，他们正尽力搜集证据以逮捕邓培。11月12日，杨以德下令速捕邓培和只奎元，并同时通缉赴京请愿的开滦和启新的11名工人代表。

罢工工人赴京的请愿活动向外界传递了罢工的真相，赢得了舆论支持，晨报就有一篇《开滦罢工事件》的社论，提出了五条解决办法："第一，政府即日罢免杨以德，严令军警不得枪杀工人，亦不得无故逮捕工人；第二，政府即日命令直隶长官速将封闭之工人机关启封；第三，政府速令开滦矿局宣布历年营业账目；第四，政府派遣委员若干人，会同开滦矿局人员与工人代表开会协商办法；第五，政府应参酌矿局经费情形及工人生活状况，妥拟一加薪办法，居中任调停之责。"②

在李大钊的联络下，国会议员张汉章等21人、江浩等28人分别联名向政府提出质问书，质问如何处置杨以德和开滦工潮，并限期答复。山东省国会议员王者塾、于均生、于恩波3人，致电直隶省长王承斌，要求"迅撤杨氏，交法庭查办。一面转饬该矿主从速解决，并设法抚慰劳工，以平民气"。③杨以德一时成了众矢之的，声名狼藉，被迫将保安队大部分撤退，本人也从唐山深夜潜回天津。

①　《开滦矿工代表来京请愿》，载《晨报》1922年11月11日，第3版。
②　《开滦罢工事件》，载《晨报》1922年11月12日，第2版。
③　《又有为开滦工人请命者》，载《晨报》1922年11月12日，第2版。

八、反对矿方对罢工的破坏

在疯狂军事镇压的同时，矿方还采取经济手段，企图逼迫工人复工。10月30日，开滦矿务局总矿师杜克茹命令给各矿包工头，立即解散"锅伙"的集体伙食，致使许多工人无处就餐，生活遇到了极大困难。矿局还串通商家，不再赊卖给工人粮食，甚至警察还切断了农村往矿区运粮的渠道。邓培和罢工指挥部决定把全国各地工会和群众团体的捐款分发给各矿工人俱乐部开办粥厂，每日两餐秫米粥或小米粥，工人凭证免费就餐。邓培又发动唐山制造厂工人到唐山矿附近为矿工们搭席棚，办粥厂。工人们的吃饭问题得到基本解决。要长期供应几万工人吃饭，罢工委员会的压力也很大，但是由于邓培等人的精心组织，工人们的粮食供应得到了基本保障。尽管矿方和保安队曾派人捣乱，妄图砸粥厂，但是工人纠察队进行英勇保卫，粥厂坚持下来，在罢工结束前，一直没有断炊。1949年后，罗章龙曾回忆在武汉还见过一本捐款簿子，捐款簿子上写有捐款的数字，多的几万，少的几千、几百、几十。罢工委员会用这些钱，还办了公共食堂，救济失业工人，在唐山五个矿办了五个公共食堂，每日两餐，凭证吃饭，纠察队维持秩序，工人们反应很好。从外面来参观的人，看了以后也说很感动。在工人吃饭过程中，也进行一些演讲、唱歌等宣传鼓动工作。①

罢工时间愈拖愈长，矿工们的生活也越来越困难。邓培一面继续向全国各界及海外华侨募捐，一面发动唐山工人捐款支援。他领导唐山制造厂工会会员每人献出3天的工资，共捐了1000元大洋。11月12日，邓培又派唐山制造厂职工会委员王麟书和开滦五矿工人俱乐部代表董宏猷，到交通部唐山大学报告情况，联络唐大学生设法援助矿工。唐大学生当天议决，成立唐山大学学生赈工会。13日赈工会组织学生结队上街向唐山商界进行募

---

① 《罗章龙教授谈唐山开滦五矿罢工》，载中国革命博物馆编《北方地区工人运动资料选编》，北京：北京出版社，1981年，第231页。

捐，后来又组织了20个募捐小分队，向天津、北京、长辛店、京绥路、上海、汉口等地积极募捐，在各地学校也广做宣传，有力支持了唐山矿工的斗争。

矿方见经济压迫不能使工人妥协，又加紧对工人进行欺骗宣传和收买活动。11月8日后，矿方唆使唐山天主教荷兰籍神父薛礼渊出来调解。他以小恩小惠拉拢了一部分工人。他从上帝信仰的角度要工人安分守己，诋毁中国共产党和布尔什维克思想，在工人中制造出混乱。因为罢工时期工人生活困难，开滦各矿都有部分工人被迫复工。对于矿方这种破坏行动，邓培领导罢工指挥部指示各矿坚决回击，维护工人团体的统一。邓培指示各矿工人纠察队严厉教训了破坏罢工的人，加强防范工作，努力使罢工队伍保持一致。纠察队将几个破坏罢工的工头抓到山东会馆进行批斗。邓培还领导各矿工人俱乐部在工人中大力宣传坚持罢工的伟大意义和罢工终将获胜，揭露薛礼渊之流破坏罢工的真相，又致信各矿受蒙蔽的复工工人，告知他们真相，200多名工人、工务员、监工受到影响不再去上工了。

11月11日，被矿方收买的工贼煽动少数工人围住出席工人大会的总代表只奎元，有的要他赔偿罢工期内的损失，有的要求他按人均分募捐款。其间，工贼向警察局告发，警察抓捕了只奎元，但没走多远，闻讯而来的众多工人赶上去将只奎元从警察手中夺了回来。实际上，俱乐部为了号召矿工们坚持斗争，让工人们在斗争中没有后顾之忧，常将各地捐款贴出，但一部分数字有夸大。随着罢工时间不断延长，工人生活越来越困难，每日罢工工人消费在600元，罢工委员会虽有各地捐款，但是压力不断增大。由于工贼一再煽动部分工人索要捐款，造成了部分工人的思想混乱，只奎元无力应付，被迫前往东郊越河村躲避。在此以后，劳动组合书记部改派王德周担任五矿工人俱乐部总代表，协助邓培等人领导开滦工人坚持斗争。

杨以德避回天津之后，血腥镇压告一段落。邓培和罢工指挥部领导工人们坚持罢工，继续向各地募捐，继续向矿局施压，组织工人进行示威游

行。罢工委员会印制传单，在矿工中广泛散发，号召工人继续团结奋斗，坚持到底。传单内容如下：

> 工友们，我们明明知道洋资本家压迫我们狠毒手段，他起初收买杨以德枪杀我们，想把我们几枪几刀，胁迫得俯首听命去上工。现在见效不行了，于是他一面把一点小小的饵利，欺骗我们工人去上他的大当；同时收买天津的报纸，造一些谣言，来破坏我们工人的团体，想我们早早上工去受他们的掠夺。工友们，他的鬼（诡）计，我们都要把他揭穿，切不要上他的当呀！我们一天不去做工，洋资本家一天就要损失三四十万，现在他已损失数十百万了。我们再坚持几天，他马上就会屈服呀！工友们，你们看全国的工友们如何的热烈援助我们呀！我们有我们数万人团结，更有我们全国的工友们做后盾，我们切不要害怕向前去干呀！现在是我们与资本家决胜负的最后五分钟了，我们要坚持到底，不战胜资本家誓不反戈呀！开滦五矿工友俱乐部启新洋灰公司职工会同布。①

九、处理罢工内部问题

罢工时间不断延长，工人内部的问题也日益暴露出来，邓培和罢工指挥部对出现的问题详加了解，妥善处理。

首先是解决了工会没有组织好短牌工人罢工的问题。所谓短牌工人，就是临时工。开滦矿务局由于五矿范围广和生产上劳动力不均衡，经常招募一批季节性工人，这批工人都不在工册上，但他们人数众多，数以万计。而在组织工会的过程中，最初是以技术工人为主，再带动一般在册的

---

① 《开滦矿工将获最后胜利》，载《晨报》1922年11月14日，第3版。

工人。短牌工人因为是临时性质，因此没有组织他们进工会，也没有组织他们参加罢工斗争，对这部分工人的忽视是组织开滦工人斗争中出现的重要问题。而开滦各矿所在的京东地区又常有秘密帮派组织，一部分短牌工人参与其中，当罢工开始后，因为他们对各矿工会和罢工委员会不满，就坐山观虎斗，不愿参加罢工，甚至一部分游手好闲之徒想乘机捞一把。经过调查研究，罢工委员会调查部侦知一伙以绰号"铁牛"为首领的短牌工人，因为没有被工会吸收，常抱怨工会对他们不公平，他们就想绑架书记部负责人，进行勒索，以泄私愤。此事调查部报告邓培，邓培与罗章龙商量要小心防范。当时有人主张派出纠察队以武力压制，但罗章龙与邓培商量后决定，对短牌工人动武不妥，会造成工人内讧，应采取说理的方式，维护工人内部的团结，维护罢工的大局。于是工人纠察队把铁牛请到罢工指挥部，铁牛告诉罗章龙短牌工人既不受矿局重视，也不受工会关心，实在没有办法才想到绑架书记部负责人。罗章龙对他说："目前罢工工会工作繁多，实在忙不过来。许多事情考虑不全，照顾不周，请兄弟们大家互相原谅！目前我们应该首先向敌人进攻，共同一致，齐心协力，打倒洋资本家的气焰，关于工人本身利益问题，才有办法解决。"铁牛沉吟片刻，叹了一口气说："我们也是莫可奈何！"这时邓培正色直言说："工会基金筹来不易，是罢工成败所关，所以专设机构严密保管，谁也不能乱用一文钱。千万不能胡思乱想。关于短牌问题，罢工提出条件中已经提出，不分长牌、短牌，通是一样。今后工会决定加强组织短牌工人积极参加罢工斗争，也可入纠察队编制。大河水涨，小河自然也水满，不必过虑！"邓培的一席话说得铁牛连连点头，他坦白承认了错误，表示今后一定不反悔。一场风波就此平息。以后铁牛组织短牌工人积极参加工人罢工，还承担纠察队工作，贡献颇多，常受到罢工委员会的嘉奖。[①]通过邓培和罢工委

① 罗章龙：《椿园载记》，北京：三联书店，1984年，第218页。

员会的努力，这部分短牌工人被团结过来，罢工力量增强了。

其次是纠正了某些过激的言行。此次开滦工人罢工劳资双方僵持不下，部分工人产生了急躁情绪，提出破坏矿井和毁坏矿井设备，以迫使矿局让步。有人说："与其不死不活，不如奋勇向前，宁可人头高挂，决不输掉威风！"针对这种情况，邓培等人分别找这些激进工人进行了说服教育。之后罢工指挥部召开会议，邓培纠正了罢工期间过激的言行。邓培批评他们："罢工为了什么？是为向资本家斗争，要求组织工会，改善工人生活。要是把开滦破坏了，工人们就没有生活了。"[①]经过大会讨论，工人们都意识到实行过激行动，必定有害无益。工人们统一了认识，决定遵循既定的罢工斗争途径，坚持到底，争取胜利。

十、开滦罢工的结束

罢工期间，邓培一直与中共北京区委和劳动组合书记部保持密切联系，他把开滦罢工情况报告给劳动组合书记部主任邓中夏。为了激励开滦工人斗争到底，邓中夏破指写下血书。他还在北京召集五铁路工会代表会议，计划发动五条铁路总罢工，以援助开滦罢工获得胜利。邓培根据全国劳动组合书记部的意见，沿津浦路南下，进行联络活动。

邓中夏

开滦大罢工爆发后，矿务局自恃有英帝国主义为后台，有北洋军阀政府反动军警为靠山，一直采取强硬态度，不愿接受工人的要求，甚至不愿意与工人直接谈判。但是罢工坚持了20天后，工人们锲而不舍，导致矿方蒙受巨大损失。秦皇岛港停泊了十七八艘煤轮，罢工致使合同不能履行，雪上加霜的是凿建中的唐家庄矿因罢工而淹没，最终

---

① 《开滦各矿老工人回忆录》，载中共开滦党委党史资料征集办公室编《开滦工运史资料汇编》第1辑，1985年，第253页。

导致开滦煤矿股票在国际市场急剧下跌，严重影响到了英国的侵略利益。形势的变化迫使开滦矿务局转变态度，在得知全国铁路工人将以总罢工支持开滦罢工后，矿方决定尽快解决罢工问题。

11月12日，董政国以"胥各庄及稻地镇皆为训练兵士之要地，工人不许在此二处三十里以内开露天大会"为由禁止工人在唐山开工人大会。杨以德返回天津后也积极拉拢各报刊，诋毁工人罢工无理，罢工团体不良。13日，驻军和警务处要求工人限三日上工，被捕工人上工后释放。开滦矿务局于15日贴出布告，公布了两项退让条件："（一）工人月工资在百元以下者，一律增加10%；（二）罢工期间每人发给7天工资。"矿方表示不报复参加罢工的工人，要求11月16日一律复工。

矿局的两项退让条件距离工人提出的要求相差太远，但马家沟矿工人迫于矿方压力，早于11月10日已经复工。赵各庄矿一部分工人，迫于工人生活困难，尚未得到罢工委员会命令，就于11月16日复工。罢工委员会不得已，忍痛下令于11月17日各矿全部复工。林西和唐山工人于17日复工。秦皇岛工人则坚持到11月19日晚上才结束罢工。工人复工后，保安队和军队全部撤离，并释放了被捕工人。矿局燃放鞭炮，欢迎工人进矿复工，但仍然坚持要逮捕邓培。开滦罢工前后坚持27天，宣告结束。

十一、开滦罢工之总结

开滦罢工结束后，邓培和其他领导人集合于北京。中共北京区委和劳动组合书记部对这次罢工的经验教训进行了详细的总结。开滦罢工最后遭受挫折，大部分斗争目标未能实现，其客观原因是由于中外反动势力相勾结，对罢工进行了残酷的镇压。英国是工业发达国家，其国内矿山众多，矿工罢工时有出现，英国统治者积累了许多镇压罢工的经验。而林西、马家沟等煤矿要害的岗位，一直被矿方严加控制。一方面他们从天津调派了洋工匠和中国工人到各矿上工以保证各矿核心部门的基本运转；另一方面，在唐山矿等地，矿方在罢工前就做了一定准备，拉拢并强迫一小

部分工人，继续留在重要岗位上工作。这些留下和借调的工人包括外籍工匠，有的被迫连续工作20多个小时，到罢工结束时，一些外国工作人员已长出长长的胡子。矿方还想到雇用一些临时工从事烧锅炉、卸炉灰等苦力活。在这种情况下，矿区的电机、部分机器维持了工作状态，水泵照常工作，矿区的命脉为各矿供电的林西电厂，在矿方和警方的严密控制下照常发电。因此，罢工并没有对矿方造成致命的打击，这也导致了矿方拒绝让步，长期与罢工工人僵持。同时，矿务局大使卑劣手段，利用外界对捐款数目不清分化瓦解工人的团结，教唆罗马天主教会干预罢工，勾结反动军警发出镇压罢工的公告以威慑工人，诸多手段一并应用，使得罢工经验不足的工人们应接不暇。

主观上，工人在罢工过程中也出现了一些不足。第一，准备不够充分。开滦矿务局由五大矿组成，工人分井上井下，还有正式和临时之分，成分复杂，邓培在五四运动后即认为要迅速在开滦组织工人运动是不妥的，需要不断发展开滦工人中的积极分子，逐渐建立起工人组织。到10月22日决定罢工前，邓培仍然认为要等一等，在如此规模庞大的工人群体中组织罢工是没有先例的，这对中共、对邓培等罢工领导人而言无疑是个挑战。邓中夏就认为开滦罢工"准备太不充分：这次罢工是被当时罢工高潮所刺激，工人们迫不及待而宣布罢工的，因此，一切最低限的罢工必需条件，都未准备"①。第二，开滦工人组织力量不足。由于唐山地方党、团组织刚建立，开滦工人虽积极参加唐山工人图书馆和工余补习社，李星昌、只奎元等积极分子逐渐成长起来，但人数不多，参与时间较短，集团效应没有形成。另外，开滦各矿工会组织成立得较晚，很多工人并没有加入工会，工会对罢工的领导也就打了折扣。而开滦各矿的党员人数比较少，罢工前还没有来得及选拔更多的干部和培养更多的积极分子，因此领导力量

---

① 邓中夏：《中国职工运动简史》，莒南：新华书店，1949年，第86页。

和坚持斗争的信念都显得不足。开滦五矿范围如此广，没有足够的组织力量是不能领导罢工取得完全胜利的，邓中夏认为"开滦五矿范围数百里，岂是一个机关所能指挥？最低限度至少每矿须有一个指挥的机关，那时没有"①。第三，各矿之间联系不够紧密。马家沟矿工人罢工与其他矿就出现了不一致的情况，而且马家沟工人也认为"我们虽是响应开滦五矿的罢工，但我们没与其他矿联系，竟连与本矿井下工人的联系都没有，没有团结起广大职工的力量"②，体现了各矿联系不紧密，没有出现各矿完全团结联合的罢工景象。第四，罢工经费不足。虽然各地各团体对开滦工人罢工深表同情并捐款捐资，但是毕竟有限，工人本身工资就低，加之拖家带口，生活更加困难，罢工时又届寒冬，工人们缺衣少食，没有足够的经费支持，就要挨饿受冻。罢工之初打算坚持20天，因为工人规模大，经费有限，时间一长，工人陷于生活困难窘境，再想坚持罢工也只能巧妇难为无米之炊。然而，罢工时间实际超过了预期的期限，但是矿方依然没有让步，这使得罢工处于非常困难的境地。邓中夏也认为"矿工生活既苦，哪有积蓄，罢工下来，如无金钱接济，便只有挨饿"。③第五，开滦工人罢工没有充分运用统一战线。罢工后期学生大力支持了工人罢工，但是矿区周边的农民、商人等没有有效发动起来。罢工在粮食方面没有得到农民的支援，在经费和物质方面没有得到商人的大力支持。

邓培参与组织和领导的开滦五矿大罢工，虽然遭到挫折，但是这次罢工是第一次全国工人运动高潮的重要组成部分，意义重大，影响深远，在中国工人运动史上占有十分重要的地位。

首先，这次罢工高举反对帝国主义和反对封建主义的旗帜，沉重打击

---

① 邓中夏：《中国职工运动简史》，莒南：新华书店，1949年，第86页。
② 《开滦各矿老工人的回忆录》，载中共开滦党委党史资料征集办公室编《开滦工运史资料汇编》第1辑，1985年，第279页。
③ 邓中夏：《中国职工运动简史》，莒南：新华书店，1949年，第86页。

了英帝国主义和反动军阀势力。这次罢工造成了矿方直接经济损失（包括售煤和直接支付）超过74.6万元。由于给工人增薪，开滦每吨煤的成本永久增加0.1125元。杨嘉立罢工结束后承认"由于罢工的影响，我们仍在实际上遭受一定限度的损失"①。矿方也意识到正是他们对工人极大的压迫和剥削导致了工人罢工，罢工后，矿方也做了反思："我们将设法改善工人的生活，按公正的方式解除他们的痛苦，所以我们必须不要忘记我们对于工人是有一定义务的。"②在罢工期间，南满铁路总裁山本在给杨嘉立上的电报中认为开滦工人罢工影响巨大，"造成了很严重的局面"，"今天的中国工人不象往昔时候，而是完全地变了"，而在中国共产党的领导下这次罢工成为了"反英运动"。③罢工甚至还引起英国政局的震动，英国国会和政府讨论了这一事件。

这次罢工也有效揭露了军阀政府"保护劳工"的虚伪性。多家中外报刊纷纷报道开滦罢工，尤其是刊载了反动军警惨杀罢工工人，曹锟、王承斌等军阀下令武力镇压罢工的电文，罢工工人与杨以德的尖锐斗争等，谴责了反动军警与英国资本家的勾结，激发了全国工人的斗争热情，唤起了全国民众的爱国意识，从而在全国掀起了反帝反军阀的浪潮。共产国际代表在中央关于各铁路与开滦五矿罢工经验讨论会上表示"像这样大规模的罢工，在老奸巨猾的英国资本家与野蛮的中国军人面前，居然坚持相当长时期的斗争，这在欧洲国家也不是常见的事"，后来职工国际还专文肯定了邓培等人领导的开滦工人罢工表现出工人具有强大组织能力，引起世界

① 《开滦总理杨嘉立致滦州矿务公司董事会伦敦开平公司秘书的信（1923年2月2日）》，载中国革命博物馆编《北方地区工人运动资料选编》，北京：北京出版社，1981年，第218页。
② 《开滦矿务总局关于1922年罢工总矿师的报告》，载唐山市总工会工运史志研究室编《唐山工运史资料汇辑》第4辑，1988年，第143页。
③ 《南满铁路山本总裁致杨嘉立电报（1922年11月2日）》，载中国革命博物馆编《北方地区工人运动资料选编》，北京：北京出版社，1981年，第195页。

舆论重视。①

　　其次，这次罢工反映了开滦工人增强了阶级意识，标志着唐山工人运动进入新的阶段。开滦工人人数众多，他们反抗资本家的斗争由来已久，但除了在五四运动中举行过爱国性质的政治罢工外，其余罢工皆限于经济目的。这次五矿同盟罢工是在中国共产党的领导下进行的，在提出具体经济要求的同时也明确提出了政治要求，反映了开滦工人阶级意识的有效提升。而开滦五矿首次进行同盟罢工，规模巨大，3万余矿工不怕流血牺牲，坚持斗争20余天，展现了新的斗争风貌，反映了斗争水平的提高。高君宇高度赞扬此次罢工："这次唐山矿工罢工实代表着劳动者团结起来操练他们组织力的意义。"②孙铎也热情歌颂开滦工人罢工，称"这个罢工真值得全国人民的注意"，这次罢工和同一时期全国其他地方的罢工一起标志了"我国近代产业的工人已经醒了，他们已经不像从前一样是一个没有意志的奴隶了"。③

　　再次，这次罢工有力推进了全国第一次工运高潮的发展。1922年的北方工运，至开滦工人罢工到达了高潮。中共中央和中国劳动组合书记部曾在北京召集会议进行研究，认为这次罢工关系到"北方工运的前途"。邓中夏在《中国职工运动简史》中指出："十月二十三日开滦五大煤矿罢工，更是光芒万丈。"④开滦工人罢工产生了持续而巨大的影响，中国共产党的工运思想和政策不断传播开来，"党在北方工人中的威信有所增加"⑤。邓培等人学会了组织和领导大规模的工人斗争，经验是极为宝贵的。"中国共产党正式成立仅一年多时间，在其领导下，显示了我国工人

①　罗章龙：《椿园载记》，北京：三联书店，1984年，第220页。
②　君宇：《国民党报纸不应有这样记载》，载《向导》1922年第8期，总第64页。
③　孙铎：《中国劳动群众的觉醒》，载《向导》1922年第11期，总第88页。
④　邓中夏：《中国职工运动简史》，莒南：新华书店，1949年，第30页。
⑤　罗章龙：《椿园载记》，北京：三联书店，1984年，第220页。

阶级团结的巨大威力，已使阶级敌人胆战心惊，认识到工人革命力量不可轻侮。"①孙中山评价开滦罢工"规模浩大，震动中外，其势尤不可侮"，直接促进了国民党联共政策的确定。②当时中共领导人在分析开滦工人罢工，尤其是反思杨以德杀害唐山工人事件中提出，"我们应该即刻抛弃工人不干涉政治的谬论，大家站起来做打倒军阀官僚改良政治的急先锋，比资产阶级知识分子的革命家还要加倍勇敢前进"③，这实际为之后的工人运动指明了方向。开滦工人罢工成为了1923年京汉铁路大罢工的先导。

在开滦罢工过程中，包括邓培在内的中共党员、青年团员和工会会员都义无反顾地参加战斗。他们坚守罢工阵地，积极战斗，负伤不下火线，在敌人严密通缉、可能逮捕入狱、重刑拷打的情况下，仍然奋不顾身，带领群众，前仆后继。④开滦罢工结束后，杨以德等反动军警仍继续通缉邓培，认为"逮捕的不是回来做工的工人，而是局外的人物，如邓培乃是要逮捕的"⑤。邓培在广大群众的保护下，在唐山、天津和北京等地坚持斗争，反动军警始终未能抓住他。

第四节　指导启新洋灰公司工人罢工

一、启新洋灰公司早期工人状况

启新洋灰公司的前身是1889年创建的唐山细绵土厂，是我国最早创设的一家水泥厂。它是旧中国水泥业中的翘楚，在中国近代民族工业中具有

① 罗章龙：《椿园载记》，北京：三联书店，1984年，第221页。
② 罗章龙：《椿园载记》，北京：三联书店，1984年，第272页。
③ 独秀：《反动政局与各党派》，载《向导》1923年第16期，总第130页。
④ 罗章龙：《椿园载记》，北京：三联书店，1984年，第221页。
⑤ 《总矿师秘书斯诺的罢工日记》，载唐山市总工会工运史志研究室编《唐山工运史资料汇辑》第4辑，1988年，第124页。

重要的影响力。早期的唐山细绵土厂是洋务运动后期创办的官商合办性质的企业，兼具服务军事和民用的目的。与其他洋务运动企业一样，封建性的体制造成了经营不善，该厂于1893年关闭。1906年周学熙在袁世凯的支持下重建该厂，改名为启新洋灰公司。公司是由北洋集团借用公款兴建的私人企业，它通过特权，在直隶、东北及长江流域获得了优先设立分厂的权力，并在民国初年逐渐形成独占中国水泥市场的局面。

　　1922年时启新洋灰公司有工人4600余人。工人分里工和外工，里工是公司直接雇用的工人，外工则承担工作地点分散和工作量不固定的工作。启新的工人多数来自唐山本地和邻近各县，而技术工人则主要来自天津机器局。启新虽垄断国内水泥市场，并为资本家们创造了高额利润，但广大工人却只能得到极少的工资，过着痛苦不堪的生活。工人每天通常工作10小时，经常要加2小时班，每年只有8天例假。工人们星期日昼夜二人轮换时甚至要连续工作18小时。普通工人有1小时吃饭时间，而管理机器运转的工人中间无吃饭时间，更无休息时间。工人工资低微，工匠是2角2分至2元5角，陶器工匠是1角5分至6角，木瓦工4角，小工2角2分至5分，大部分是计时工资。普通工人所得难以养家糊口，普通工人在最节省的情况下每月仅能给家里寄两三元。公司还有童工，每天工作至少11小时，工资仅为1角5分。而从1906年计算，至1921年，启新公司工资总额在产值中所占的比重从19%下降至5%。[①]工人的劳动条件非常差，唐山民众将开滦工人称为"黑面人"，而将启新工人称为"白面人"。在工厂生产环境中，终日弥漫着洋灰末，工人将其吸入肺部，时间一久，严重危害健康。因工受伤，公司不但不给药费，还要开除工人。启新工人与京奉铁路唐山制造厂工人、开滦煤矿工人一样，在经济上和政治上受到残酷的压榨和迫害。

　　启新公司的工人在1920年开展过自发的罢工运动，杜玉田带领600余名

----

① 南开大学经济研究所、南开大学经济系编：《启新洋灰公司史料》，北京：三联书店，1963年，第289—291页。

启新洋灰公司

工人因工资低要求公司增加工资。他们扑灭锅炉，包围了公事房，总办李希明出来威胁工人，说政府禁止工人罢工，并拒绝了工人加薪的要求。工人们去厂外集合组织罢工，被李希明叫来的警察残酷镇压，被迫复工，缺乏组织领导的自发工人罢工在反动警察的武力镇压下失败了。

邓培十分关心启新洋灰公司工人的境遇，他很早就深入该公司，联系工人群众，启发工人觉悟，号召工人们参加唐山工人图书馆，培养积极分子，并在工人图书馆给参加工运工作的启新工人每天4角钱，有力地支持了他们参加革命工作。

1922年8月，中共唐山地方执行委员会刚成立，邓培就发展启新洋灰公司进步工人代表杜玉田入党，加强了党对启新工人斗争的领导。杜玉田是机器匠，开平南五里许八里庄人。为了组织启新工人斗争，他卖了自家的房子和田地作经费，在启新洋灰公司工人中威望很高，是公认的工人领袖。他与邓培很早认识，在邓培指导下，团结启新工人，筹备建立工会组织。

二、1922年启新工人罢工

1922年10月唐山制造厂工人大罢工和开滦煤矿同盟大罢工，鼓舞了启新工人。启新洋灰公司资方在开滦工人罢工时加强了对公司工人的控制，启新工人一时没有有效发动起来。开滦煤矿工人宣布罢工后，邓培三次派代表与启新工人联络，并以开滦矿务局和京奉铁路唐山制造厂全体工人名义，致函启新工人，鼓励他们同时起来斗争。杜玉田联络一批有斗争意识的青年工人，秘密筹建启新洋灰公司工友总会，由杜玉田任会长，王国田为副会长，还有张玉露、王占一和刘萃等，罢工的准备工作加紧开展起来。工会在渔市街，工会存款在庆大成绸缎铺。工会将启新工人团结起来，工人的斗争意识和力量明显加强，成为了资方的心腹大患，资方提出"不先取消职工会，工人等以为系合法之事，有恃无恐，气焰不消"①。

10月28日，开滦煤矿工人罢工的第5天，为了壮大开滦罢工的声势，加强反帝反封建的力量，邓培领导中共唐山地委决定推动启新洋灰公司工人立即举行罢工。

启新全体工人向公司唐山工厂总办李希明呈文，陈述年来物价昂贵，工人生活愈来愈难，公司内部等级森严，待遇歧视明显，员司分得利润花红，但工人却没有，工人地位重要，没有工人何用员司。为改变公司对待工人不公的状况，提出条件九则，限公司当局24小时答复，内容如下：

一、普遍全体加薪。每月十元以下工资每日应加薪二角五分，每月十元以上二十元以下者每日应加薪两角。每月三十元以上每日应加薪一角五分，最底工资每日四角五分。

二、每年花红应与员司冲办一半分给工人一半分给员司，此件若难办到，加双倍给年赏亦可。

三、因公致病应给全薪，并须另给医药费。

四、公司应承认工人有组织团体之权限，并承认工人团体有代表工人之权，以后公司上人革人均须通过工人团体。公司以后每月应给二百元交工人代表办工团。

五、工人因公受伤给全薪，受伤甚重终身不能工作时给全薪

① 《李士鉴致启新公司协理函（之三）》，载唐山市总工会工运史志研究室编《唐山工运史资料汇辑》第4辑，1988年，第417页。

养其终身。工人曾在公司作工过二十年者，能作工时给全薪。受伤身死应给回抚恤金一千元。

六、礼拜应休息给全薪，如不休息发给双薪。各项纪念节等日一律发给全薪。

七、每日上班须要响号后逾十五分钟方许关门。出入须从大门行走，上午有事不能上班，下午准许上班作工。

八、包工所做价值应加一倍。使用之家具应由公司拨给不得扣钱。

九、旧历九月初一日起至正月初一日止必须抽钟一点，不许抽薪。

十二牌全部工人呈
民国十一年十月二十八日①

启新工人在邓培指导下和唐山制造厂、开滦煤矿工人一样，不仅提出改善待遇的经济要求，也提出"承认工人团体有代表工人之权""公司上人革人须通过工人团体"等具有政治意义的条件，使启新公司工人罢工也具有了政治性罢工的特点。

当天早晨上午11点3刻，杜玉田和启新洋灰公司工会带领工人停止生产。全体工人来到东门外宝顺木厂，工人们胸前佩戴白布条，高举大旗，秩序井然，涌向设在大电工桥东边露天地里的罢工会场，工人大会当即召开。会上首先宣布启新工友总会正式成立，杜玉田为总会会长，并担任工人总代表。他发表讲话："我们牛马不如的生活不能继续下去了。"全场工人高呼"打倒资本家""改善待遇""过去是牛马，现在要作人"等口号，轰轰烈烈的罢工由此推进起来。大会一致通过了《启新洋灰公司全体

① 《启新洋灰公司全体工人致启新总办的呈文》，载唐山市总工会工运史志研究室编《唐山工运史资料汇辑》第4辑，1988年，第397页。

工人罢工宣言》，全文如下：

  工友们，同胞们！

  被资本家压迫得气息都不能多出一口的洋灰公司底（的）苦工人，起来开始与资本家奋斗了。世界上第一种的苦工人要算我们洋灰公司的工人。终日牛马一般干活，流尽了血汗，弄得蓬头垢面如鬼，得来的资本大多数不过二三毛，遑说养活家眷，就是连自己这条苦命，想和资本家拼命去干，也快没有命可干了。我们不忍家中老的、小的天天啼饥号寒，白白冻死、饿死。曾于前年不约而同地和资本家宣战，结果因太没组织，终归被资本家威力压服了。到现在重整旗鼓，结合团体十分坚固，敢与资本家再决一死战。我们明知免不了为资本家走狗陷害死，我们明知免不了为资本家赎买的警察枪毙死，但因现在过这样不生不死的生活，将会要冻死饿死，倒不如奋斗以死。所以，我们八千余人，毅然决然，万众一心，共同加入战线去。工人们，同胞们！这样走投无路、死里求生的悲惨事，我们愿做吗？实在是迫于万不得已，没有别的法子想，才举行这种最悲惨的罢工举动啊！悯恤我们一片苦衷，快快前来援助啊！

唐山洋灰公司全体工人启
十月二十八日[①]

  下午1点，罢工工人齐聚罢工会场，杜玉田按照邓培的指示，组织了罢工团，按十人团建制，10人为一团，设团头一名并佩带白布条，十团为一队，设队长一名并执白旗为标志，罢工的队伍有45队，并设总代表6名，

---

① 《京内外纷纷响应五矿大罢工》，载《晨报》1922年10月30日，第3版。

纠察员若干名。罢工团还组织了工人纠察队，他们手持木棒，分组把守工厂各门和工厂周边各通道，各厂门均配置了大量纠察队员，以维持罢工秩序，保护工厂设备，防止有人破坏罢工。罢工期间，工厂铁门已上锁。工友轮班昼夜巡逻，都不回家，在会场吃饭，罢工秩序良好。①工人们之后改在花椒寺（兴国寺）集合。罢工团每天点名三次，不到者要接受处罚。

罢工当天，李希明就派人去天津启新洋灰公司总事务所报告工人罢工情况，公司总事务所次日早晨紧急召开董事会，讨论对付工人罢工的策略。在董事会授意下，李希明首先宣布开除罢工领导人杜玉田的厂籍以震慑其他工人，同时妄图收买工友总会其他领导人以使罢工从内部瓦解。杜玉田向邓培报告资方破坏罢工的手段，邓培指示他要团结工人坚持斗争。

10月30日，杜玉田以工友总会名义致函天津启新洋灰公司总理处，代表工人向公司提出八项条件，改变了原来的要求。原文如下：

启新洋灰公司总理处：

代表本会全体工友的公意议决八条呈当局照准，列下：

一、开除赂贼杨秀龙，因收贿对待工友人不公平，管其度日米面者有五公贼：翟森、梁世珍、赵申之、王义棠、王德。

二、开除野蛮贼谢萝鱼，因工友人偶有小过，非打则骂，罚跪虐待手段，类如要牌说错号码，实属混账。

三、开除帮狗吃屎贼翟林、梁世珍，因非打则骂虐待工友人。贪贿赂赵申之，因偷盗公司煤油等，天上亮就提灯笼，为的是煤油，他人不准，只是他这工头可行。

四、各牌小工仿照制造厂、开滦局之例，每工三毛六分，其余每月工资十五元以下者加三成，十五元以上加二成，五十元以

---

① 南开大学经济研究所、南开大学经济系编：《启新洋灰公司史料》，北京：三联书店，1963年，第317页。

上加一成。冬季抽点不抽工资。每年加工一次。礼拜放工照样有工资。年终上工足六个月得有一个月双支，不足者半个月。因公病假须发给全工资，并须酌给医药费。因公受伤至重终身不能工作，须酌给工资养其终身。工人因公致命照工资给恤金三个月。工人曾在公司工作二十五年外年老不能工作时，须酌给恤金养其终身。包工各种请加增包价十分之五；包工人作里工工资至少三毛六分；包工里工所有家具并电力，应由公司供给，免收工人费。

五、工资在足三十元并以上者，仿照员司准在公司购煤，并照员司给价；冬季五个月每月准购一吨，其余七个月每月半吨。

六、工人上班，须汽笛落声后15分钟，方能关门。

七、已开除之杜玉田工友人，照样上班，并要发给全工资。

八、所有停工之工资，无论几日，均请照给全工资。

唐山启新洋灰公司工厂工友总会

中华民国十一年十月三十日禀①

此八项条件矛头指向维护资方利益的工头，更加强调保护工人平等地位，提升工人待遇。

资方仍然不妥协，他们加深了对罢工的认识，认为启新工人罢工受到了唐山制造厂和开滦矿务局工人罢工的影响，启新工人罢工的重要原因是"全由外来之人私设职工联合会"主导。资方请省长和警厅"严拿首要，按法惩治"②。李希明身在唐山，意识到"工潮团结无可遏抑"，向杨以德

---

① 《启新工会议决八条要求》，载唐山市总工会工运史志研究室编《唐山工运史资料汇辑》第4辑，1988年，第397页。

② 《启新洋灰公司致省长、警厅函》，载唐山市总工会工运史志研究室编《唐山工运史资料汇辑》第4辑，1988年，第414页。

提出要加派警力，"先将该工团解散"。①

11月4日，启新工会在工厂东门外领导召开工人大会，工人代表从棺材铺租来了一口棺材，放在会场。杜玉田等领导人提出谁被打死了就把他装上，表达了罢工工人要与资本家拼个你死我活的决绝态度。同时，纠察队在工厂各门把守，不准任何人进厂复工。职员、巡察、打更的、听差的也陆续参加罢工队伍。资方感叹"可见劳工传染之毒不在义和团下也"②，工人团结坚持罢工已经使资方抓狂。

启新资本家妄图通过杨以德为首的反动军警武力镇压启新罢工。11月4日，杨以德同董政国、殷本浩等聚集在李希明家中，策划取消唐山各厂矿工会团体，瓦解罢工组织。这时，启新公司资方已经发现启新工人罢工是在邓培和罗章龙的领导之下，诬指"总头目邓培、罗某胁持工人"。③当天下午4点，杨以德指使警察保安队首先查抄了设在新立街三条胡同的启新洋灰公司职工会，逮捕并拘留了职工会司账员高朗照，搜出职工会会员名册一本及各项传单多张，册内载有正会长杜玉田、副会长王占一及各队工人列名甚多，还搜出现洋100余元，铜子6000余枚，存折一扣。该存折共存现洋700元，已经由工会取用洋100余元，尚有500余元在天庆德布铺内，该款随即被杨以德派人取出并据为己有。接着杨以德又派人查抄了唐山五矿工人俱乐部和唐山制造厂职工会。11月6日，殷本浩派人逮捕职工会副会长王占一。不久他被收买，变为工贼。

启新资方意识到罢工"蔓延一日则多一日损失"，不单以直接镇压之

---

① 《启新董事致直隶全省警务处长杨以德函》，载唐山市总工会工运史志研究室编《唐山工运史资料汇辑》第4辑，1988年，第415页。
② 《李士鉴致启新公司协理函（之三）》，载唐山市总工会工运史志研究室编《唐山工运史资料汇辑》第4辑，1988年，第417页。
③ 《李士鉴致启新公司协理函》，载唐山市总工会工运史志研究室编《唐山工运史资料汇辑》第4辑，1988年，第416页。

法，进而提出"刚柔两途，设法兼用"①，企图瓦解工人斗志。11月7日，启新资本家又贴出告白说："长钱不长钱权在我们，作工不作工权在你们！两不能相强！"还说："诱惑你们之人说推倒资本家，不再作牛马。果将资本家推倒……连作工之处都无有，与你们何好处？穷人不作牛马，岂能在家闲坐。"②李希明也致函启新公司总部协理王锡彤，打算由经理名义给工人每人赏2元以消弭罢工。③

职工会虽被查抄，但启新工人不畏困难，继续斗争。他们联合开滦五矿及秦皇岛码头工人发表《告全国同胞书》，声讨杨以德迫害工人、镇压罢工、查抄工会团体的罪行。11月9日，在邓培领导下，启新工人派出代表与开滦矿工代表一道赴北京请愿，弹劾杨以德。

在此期间第十三混成旅督察长孟昭越出来调停，他说自己是工人出身，他代表工人找资本家，后来他与杜玉田就罢工问题常在一起讨论，对杜玉田非常佩服。孟昭越在与李希明、杨以德等人交流意见时就指出，"工人最苦，物价上涨，吃不饱无力干活"，主张给工人增加工钱。④

在杜玉田的领导下，绝大多数工人坚持罢工，资方虽使用了各种分化瓦解手段，但依然没有达到迫使工人复工的目的。在孟昭越等人的调停下，工厂经理李希明于11月10日与工友总会杜玉田等十余名代表举行谈判。资方答应酌加工资，将数额列单交给杜玉田，并要求杜玉田开导工人并解散工友总会，具体答复内容如下：

---

① 《启新公司协理王锡彤致李士鉴复函》，载唐山市总工会工运史志研究室编《唐山工运史资料汇辑》第4辑，1988年，第420页。

② 《一九二二年启新洋灰公司工友总会的建立及罢工概况》，载唐山市总工会工运史志研究室编《唐山工运史资料汇辑》第4辑，1988年，第390页。

③ 《李士鉴致启新公司协理函（之六）》，载唐山市总工会工运史志研究室编《唐山工运史资料汇辑》第4辑，1988年，第422页。

④ 南开大学经济研究所、南开大学经济系编：《启新洋灰公司史料》，北京：三联书店，1963年，第320页。

一、二牌小工自二角四起码，凡满一年得力者加至二角八，特别好者至多不过三角二分。

六牌小工自二角四起码，凡满一年得力者加至二角六分，特别好者至多不过三角。

五牌瓦木匠自三角起码，凡满一年得力者加至四角五分，特别好者至多不过七角。在新工程处作工者，视查另议。

三、九牌包工由本月起加十分之一。

十、十二牌包工加二十分之一。

十一牌、七牌及机匠由该管人分别拟议酌加。

年赏照旧章办理，惟除去本年五月及九月半至十月半不计。

冬日照旧作工不抽点。

阴历年假三十日至初五，及五月初四、五两日，八月十五，阳历一月一日、十月十日，必须到班者照双工计；期内不工作者，年赏不算脱班。

十一年十一月十日定①

此时，厂方在工人罢工压力之下做出了一定的妥协，接受了部分工人加薪的要求，并没有满足工人的全部条件。

11日，启新工人在花椒寺召开大会，传达了资方答复，但是资方答复的加资上工条件不能使工人满意，大会决定罢工继续坚持。工人们仍遵守着严格的罢工纪律，资方亦感慨"至晚，守护工人亦不少歇，并不怕冷，

① 《当局李经理答复之条件》，载唐山市总工会工运史志研究室编《唐山工运史资料汇辑》第4辑，1988年，第401页。

夜间亦照常换班严守不离"。①

12日，罢工工人给天津启新公司总理写信，表明工人因生计艰难请加工资，又因公司不允而罢工，控诉李希明指使保安队抢劫工会并抓捕工人，提出在降低条件的基础上要求总理和公司当局答复工人最后之要求，内容如下：

（一）普遍全体加薪，每月十元以下者每日增加二角五分，每月二十元以下者每日增加二角，每月二十元以上者，每日增加一角五分。

（二）年赏，工人作工满六个月者给一月年赏，脱班不过十日者给双月年赏。

（三）工人因公受伤给全薪，并给医药费；受伤身死者给抚恤金五百元。

（四）各牌包活价值增加十分之五，电费库料余物概由公司发给，不许扣钱。

（五）罢工日期完全照常发给工资，并前次恳求代表杜玉田准其回任格外增资，且停工日期工资照常发给。

（六）年假日放假给全薪，照常工作者给双薪，且冬季抽点不许抽钱。

（七）出示宣布各牌代表一概免究，无故不许开除一人。②

李希明给出的答复是有限度地按照各牌工人工种给予不同程度的加

① 《李士鉴致启新公司协理函（之七）》，载唐山市总工会工运史志研究室编《唐山工运史资料汇辑》第4辑，1988年，第423页。
② 《启新罢工工人给启新总理的信》，载唐山市总工会工运史志研究室编《唐山工运史资料汇辑》第4辑，1988年，第400页。

薪，而工人最低要求是普遍加薪，提高工人地位，尤其是政治地位。

13日，启新公司以停工来恫吓罢工工人，在厂门口贴出文告，声明"本公司因罢工停工"，以失业威胁罢工工人。同时，厂方又贴出自14日各厂一律发放工薪工条，以引诱工人进厂复工。工友总会在各厂门口加派工人纠察队严加把守。同时发表《告全体工友同胞书》，揭露资本家一面说给工人开工资，一面威吓工人公司即将关门停办，实际上是一半利诱、一半恐吓的毒计，号召工人们"千万不可听他们的谣言"，呼吁工友们要齐心努力，要比铁还坚固。①

15日，殷本浩再次到达唐山。在王承斌"严办"的命令下，殷本浩接见启新工人代表，要求工人即日上工，工人则要求资方照付工人罢工期间的工资。这时在工厂各门外和各道口仍有工人纠察队把守，坚持罢工，但都被军方守备队驱散，有一些工人便自行入厂上工。在这种不利局面下，职工会与资方再次进行谈判，争取更多工人利益，同时准备有组织地复工。

在殷本浩等官员的斡旋下，经过反复交涉，资方终于答应了工人的部分增资条件；同时应允发给每个工人3元钱，作为对工人所提罢工期间工资照发要求的答复，但是一直到11月26日才以李希明个人名义以抚恤金的形式补助。"各监工匠目工头分牌逐一面询，如有愿领此款者开具保单，由该管人会同签字，以便筹备择日照发"②，工人须开具保单才能领到。11月17日清晨，厂方贴出了酌加工资的布告。全文如下：

　　一、二牌小工自两角四分起码，凡到厂满一年者，各加四分。

----

① 《启新职工会告工友同胞书》，载唐山市总工会工运史志研究室编《唐山工运史资料汇辑》第4辑，1988年，第402页。
② 《李总办传单》，载唐山市总工会工运史志研究室编《唐山工运史资料汇辑》第4辑，1988年，第404页。

六牌小工自二角四分起码，凡到厂满一年者，各加四分。

五牌瓦木匠自三角起码，凡到厂满一年者，得力者加至四角五分，特别好者至多不过七角。在新工程处作工者，去留查视另议。

三、九牌包工，由本月起加价十分之一。

十、十二牌包工，由本月起加价二十分之一。

七、十一牌及机匠等，由该管人分别拟议酌加。

本年年赏照旧章办理，惟除去五月及九月半至十月半不计。

冬日照旧作工不抽点。

阴历年假三十日至初五日，五月初四、五两日，八月十五及阳历一月一日，十月十日，必须到班者皆照双工计，在此期间不作工者年赏不算脱班。

自此布告之后五日内须全数到班，有不到班者即行开除。凡入厂安分作工不再入党会者，不因此次罢工开除。

以上各条自本月十七日起实行。①

启新资方所答应的条件，距离工人罢工时所提的要求还有一定差距，但邓培和工友总会鉴于开滦罢工已遭挫折，启新工人独立罢工难以坚持，便忍痛决定复工。11月17日下午1时，在保安队、护路队和守备队等军警的分层引导下，工人整队来到工厂东门，工厂总办李希明和大职员排列在厂门两侧欢迎工人，他们还给工人鞠躬，在鞭炮声中工人进厂复了工。

在中共唐山地委和邓培的领导下，启新工人的罢工坚持了22天，虽然没有实现所有要求，但启新工人英勇战斗，表现出了无产阶级大无畏的革命斗志精神，逼迫资方妥协，在唐山工人运动史上书写了壮丽的篇章。

---

① 《一九二二年启新洋灰公司工友总会的建立及罢工概况》，载唐山市总工会工运史志研究室编《唐山工运史资料汇辑》第4辑，1988年，第392页。

第五节　支持唐大学生支援罢工

一、唐大学生赈助工人罢工

五四运动前后，在邓培的领导下，唐山工人和唐山大学的学生结成了相互支持的统一战线，成为全国工学结合的典范。唐山制造厂、开滦矿务局和启新洋灰公司等厂矿工人罢工以后，受到唐山大学学生的高度关注。唐山大学改组后，俞文鼎出任校长，排挤了茅以升等进步教职员，唐山大学人事出现极大变动。在此背景下，校友许元启等人汇集上海，他们或表同情于工人，或怀恋唐山，于上海《民国日报》副刊上创办了《唐山潮声》，不定期出版。许元启曾回忆《唐山潮声》："《唐山潮声》共出六期，由应援工潮开始，以声援学潮告终。所有稿件主要由唐山交通大学学生会来讯，略加详述，以之付印，执笔评述者除上海交大同学外兼有唐山校友来稿，并有一二篇由民国日报邵力子先生亲拟，参加拟编者有同学茅以新、钮泽金、王羽仪、周树梧、钟升荣、周桢等。"①《唐山潮声》前几期发表了声援工人罢工的感想、消息和评论，"供献我们表同情于罢工的人们一点策略，一点勉励，给我们苦朋友在此生死关头一些勇气以博最后的胜利"②，在社会上产生了巨大的影响。《唐山潮声》还鼓动学生关注罢工，支援罢工："热血的学生们呀！你们素称是好义勇为的，你们该把五四的精神使用了。你们有钱有血，又是有精神，你们是工人的唯一救星，你们不要荒弃了自己的责任！"③

① 《许元启回忆〈唐山潮声〉报》，载中共唐山市委党史办公室编《唐山革命史资料汇编》第6辑，1987年，第347页。
② 《发刊词》，载《唐山潮声》1922年第1期。
③ 梅生：《我对于开滦矿工罢工的一些感想》，载《唐山潮声》，1922年第2期。

在开滦工人罢工期间，唐山大学一些学生在课余时间深入到工人群众当中，亲眼目睹工人在寒冬中的饥寒交迫的惨状，工人罢工后的生活惨状在唐山大学传开，引起了广大学生的同情。他们捐款帮助工人，筹集了百余元的捐款交给了罢工委员会。唐山大学10日前后连日召开班长会议，由各级班长李鸿斌、方刚、马汝郇、耿承、陈嘉宾等同学组成，讨论工人罢工情况和学生援助工人罢工事宜。11日夜，邓培派唐山制造厂代表王麟书和开滦工人代表董宏猷来到唐山大学，最高年级班长李鸿斌等学生代表热情接待了他们，工人代表向同学报告了开滦五矿罢工情况，罢工坚持了20余日，虽在外界捐助巨款力求坚持，但由于工人人数众多，每天需要花费600元，尽管工人已经极为节省，但罢工经费所余不多，请求唐山大学学生继续给予工人赈助。12日早晨，唐大同学决定13日向学校要求停课一日，组织赈工会，举行大游行，并于12日组织起八支演讲队。唐大学生组织的"唐山大学学生赈工会"，其宗旨为救济贫苦，取名"赈工"，而不称"工人后援"等常用名称，就是为了防止校方和警方干涉。赈工会成立时推举干事十数人，多为各班班长，李鸿斌为总干事，张剑鸣、蔡牖为书记，方刚、马汝郇、耿承、陈嘉宾等为干事。

　　当晚，因校长俞文鼎未在校，李鸿斌等学生代表唐山大学全体学生因工人代表来校请求救济，遂向学校教务长请13日假一天，得其允许。13日晨，学生们填具假单，送交学监，当天午后结队上街游行，沿途散布油印的传单，向各界募捐以援助罢工工人，唐山商号店铺无一人表示拒绝，募捐过程秩序井然。最终学生募得现洋200余元，悉数交给了开滦五矿工人俱乐部。唐山潮声社同仁发文《勉唐山大学同学》，肯定唐山大学同学支持工人罢工的举动，"唐山大学的同学已开始壮烈的运动了！我们（五四）的精神又表显了"，号召同学们打破"沉闷的社会""死的环境"，打破"枯燥"，打破"沉闷的空气"，"维持我们自己的生命"，

"援助别家的生命"。①这次学生出校的赈工募捐运动对开滦工人起到巨大的鼓舞作用。

学生赈工会在学生赈工活动中处于领导地位,一面写出传单说:"我不替矿工申冤,谁替矿工申冤?我不为矿工后援,谁为矿工后援?当仁不让,责无旁贷","我想我们既有人心,岂可不加援手呢?他只有我们是救星了"。②一面发布《为开滦五矿工人乞援书》,表示"同人等肆业唐地,闻见较详,爰本赈助之意,谨为工人略述苦况,哀告于全国父老兄弟姊妹们,以冀有援助,则不特唐地工人之幸,抑亦劳动界前途之幸。再者五矿罢工已越三星期,工人之资斧窘极,维持困难,危在旦夕,诸君子能解囊慨助,敬请早日赐下,清汇寄敝会会计贾存,鉴君代收"。③另外,赈工会还积极联络北京大学马克思学说研究会等进步团体,介绍开滦矿务局工人代表董宏猷前往北大报告罢工详情并争取北大马克思学说研究会的援助。④

二、驱俞学潮

14日后唐大学生照常上课。学生13日外出募捐时,校长俞文鼎正在北京,他接到学监急电后,15日晚赶回学校。16日早晨贴出通告,俞文鼎在通告强调李鸿斌等学生代表"再四劝止,抗不遵依",指责学生不应出校募捐,称"工人罢工,何预学生之事?",指责停课募捐会产生不良后果,"小之荒废学业,大之则涉及外交"。通告尤其指控李鸿斌等学生代表联系"工党"来校活动,"教人运动","踪近过激党行为",将他们

---

① 《勉唐山大学同学》,载《唐山潮声》,1922年第2期,第1页。
② 《唐山大学学生赈工会传单》,载中共唐山市委党史办公室编《唐山革命史资料汇编》第6辑,1987年,第349页。
③ 《唐山大学学生赈工会为开滦五矿工人乞援书》,载中共唐山市委党史办公室编《唐山革命史资料汇编》第6辑,1987年,第348页。
④ 《唐山大学学生赈工会来函》,载《北京大学日刊》1922年11月20日,第3版。

的行为定为"不知自爱，大违校章"。通告还指出学生所谓"赈工会"募集款项支援罢工反使罢工延续，阻碍了工人复工。因学校明文"有聚众要挟，即严行惩办"，所以"将李鸿斌、方刚、马汝邴、耿承、陈嘉宾等五人退学，即日出校，不准在唐山逗留，以免再生事端"，而其他同学"格外从宽，若再有持众要挟，本校惟有按照校章，严行办理"。①从通告可以看出，俞文鼎颠倒是非，其所指控学生行为皆为诬陷。"生等以请假有假单可凭，何能指为罢课；赈济系慈善之举，何能指为过激；向校长请假，系班长专责，何能指为煽惑？"②俞文鼎还站在资方的立场，反对工人罢工，反对学生赈工。他害怕学生团结，害怕学生与工人的联合，甚至在开除学生后还请求天津警察厅派警察将5位同学"送赴津，暂请贵厅看管，一俟由校函致该革生等家属，具结领回，以去后患，而维治安"③，充分暴露其反动本性。

通告一经张贴，立刻引起全校学生的反对。学生年裕厚激愤之下将通告撕毁，全体学生走出教室，涌向校长住宅，向校长请求收回成命，俞文鼎却不予接见。学生们更加义愤填膺，决定自16日起全体罢课，驱除校长俞文鼎，不获全胜，誓不收兵。当即致电北京政府大总统、国务院和交通部次长，控告"本校校长俞文鼎不谙教育，莅校后常离职守，废弛校务，引用私人，污蔑学生，教员缺少不事聘请，玩视教育，误人子弟"④，要求立即撤换校长。

此时，俞文鼎已经引入保安队警察进驻学校，监视学生，全体学生悲愤之下发表了《唐山大学全体学生驱俞宣言》，陈述俞文鼎倒行逆施，列举其借公快私、摧残教育、任用私人、放弃职守、扰乱财政、滥施威权、

①　《交通部唐山大学通告第二十三号》，载《唐山潮声》1922年第6期，第3页。
②　《唐大学生给交通部的呈文》，载上海《民国日报》1922年11月27日，第6版。
③　《唐山大学之罢课风潮》，载《益世报》1922年11月21日，第3版。
④　《唐大学生请撤校长》，载《益世报》1922年11月19日，第3版。

仇视学生、不见学生、酗酒纵恣、开除学生等十大罪状。宣言表示全体学生将"协规同力，共除巨奸。后来通告，悉不承认，泰山可移，此志不懈。谨将大略宣告内外，不达目的之标准，请看最后之牺牲"。①

俞文鼎见状，加速勾结军阀当局镇压学生。17日、18日交通部连续发电要求学生听从"劝导"，"本预两科如仍罢课即行解散"，"倘再执迷不悟应仍遵前电解散"。②17日上午，董政国率领军警200余人，来到唐山大学，迫令全体学生具结，以后不得再有过激行为，在此条件下将开除的5位学生代表留还。学生们认为赈济工人是义举行为，不是所谓过激行为，因而不愿具结。校长俞文鼎仍诬指学生赈工会举动有违校章，为自己开除学生辩护。次日，交通部强令全体学生复课，否则解散全体学生，学生不从。警察厅调来军警300余人，一面要逮捕5位班长并押赴天津警察厅，一面到校解散全体学生，迫限学生3小时离开唐山，视学生如罪犯。学生们饥寒风雪，艰苦历尝，凌晨被军警押往天津。军警人员还四处搜寻李鸿斌等5位代表，但因5人避往外籍教员毕登家中，一时未被逮捕。19日，在校方胁迫下，李鸿斌等5位代表被军警逮捕并押解到天津警察厅看守，后经周旋方得保释。

当局武力解散唐山大学的蛮横行为，激励唐大学生前往北京继续"驱俞"。他们克服种种困难，赶赴北京请愿。学生到北京后，得到社会舆论的广泛同情和支持，学生组织也更加团结，发表了《唐山大学全体学生第二次宣言》，痛斥俞文鼎勾结军警当局武力解散学校的丑恶行径。11月25日，学生代表至交通部面递呈文，陈述学生突遭解散冤屈，要求交通部收回解散学校成命，派员彻底究查，撤换校长俞文鼎，并将被捕的5位同学立予释放复学。27日和28日，学生又向总统府请愿。29日全体学生200余人又

① 《唐山大学全体学生驱俞宣言》，载《唐山潮声》1922年第3期，第3页。
② 《交通部复唐山大学俞校长篠电》《交通部复唐山大学俞校长巧电》，载《交通公报》1922第71号，第6页。

到国会众参两院请愿。

唐大学生在京的请愿行动引起了国内舆论的广泛关注和同情，国会一部分议员表示支持学生，咨请政府妥善安置学生。1923年1月，军阀政府内乱，内阁改组，交通总长高恩洪倒台，新内阁由王正廷代理总理。他同情唐山大学学生，高恩洪下台后由交通部参事陆梦熊代理部务。王正廷命令陆梦熊派专车将唐山大学学生送回唐山上课，将反动校长俞文鼎撤职，学生"驱俞"斗争终于取得了胜利。

三、学工联盟

唐山大学此次学潮，得到了邓培领导的唐山工人的大力支持。11月23日，邓培派京奉路制造厂代表与其他路矿工人代表数十人慰问唐山大学学生，并且表达了支持和援助学生的态度，表示"这样有成绩的唐山大学，为了我们工人牺牲了，我们也得援助你们，你们只要对于二次宣言，再加以相当的解释，我们就合力地发动，取我们相当的手段"[1]。而经过学潮，唐山大学的学生遭到学校解散的浩劫之后，思想觉悟有了提高，与工人的关系更加紧密。"唐山大学的学生是目前工人最亲密的朋友，唐山大学的毕业生是工人永远的伴侣"，"学生和工人是永远地互相援助，永远地连在一起的呀"[2]，他们甚至喊出了"鼓动罢工应当是唐山学生底天职；援助罢工后的工人，更是唐山学生底责任了"[3]的口号。那些原来主张"科学救国"的学生，转而认识到必须"革命救国"。在这次学潮之后，中共唐山地委和邓培加紧了对唐大学生的革命宣传工作，把唐大学生进一步引向中国共产党领导的革命道路上来。11月15日，在唐山大学学生上街募捐的第三天，笔名振宇的蔡和森和向警予夫妇在《向导》第10期上发表《唐山

---

① 怡：《今后的补救》，载《唐山潮声》1922年第5期，第1页。
② 启：《告工人》，载《唐山潮声》1922年第5期，第1页。
③ 皆平：《唐山学生与工人》，载《唐山潮声》1922年第5期，第1页。

学生援助罢工之模范》一文，高度赞扬唐山大学学生的正义之举。文中指出："所以近在咫尺的唐山学生对于罢工同胞之态度怎样，乃为中国人民是否还有民族感情和义愤的试金石"，"这样的消息不但在劳动运动史上为重要，在民族运动史上尤为重要，而且是中国智识阶级到了真正觉悟的路上之明证。全国压在国际帝国主义下的智识阶级和学生们，都要学唐山路矿大学学生的模范呵"！①这篇文章实际代表中共中央对唐山大学学生支援唐山工人运动表达了肯定。

此次学潮邓培主要通过联系和影响唐大的进步学生，推动学生斗争坚持到底。学潮起于邓培派人发动唐大学生支援工人罢工斗争，"驱俞"运动中学生又得到邓培发动的工人声援。当唐大学生被军警当局押送离唐赴津时，得到了由邓培发动起来的唐山铁路工人的保护，铁路工人还帮助学生打扫了车厢。工人与学生发扬了五四传统，结成联盟，共同与反动当局斗争，这是工人运动的一条宝贵的经验。学潮与工运相辉映，学生与工人相互支持、相互学习，共同推动唐山民众运动的发展。

第六节　"五卅"前后的唐山工运

一、保存和发展唐山工人革命力量

1923年二七大罢工后，北洋军阀政府颁布了许多镇压工人运动的命令，在军阀疯狂镇压下工人运动逐渐由高潮转向低潮。劳动组合书记部被迫由北京迁往上海，各地的工会被当局查封，有的被取缔，有的实际上被解散，邓培领导的唐山各厂矿工会转入地下，保存了力量，唐山制造厂工会基金亦尚有千余元。唐山地区此时虽笼罩在白色恐怖之中，但邓培仍领

---

① 振宇：《唐山学生援助罢工之模范》，载《向导》1922年第10期，第79页。

导唐山党、团坚持发展革命力量。唐山党、团员每星期在欧阳胡同一个二层小楼上集会一次，邓培和阮章根据上级党、团组织的文件精神向唐山党、团员报告革命形势和指派具体任务。邓中夏、高君宇等曾在这一时段秘密来唐山，给唐山党、团员和工会积极分子作过政治报告。在党内重大纪念日，如五一劳动节和5月5日马克思诞生纪念日时，邓培会组织党、团员举行纪念会，更加坚定了党、团员和积极分子的革命信念。邓培还加强组织党、团员和积极分子学习革命书刊，提升马克思主义理论水平。当时，京汉铁路大罢工虽已失败，但是由罗章龙等人编著的《京汉工人流血记》却在全国工人中造成了极大影响，邓培常让唐山工人学习此书，增强了工人群众的斗争意识。在书中补白处有一首《赤军进行歌》：

> 兄弟们！向太阳，向自由，向着光明前进。
> 光辉从黑暗的过去，炫耀着将来呵！
> 看亿万的兵丁，滔滔不绝的从幽暗中出来，
> 直到我们的希望达到，天地澄清的时候。
> 兄弟们！向前进吧！兄弟们，死正在嘲笑我们：
> 永远作奴隶以终生，抑出于神圣最后的一战！

这首歌在唐山制造厂工人中流传很广，在革命转入低潮的特殊时期，坚定了工人的革命信念，给予工人莫大的力量。

在经历开滦工人罢工挫折后，唐山党组织亟需新的发展，邓培领导建立了党的外围组织同志会，重点发展唐山制造厂的工人参加。同志会的会员以邓培等早期党员为核心，实行单线联系。邓培将《工人周刊》等革命刊物秘密送给同志会的成员学习，培养了一批年轻的革命积极份子。就在这个时期，唐山制造厂的齐景林等先进工人，陆续加入了党组织，唐山党的队伍壮大了。

为了适应工人运动的新的发展需要，把分散在车间、工房里具有革

命意识和进步倾向的青年组织和团结起来，邓培指示南厂的共产党员阮章和青年工人梁鹏云、李少远、孙林宽等人于1923年春在唐山市老广益兴饭庄后边的五条胡同，共同发起成立了唐山制造厂青年俱乐部。青年俱乐部实际是唐山社会主义青年团的一个外围组织，开始有20多人参加，主要是广东籍的南厂青年工人，后来发展到50多人，除了南厂青年工人外，还有少数的高小学生。青年俱乐部重视德育、智育和体育，因唐山党、团提供了《向导》和《新青年》等刊物，俱乐部就组织青年工人和学生读书、阅报、开展足球比赛和旅游活动等，阮章还专门给他们作报告，讲革命道理，宣传进步思想。在这些活动中，青年工人和学生的政治觉悟提高了，阶级意识和革命观念也加强了。其中不少人成为了革命骨干，成为了青年团组织的新生力量，还有一部分经过锻炼加入了中国共产党。程帝钦就是通过参加青年俱乐部的活动提高了觉悟，由邓培和阮章介绍入团，后来又入党的，李少远、陈同和、孙林宽等则加入了共青团。

邓培是唐山工人运动领袖，在唐山工人尤其是唐山制造厂工人中根基很深。为推进唐山工人运动的发展，他特别注重培养工人运动干部。1923年12月，根据中共北京区委的指示，邓培选派在唐山工人运动中非常活跃的唐山制造厂职工会委员刘玉堂赴苏联莫斯科东方大学学习。刘玉堂成为第一名由中国共产党派往苏联学习的唐山籍工人。1924年经邓培推荐，党组织先后选派唐山制造厂工人王麟书、甘雪露和唐山大学学生武怀让、曾涌泉、李桂林、李特、刘继曾等人赴苏联莫斯科东方大学学习。这些工人和学生学习归国后都投入到革命事业中，成为了党领导革命事业的宝贵财富。

虽然开滦工人罢工和京汉铁路大罢工都遭受了重大挫折，但在邓培的主持下，唐山和京奉路的革命力量不但得以保存，而且得到了发展。

二、领导华新纺织厂童工大罢工

1924年上半年，邓培和中共唐山地委成功领导了华新纺织厂童工大罢工。华新纺织厂的全称是华新纺织股份有限公司唐厂，是华新纺织股份有限公司四厂之一。1915年，开平矿务局总办周学熙会同启新洋灰公司总办李希明等人在天津组建华新纺织股份有限公司。1919年，在李希明的建议下，华新纺织股份有限公司唐厂筹建，至1922年7月1日正式投产。与早期纺织企业一样，华新纺织厂建立之初，招募了大批女工和童工。

华新纺织厂建厂初期经济效益不错，但是工人仍受到残酷剥削，童工地位尤其低下。厂方按计件发放工资，但到了1924年，厂方给从河南招募的成年工人每摇一车纱工资是一分五厘，但是给本地招募的童工每摇一车纱工资是一分，造成了工资不平等，童工遭受比成年工人更大的剥削。童工还受到凶残的压迫，他们常受到厂方管理人员和工头的任意打骂，有时被罚跪，有时被用厚竹板子毒打，惨不忍睹。童工轮两班，每天工作12小时以上，如累困了睡觉会被工头痛打。在如此高压之下，童工们个个面黄肌瘦，身心受到极大创伤。

1924年春，华新纺织厂摇纱车间新字班300余名童工，因不堪忍受资本家的剥削、压迫和虐待举行罢工。最初这300余名童工是自发罢工，后在邓培和中共华新纺织厂党组织的领导下，全厂2000多工人都停工停产，进行全体罢工。厂方立即使用分化瓦解策略，派工头董学信出面调停，要求童工们先上班再提要求，并将传统师徒制度搬出来，说什么工头是"老师傅""师徒如父子"，可以打骂童工，还称河南成年工人为教习，所以工资要比童工高。童工们没有受到影响，继续坚持罢工。第二天，厂方又使用威吓手段妄图逼迫童工复工，他们将一名代表拘留，并开除了另外两名代表。这种方式不但没有吓倒童工，反而促使童工们更加团结，表示不怕厂方开除和拘留，不怕厂方吓唬，只要工人们齐心，一定能够胜利。

就在这时，邓培和中共唐山地委的其他代表前往华新纺织厂直接领导罢工。他们表示自己是唐山工人图书馆的工作人员，是来支援罢工的，并建议罢工工人们团结起来前往陆家街唐山工人图书馆开会，重新组织力量，与资本家斗争到底，直至获得最终胜利。在邓培和中共唐山地委的领导下，华新纺织厂细纱车间300多工人马上响应加入了罢工。中共唐山地委派出的代表给罢工工人们讲述了工人阶级的伟大，抨击了资本家的剥削和压迫，提高了罢工工人的觉悟，提升了罢工工人反抗资方进行斗争的积极性；制定出先上街游行，再前往工厂交涉，并号召唐山各厂矿支援响应的罢工策略。童工们由工人图书馆出发，沿路散发传单，高喊"打倒资本家""反对开除和扣压代表""不许压迫工人"等口号和罢工诉求。罢工队伍到达工厂后，派出童工代表两名与厂方代表进行谈判，厂方看到罢工队伍人数众多并且组织良好，立马惊慌失措。在这种形势下，厂方被迫答应了童工各项要求，开除和扣押的工人代表照常录用上班，嗣后保证不再让工头们打骂或侮辱工人，摇纱童工工资由每车一分提高到每车一分二厘，细纱童工保证在短期内增加工资，嗣后如有劳资纠纷，工人可派代表随时与厂方商谈。至此，童工罢工在邓培和中共唐山地委的领导下取得了胜利，童工们还开了胜利大会。童工们在罢工中接受了锻炼，为之后的华新纺织厂工人运动奠定了基础，也极大推动了唐山工人运动的恢复和发展。

三、领导唐山制造厂失业工人复工斗争

1924年11月间，唐山制造厂两千工人被厂方辞退，邓培领导失业工人经过斗争实现了复工。

1924年第二次直奉大战，不仅是军阀混战，也是帝国主义列强在华争夺的体现。与此同时，列强和反动军阀相勾结，疯狂地对工人进行压迫和剥削。唐山制造厂机务处处长英国人詹莫森和总工程师纽麻赤就在第二次直奉大战期间强迫工人加班加点为吴佩孚赶造车辆，并以全厂工人两个月工资资助吴佩孚充作军饷。吴佩孚被国民军打败后，唐山制造厂秉承英国人的命令，为节约经费裁减了工龄不足6年的2000多名工人，只留下1000余名工人留厂工作，裁减工人人数占到了三分之二，大批工人及其家属失去了生活依托。工人们在邓培和职工会的领导下推举出代表质问詹莫

森和厂方，指出工厂中有大量已坏车辆正待修缮，工作有增无减，为何反裁去工人。工人代表进而要求厂方不停工、不裁工，表示工人可以妥协，"若无款发薪，可俟厂款充裕，再行补发，亦无不可""只要不停工就好"，被詹莫森拒绝。工人无奈，甚至提出"只要不裁工人，白替厂里工作也行"，即使这样，厂方也拒绝。①两千余工人失业，再加上依靠他们的家属共有一万余人，他们无衣无食，求生乏路。针对这一紧急情况，邓培召集会议，讨论工厂裁员问题，决定"不能眼看工人们饿死，要去天津请愿"，领导被裁工人进行复工斗争。邓培领导被裁工人成立了斗争委员会，程帝钦等人被选为委员。工人群众紧密团结起来，印发传单，宣传呼喊，在扶轮小学广场召开群众大会，要求伸张正义，最后选出中共党员邓开泰、李宝银、孙宝琛和团员程帝钦4人为代表，在上级党组织派来的代表李振瀛的率领下，迅速赶赴天津向京奉铁路局请愿。

由于军阀战争，客车已不能通行，请愿代表钻进装马的铁栅车先到了天津城边的军粮城，再步行到天津。到天津后，4位代表按照邓培的指示来到天津英租界义庆里40号，这里是国民党直隶省党部和天津市党部机关，也是中共天津地委秘密办公处。他们找到中共天津地委书记于方舟，于方舟派人帮助请愿代表起草了请愿书。请愿代表们在于方舟的指示下，向京奉路局局长唐子华递交了呈文。呈文内容如下：

> 为呈请恩准复职，以解倒悬事。窃工人以工作为生，停工即毙，复工乃苏。自来工厂有减工之例，未闻全部免工有二千人之多，吴佩孚摧残成性，自知失败，犹逞余凶。当此车辆急待修缮之际，竟于上月中旬，迫令唐厂二千余工人，同时停止工作。届此天寒地冻、交通阻塞之秋，借贷无门，哀乞无路，只有株困

---

① 《唐山制造厂失业风潮》，载《益世报》1924年11月19日，第3版。

绝境，束手待毙。在吴之意，不过逼之自乱而已，幸工人等尚明大义，虽饥寒交迫，犹坚忍不散，以践大局稍定，立即恢复全体工作之前约。惟今厂中当局，狼狈为奸，二千工人失业，数旬仍视若无睹，反营利受贿，虽有工作，竟不使复职。工人等来自异乡，尚有不远千里而来者，若长此以往，不铤而走险，亦必为异乡之鬼矣！工人等为生命计，为人格计，为路政计，不得不特推代表邓开泰、程帝钦、李宝银、孙宝琛等，晋谒崇阶，面陈苦衷。恳乞局长体恤下情，恩准复职，以解倒悬，则数千工人，感大德于无涯矣，谨呈。京奉唐山制造厂二千失业工人同叩。

工人代表坚决要求路局撤回厂方裁员的决定，表示不达目的，决不罢休。

邓培还发动舆论宣传，以全体工人的名义在天津《益世报》上发表了《唐山制造厂全体工人宣言》。内容如下：

我们二千多的工友失业了，被帝国主义的压迫而失业了，失业已经二十余天。当此交通闭塞，天寒地冻，借贷无门，哀乞无路，商人停市，金融恐慌之际失业了，饿死就在目前了，只有希望各界的援助和我们自己的努力。在这次战争开始的时候，京奉路局机务处长英人詹莫森、总工程师纽麻赤，为帮助直系成功计，屡次增加工人，赶造车辆，到吴佩孚失败，退向天津时，洋处长立刻下令停止大部分的工作。我们二千多名工友，就这样的失业了。失业的消息传出，我们曾向洋处长要求，（无代价的替厂工作，不停工就感激多多了），这个小小的要求给厂里白工作，竟被拒绝了。于直接间接恃南厂维持生活的万五千人，都无法生活了。洋人之残酷有如此者，狠哉！我们只团结起来向帝国主义者詹莫森、纽麻赤开始进攻以自救的一条路。我们一日不恢

第四章　风起云涌的唐山工人运动

复工作，一日就有生命的危险。我们为生命计，为反抗帝国主义者鱼肉中国工人计，只有结结实实地团结成一个，向洋人进攻。

宣言还附了詹莫森、纽麻赤的罪状：

（一）帮助吴佩孚，在战争未了时，一小时的工也不准停，为的是赶造车辆，助直成功。吴失败后，多数车辆正待修理，反倒裁去工友二千余名，显系帮助他们英帝国主义者的工具吴佩孚；（二）狠毒残酷，停工后既不设法安插工友，又不要当局送离险地；（三）任用私人，裁去二千余工人，尚复添用洋工监工多名；（四）贿赂公行，停去大部分的工作，反恢复大包工制，非贿赂不令复工。[①]

这篇宣言与京奉铁路工人历次罢工宣言相比有了巨大的进步。它是一篇声讨英帝国主义罪行，声讨直系军阀罪行，争取工人生活权利的革命檄文。宣言贯彻了中共提出的打倒军阀、反帝反封建的革命纲领，表达失业工人辛酸和苦痛的同时也体现了工人对这一时期对半殖民地半封建社会的控诉，认识到"帝国主义者鱼肉中国工人"，提出了鲜明的反帝口号，那就是"向洋人进攻"，工人们的革命觉悟得到了极大提升！

宣言发表以后，唐山制造厂失业工人复工运动得到各界人民同情。此时国民军在与直系军阀的军事较量中获胜，北京政府进行了大调整，新的京奉路当局在工人请愿运动的推动下批准了失业工人复工。虽然英籍管理人员一再拖延，但经过近40天的艰苦斗争之后，复工运动最终取得胜利。复工后的工人们齐集唐山站，热烈欢迎凯旋的工人请愿代表。

---

① 《唐山制造厂失业风潮》，载《益世报》1924年11月19日，第3版。

235

邓培长期在唐山制造厂发展革命力量，二七铁路大罢工失败后，伴随北方政治力量的急剧变化，北方工人运动至此次复工斗争后开始复兴。邓培和唐山制造厂党组织领导复工斗争获得胜利，提升了中共在工人群众中的威望，唐山的工人运动又活跃起来。

四、领导唐山华新纺织厂工人罢工

唐山华新纺织厂在建厂后经营颇为顺畅，但是厂方为谋更大利润，对工人的压榨却越来越残酷。因纺织厂特殊性质，成年男性职工很少，全厂以童工和女工为主。唐山华新纺织厂招收大量工徒，学习期4年，其间不得出厂门一步。而厂方尤其是一些工头对待童工和女工更是残暴，稍不如意便让工人罚跪，甚至严刑拷打。1925年2月17日，华新纺织厂工头员司因细故罚打工人百余名，工人叫苦哀求，然而工头却不为所动，毫不怜悯，激起全厂工人公愤。摇纱间被打工人较多，激起该间全体工人200余人首先发难，举行罢工，接着全厂1500余名工人也随之停工出厂。厂方立即调厂警武装驱赶工人，并声明将所有工人开除，另雇新工；还派出多名密探，监视工人行动。此时中共华新支部已成立，迅速将罢工情况报告给邓培，邓培和其他党员同志赶到工厂，直接指导罢工斗争。在邓培亲自指挥下，罢工工人于2月18日齐集一山坑内，公举工会，选出委员数人领导罢工。会议公决发表宣言，内容如下：

> 工、商、学、军、警，各界的同胞们，我们纺纱厂的工人，每天作十二个钟头的工，以无限的精神劳力，换来这一点子工资，还不够我们自己的衣、食、住的费用。这是何等的痛苦呵！但是我们处于这样的生活困境之内，也就如"哑子吃黄连，有苦自家知"，不得不暂且忍痛呵！而工头员司们还常常的无事生嗅，借端打骂，拿我们不当作人看，这是什么世界啊！唉，我们工人作十二小时的工作，还受生活的压迫，已经是很痛苦

的了，难道还要受他们这种种的毒打吗？我们细细地思量真是忍无可忍了，所以逼不得已才举行罢工，并提以下的条件静待解决：（一）不准厂内有打骂工人之惨无人道行为。（二）工人因事告退或被革时，以前所工作之工资，应照数给清，不得充公。（三）要求加薪，摇纱由一角二分十车，增加作一角五分；细纱每日每人加工资五分，粗纱加二成，不得无故克扣，并须体恤童工。（四）请厂长破除畛域的意见，待遇应一律平等。（五）罢工时，工资应照平常数目完全发给。（六）填发不得无故开除工人。工、商、学、军、警、各界同胞们，我们这种的事由，是不得已呀，深望你们加以援助呵。①

在发表宣言后，罢工工人代表还向厂方递交呈文，要求增加工人工资，改善工人待遇。呈文内容真切："为恳求增加纱厂工人工资，及改良待遇事，窃凡物不平则鸣，乃天下之公例，况圆颅方趾之人类乎。工人在厂工作，本凭两手之力气，做牛马之工作，上有员司管理，中有工头监视，下须工人每日按时管理机器，制造粗细纱线，得孑孑工资，以营生活。近年粮米飞涨，百货高贵，凭蝇头工资，忍饥工作，已有冤难诉。而本厂总头目尚国贤、沈玉林等，复主使工头董学信、黄贵、张凤五、石清山等，任意鞭打工人。工人何罪，应受竹板木片刑罚，难道工人是畜生，非血肉横飞，不彰功德手。三千男女，忍无可忍，乃于昨日相率出厂，希冀总理凭肉血良心，观察本厂工人待抚转济之苦情。"②厂方在接到工人罢工要求条件后，接受第一、二、六三条，其余三条却不认可，并决定在天津招募新的工人。

罢工委员会组织了纠察队、交通队和演讲队，演讲队到处演讲，宣传

---

① 《唐山纱厂罢工之续讯》，载《益世报》1925年2月23日，第3版。
② 《唐厂工人之呼吁声》，载《益世报》1925年2月24日，第3版。

罢工真相，争取社会各界支持。普通群众在听取演讲后，都对工人的遭遇深感愤慨。厂方便衣侦探之后抓去工人代表张甫增、高兴旺和刘汉品等3人，并组成非法工厂法庭，将被捕工人代表背缚吊于梁间，私刑拷打。有工人王鸿贵看到此惨状赶紧去通知工友，却在中途被厂方捕去。4人后被移送至唐山地方警察总局管押，罢工工人更加激愤，内部更为坚固和团结，随后发出了罢工第二次宣言，内容如下：

> 全国各界父老兄弟诸姑姊妹们，我们纺纱厂的工人，十六日罢工，现在过了四五天了。我们为什么要罢工？因为每天作十二点钟的工作，只得五六分钱的工资。莫说衣食住费用不足，就连吃饭的钱还不够。不独这样，我们稍有点不对他们工头的心意，还要打骂我们，并且我们童工的年龄全在十二三岁，小的八九岁也很多，像这样年纪小的孩子，正在发育的时候，加以作工的时间这样长，连吃饭的时间都没有，在那棉絮织维飞扬的空气中存留着，很于身体健康上大有妨碍。我们处在这种黑暗地狱里，做非人的生活，受牛马不如的罪，已经受够了，所以，我们忍无可忍，万不得已始敢停止我们的工作。我们的罢工并不是非法的要求（请看第一次宣言要求条件），并不是被人鼓励，乃是出于大家工友自励。现在他们资本家竟敢指使走狗，捉去我们年纪较大的工友四人，私自监留厂内，还加非刑拷打，请问我们工友犯了什么罪？诸君请看，他们资本家是多末（么）可恨哪！我们在纱厂里做工费去很大力气和血汗，所赚的钱毛不够吃饭，还要受他们这种无故的拷打，我们是多末（么）痛苦呀！各界父老兄弟诸姑姊妹们，发生点慈悲心帮助我们纺纱厂的苦孩子们罢。①

---

① 幸生：《唐山华新纱厂罢工续文》，载上海《民国日报》1925年2月27日，第2张第6版。

华新纱厂工人坚决罢工，工厂则在天津等地另募新工。厂方却没有想到因为罢工影响，在天津等地招不到足够工人，无奈之下，只好接受了罢工的部分条件。不久，华新纱厂工人复工，通过这次罢工，华新纱厂工人经受了斗争的洗礼。

五、领导五卅运动时期的唐山反帝爱国运动

1925年在上海爆发的五卅运动，是中国工人阶级和爱国民众在中国共产党领导下，反对帝国主义和封建主义的一次伟大革命运动。5月15日，日本帝国主义为镇压上海日本内外棉纱厂工人罢工，野蛮枪杀工人顾正红。以此为导火线，上海的爱国运动在中国共产党的领导下走向高潮。5月30日，上海学生、工人和市民在租界内举行反帝国主义的大示威运动。帝国主义出动了大批反动武装在南京路上制造了更大的血案，当场杀害了站在斗争最前列的革命群众13人，受伤的达几十人。五卅血案震惊了上海，震惊了全国。中共中央在五卅惨案发生后连夜召开紧急会议，决定放手发动各阶层群众，向帝国主义进行还击。中共号召全国被压迫阶级的人民起来反抗帝国主义的大屠杀，坚持长期的民族斗争，动摇帝国主义在中国的统治。上海爱国民众首先在中国共产党领导下，举行了全市工人罢工、学生罢课和商人罢市。北京、青岛、唐山、广州等30多个城市约1200万群众先后起来举行抗议集会和示威游行，声援上海人民的斗争，很快在全国范围内掀起了反对帝国主义的大浪潮，汇聚成震惊中外的五卅运动。

上海五卅噩耗传来，唐山民众群情激奋。这时邓培还在广州参加平定杨希闵、刘震寰的叛乱。中共唐山地委代理书记阮章和共青团唐山地委书记彭振纲，根据中共北京区委的指示，于6月3日共同召开了全体党团员会议，研究部署唐山的反帝斗争。大会决议以唐山大学学生会的名义发起组织"市民救亡大会"，从6月4日起停课3天，组织讲演队、学生军，筹备召开游行大会，联络各界发出通电宣言等。3日晚，唐山大学学生会召开全体大会，讨论对付英日残杀华人事案方法，决定向执政府致请愿电，要求向

英日公使严重抗议，提出收回全国英日租界、收回领事裁判权等最低要求十条；会议还决定组织演讲团和学生军。5日，唐山市民救亡大会在唐山大学召开筹备会，包括唐山各厂矿工会在内的18个团体参加会议。会议议决7日上午在车站旁开市民救亡大会，会后唐大全体学生出外游行，各演讲队分途讲演，三四人为一组，拿一个小木箱子，到街头放下木箱站上去就宣讲五卅惨案，民众大受影响。6日上午，唐山京奉铁路总工会召开代表大会，议决当晚在南厂门前开工人露天大会。当晚7点，5000余工人到会，当场议决："（一）电促政府向英日政府严重抗议；（二）电慰上海罢工工人；（三）自由捐款，补助上海同胞。"①7日10点，市民救亡大会在唐山车站旁操场召开，到会的团体有京奉路总工会、矿务局工会、唐山铁路工会、商会、洋灰公司工会等20余团体，以工人、学生和商人为主体，由工会提出了反对帝国主义侵略的7项要求："（一）收回租界，取消领事裁判权；（二）不准外人在华驻兵设警；（三）不准外人在华设立工厂；（四）撤回英、日领事；（五）英、日政府向中国道歉；（六）重惩英、日巡捕以死刑；（七）赔偿死伤损失，应与中国人赔偿外国人同例。"大会电促北京政府照办，闭会时已是下午2时，参加会议的民众已达3万人。会后举行了游行示威。②随后，唐山各团体组织了各界联合会。尤其是唐山大学学生通过演讲和召开游艺会等形式，开展了广泛的反帝宣传。

由于唐山斗争的需要，邓培未等平定杨、刘叛乱战事完全结束，就日夜兼程，于6月中旬赴回唐山。在全国的反帝斗争形势进一步发展的形势下，邓培领导唐山地方党、团，决定继续广泛动员群众，实行工人罢工、学生罢课、商人罢市，把唐山反帝运动推向高潮。

14日，救亡大会通知各机关15日召集游行大会。15日清晨，京奉铁路唐山制造厂工人要求厂方答应放工游行，并照常发工资。上午8点半，全厂

---

① 《唐山学生工人救国运动》，载《晨报》1925年6月9日，第2版。
② 《唐山市民之救亡大会》，载《益世报》1925年6月10日，第3版。

4000多工人排队上街游行，他们高喊口号，工人纠察队在两旁维持秩序。游行队伍到大街通知各商店停市关门，然后直冲西马路英帝国主义分子居住区进行示威游行，然后从马路顺道返回解散，这时已是上午11时半。

下午1时，工、学、商等各界群众两万余人参加了第二次市民救亡大会，其中工人最多，学生群体则异常活跃。在工人群众的鼓动下，唐山淑德学校的女学生，不顾校方阻挠，首次参加了市民救亡大会。大会主席宣布开会后，发表了慷慨激昂的演说，愤怒声讨英、日帝国主义的暴行，参会者大为感动。邓培参加了这次救亡大会，并发表了演讲。他号召唐山人民要同全国人民一道，与英、日等帝国主义斗争到底，全场民众热烈鼓掌，完全拥护邓培的号召。大会最后通过四项决议：一，致电当局要求派遣军队到各城市的外国租界，保护中国居民的安全；二，致电当局要求向英国领事进行严厉外交；三，致电上海各界联合会，继续工作直到获得满意结果为止；四，与英、日经济绝交。会后两万唐山群众进行了大游行。唐山大学和其他学校学生走在游行队伍的最前方，接着是唐山各厂矿的工人和唐山普通民众，数里长的人流浩浩荡荡地通过唐山几条主要街道，他们不断振臂高呼"打倒帝国主义""收回租界"等口号，充分展现了唐山人民坚持反对帝国主义到底的爱国精神，游行一直持续到下午5点才结束。

6月25日是端午节，第三次市民救亡大会召开。邓培指示唐山党、团组织大规模的宣传活动。这次活动主要以党、团员为骨干，联合国民党员，动员工人、学生、农民约数百人参加。大会决定分队出发演讲：农民队往刘家屯演讲，学生队在市内大街演讲，工人队则在唐山庙演讲。在唐山庙的工人演讲队最有效力。这一天正赶上唐山庙庙会，从四面八方来参加庙会的农民特别多。农民听了工人的宣传深受教育。这一天全市党、团员向沿街民众散发了党、团、工会印发的各种传单八九千份。另将从广州寄来印有"农工兵联合起来"的传单1000多份散发到士兵当中，受到士兵的欢迎。以后唐山团地委根据邓培和中共唐山地委的指示，经常组织由团员主持的固定讲演队，深入工厂、学校、街头和农村进行广泛的宣传活动，使越来越多的各界群众提高了政治觉悟，投入到反帝斗争的洪流中来。

为抚恤上海的遇难工人、学生家属，救济上海的失业工人，中共唐山地委和邓培领导开展了大规模的募捐活动。市民救亡大会很快募得捐款4500余元。唐山大学的学生虽只有200余人，但是几天之内就在校内募集捐款超过2000元，学生们表现出高度的爱国热情。唐山大学的教职员也对上海的五卅运动发表中西宣言，支持全国的反帝爱国运动，主动认捐捐助上海的工人，其中有8位教授主动认捐130元。京奉铁路唐山制造厂3000余名工人，在邓培的领导下，对救助上海工人更是热心。虽然日工资不过五角，认捐20余元者竟达数十人之多，不久就募得3000余元并汇寄上海。①唐山妇女协会人数不多，大多是工人的女儿，她们举办游艺会，演出新剧《终身大事》和《午饭之前》，表演受到欢迎，得到各界的赞美，共筹集捐款300多元。甚至驻守在唐山的奉军也被上海血案所触动，也开展了募捐活动。

在唐山党、团组织的领导下，6月以后，唐山出现了"五四"以来第二次抵制外货的高潮。唐山市民救亡大会一经成立，即在工会的要求下提出抵制英、日仇货，得到了广大人民群众的支持。工人和学生一起走上街头，到处贴"抵制英、日仇货"的标语，到商店搜查英、日仇货并将搜查到的英日货拿到街上烧掉。南厂老工人林佩章曾回忆工人和学生把查到的大批英国老刀牌香烟和日本布匹，运到火车站旁草场烧毁。围观的群众深受感染，人人拍手称快。抵制英、日货的斗争是唐山五卅运动的重要举动，在经济上打击了英、日帝国主义，生动地教育了民众。

邓培参与领导的这次唐山反帝爱国运动，持续了几个月，参加的各界群众多，斗争的声势特别大，体现了唐山党团对群众运动的有效组织，有力地支援了上海五卅运动；还与全国各地的反帝爱国运动交相辉映，不仅

---

① 《唐山各界募捐助沪工》，载《益世报》1925年6月24日，第3版。

打击了唐山的帝国主义势力，对于全国革命形势的发展，也起了一定的推动作用。

　　唐山此次反帝爱国运动锻炼了唐山各阶层人民群众。在这次群众斗争中，唐山制造厂、开滦煤矿和唐山大学涌现出了一批具有较高政治觉悟的革命积极分子，他们相继加入了唐山党、团和工会组织，壮大了唐山党、团力量，推动了唐山工人运动的发展。

六、参加领导开滦赵各庄煤矿工人罢工

　　五卅运动时期，唐山工人的政治觉悟和斗争热情得到了极大提升。1925年6月，袁达时、马志远等人受中华全国总工会和中共北京区委的指派来到唐山，深入英帝国主义控制的开滦煤矿开办工人学校，发动工人组织工会，开展反对英帝国主义的工人运动。他们充实了唐山革命运动的领导力量，推进了唐山反帝爱国运动的深入开展。邓培和中共唐山地委十分赞同中华全国总工会和中共北京区委的这一决定，为加强唐山工运工作，由唐山党、团联合组成了专门委员会，负责各厂矿工会的筹建工作。邓培还抽调地委委员赵玉良等人配合袁达时、马志远开展工作。赵玉良是唐山石庄人，早年在唐山交大平民夜校学习，后经田玉珍、叶善枝等人介绍加入了中国共产党，在邓培的指导下参与领导过唐山的工人运动和农民运动。五卅运动时期，赵玉良在邓培指示下参与组织"反日会"，后深入农村，创建石庄农村党支部。袁达时和马志远等同志到唐山后，中共唐山地委决定以唐山矿和赵各庄矿为重点开展反帝斗争，由马志远负责唐山矿的工作，由袁达时和赵玉良负责赵各庄的工作。

　　在开滦五矿中，赵各庄矿工人规模最大，有万余人。袁达时和赵玉良到了赵各庄矿后，租了3间房，于7月29日开办工人学校，由赵玉良任校长。工人学校利用工余时间向赵各庄矿工人讲授八小时工作制等内容，对工人进行文化教育和革命思想教育，发动工人串联起来成立工会，为自身的利益而斗争。平民学校有茶水和报纸，赵玉良和袁达时等对去学习的工

人很和气，热情接待前去学习的工人。邓培领导唐山党、团对赵各庄等矿区工人学校进行了补贴。在工人学校的推动下，一批工人不久填表加入了工会。8月18日上午，开滦赵各庄煤矿工会在福乐茶园召开成立大会，到会有工友近两千人。邓培派京奉铁路总工会及唐山分会代表徐子权到会祝贺。大会通过了《开滦赵各庄煤矿工会宣言》，表明工会成立的目的在增进人格，加强自治，增进工友间感情，普及工人教育，维持工人利益，加设互济事业，兴办工人消费合作社等，工会的实质是拥护工人利益的机关，并提出"与全国工人一致奋斗"。[①] 大会还致电中华全国总工会，表示"自应与全国工友一致，虽万死亦当为我中华民族雪洗奇耻，对甘做帝国主义之走狗及国贼者，敝会同人亦当与全国工友共起铲除。敝会同人更应与全国工友争到吾人之言论、集会、结社之权利"，反映了工会反帝反封建的决心。大会还通过了工会草章，规定了工会的宗旨为"联络感情，化除地域界限，提倡工人自治，发展互助精神，提倡工人教育，群策群力，共图工人之福利"。[②] 大会选举赵玉良为工会主任。会后，工会组织了游行示威。在工会会馆的大门口有两面旗帜，一面写着"开滦煤矿工会"，一面写着"世界无产阶级联合起来"。赵各庄矿工会的成立，震动了开滦矿区，工人扬眉吐气。8月20日，开滦矿务局总矿师杜克茹在唐山约见赵各庄矿工会4名委员，威胁劝诱停止工会活动，遭到工会委员严词拒绝。8月21日，杜克茹勾结直隶警务处派来的陆军上校杨济良，指挥矿区保安队到赵各庄，宣布工会"未经官方批准"应停止活动，赵各庄矿工会被迫关闭会址，转入地下活动。

这时，开滦其他各矿正筹建工会。9月5日，筹备林西工会的职工于万

---

① 《开滦赵各庄煤矿工会宣言》，载中共唐山市委党史研究室编《唐山革命史资料汇编》第7辑，1991年，第139页。

② 《开滦赵各庄煤矿工会草章》，载中共唐山市委党史研究室编《唐山革命史资料汇编》第7辑，1991年，第141页。

义、陈福林、郭维先、李同、李二5人突然被保安警察逮捕。9月6日，袁达时、赵玉良召集赵各庄矿工会委员和100多名工人代表开会，商讨并函请厂方释放被捕职工，厂方派保安队反而将该工会职员马登瀛、赵玉良、袁达时、王泽臣、董福春等数人逮捕并解往天津。9月7日，赵各庄矿工会代表王春元和刘成章赶到唐山，向中共唐山地委报告情况。

为加强开滦煤矿工人斗争，中共北京区委职工运动委员会书记赵世炎，在发动天津工人罢工以后，赶到了唐山。赵世炎、邓培和共青团唐山地委书记彭振纲听取了赵各庄矿工会汇报后，同意赵各庄矿工会提出的罢工斗争的意见，组织罢工委员会，赵世炎还表示要亲自和代表们回去组织罢工并营救被捕工友。邓培则派齐景林等随同赵世炎当晚前往赵各庄，而他自己则在唐山主持设立了罢工委员会联络处。

随即，赵各庄煤矿工会致函开滦赵各庄矿局提出10项要求，要矿局同意否则罢工，内容如下：

> 迳启者：五卅惨案以来，我工友感于爱国之热忱，各地纷纷组织工会，政府亦认为重要，于是有颁布工会条例之举。工人本有组织工会之权利，目下全国工会林立，各处皆有。窃敝会成立以来，力谋工人教育，和平爱国，调协厂主与工人双方之冲突，并无越分之行动。乃贵局不察，竟唆使保安警察在赵各庄、林西两地逮捕敝会职员，加以绑缚，施以挞楚，如待罪犯。此种无理压迫，破坏我万余人组织之行动，实我工人所不甘忍受。唯有尽我工人之所能，以与贵局周旋。缘于本月九日全体停业，向贵局提出要求十项，盼于日内派出负责代表，与敝会代表谈判，以期和平解决，若贵局执迷不悟或假借武力再加压迫，则工人等自甘流血而死或停业而饿死，不甘再受摧残与虐待。铤而走险，事非得已。愤激陈词，不胜迫切，待命之至。此致开滦赵各庄矿局。

赵各庄全体矿工提出罢工十条件是：

（1）释放被捕工会职员。

（2）承认工会有代表工人之权。

（3）洋人此后不得打骂工人。

（4）增加工资。日工在五毛以下者加百分之五十，在七毛以下者加百分之四十，在一元以下者加百分之三十，在一元以上者加百分之二十。

（5）星期日作工，按双工计算工资。

（6）罢工期间，工资照发。

（7）工人因病请假，不得扣除工资，因工受伤应斟酌情形给予抚恤费。

（8）工人因工废命，每人应给抚恤费一千。

（9）矿局开除工人须得工会同意。

（10）取消平枭局包办制度，承认由工会派人监督。①

矿方拒绝了工会提出的要求。

9月12日，赵各庄矿工会在赵各庄西白道子村的福神庙，召开了工人代表会议，决定次日开始罢工。会议组织了罢工委员会、工人纠察队和工人济难会。9月13日凌晨4点半，工人纠察队出动，包围并把守赵各庄矿局大门，向上班的工人宣布罢工，矿井工作完全停顿。矿方一面派矿区保安队前来镇压，一面上报直隶当局，请求军阀当局派军警镇压工人罢工。

9月14日，直隶督办李景林应矿方请求，派杨济安率领军警270人，到赵各庄武力镇压罢工。赵各庄一时军警密布，工人纠察队被驱散，杨春霖

---

① 《开滦五矿之风潮》，载《申报》1925年9月14日，第2张第7版。

等罢工领导人被逮捕，赵世炎及时转移回到唐山才免遭逮捕。反动当局迫令工人上工，赵各庄陷入一片恐怖之中。

在这危急时刻，邓培领导京奉铁路总工会唐山分会致函开滦矿务局，明确表达了对赵各庄矿工人罢工的支持，内容如下：

矿务局总矿师函开滦总矿师钧鉴：

迳启者，昨阅报载惊悉：

贵局赵各庄工友因压迫过深，遂酿罢工风潮。敝会睹此殊堪惋惜，窃爱国运动为全国潮流所趋，组织工会亦政府所许。

贵局自应善加诱导，以免双方无谓之牺牲，乃计不出此，竟横施压迫，极端破坏，逼得工人无路可逃，使风潮愈演愈烈，须知压迫愈大反动力愈大。

苟贵局不知觉悟，恐前途更不可收拾。倘深明大义，立时俯允所请，俾得早日和平解决，未始无可挽回之余地。吾辈同属工人，不忍坐视，迫陈词切，不胜祷祝，待命之至。

京奉铁路总工会唐山分会启

1925年9月15日①

在邓培领导下，唐山其他厂矿工人纷纷起来援助赵各庄矿罢工。赵世炎、邓培和中共唐山地委的其他同志认真研究了罢工情况，认为奉系军阀和矿局相勾结，反动势力非常强大。而且由于第二次直奉战争的缘故，开滦大量存煤未得外运，因此矿方短期内不怕停产的威胁。如果罢工长期僵持，必然挫伤工人积极性，罢工很难取得胜利，故而忍痛决定于15日复工。前后罢工共两天。中共中央评述此次罢工失败的主要原因："未能乘

①　《京奉铁路总工会唐山分会致开滦矿务局总矿师函》，载中共唐山市委党史研究室编《唐山革命史资料汇编》第7辑，1991年，第149页。

五卅运动之初起，发动罢工，而发动在全国运动低落之时，致为军阀所乘。党的指挥不得力也是个原因。"①这次罢工失败以后，开滦各矿建立工会的活动也被迫暂停。开滦工人就积蓄力量，等待时机继续战斗。

从1922年到1925年，唐山工人运动在邓培的积极领导下不断推进，唐山各厂矿也涌现出了一批信念坚定、富有经验的革命分子，他们成为了唐山革命运动的中坚力量，为日后唐山革命运动的持续开展奠定了坚实的基础。

---

① 《京区报告决议案》，载中央档案馆编《中共中央文件选集》第1册，北京：中共中央党校出版社，1989年，第496页。

第五章

波澜壮阔的全国
铁路工人运动

第一节 筹建各地铁路总工会

一、领导成立京奉铁路职工总会

1922年，唐山制造厂、开滦矿务局、启新洋灰公司等厂矿工人相继罢工，将北方工人运动逐渐推向高潮。在全国劳动组合书记部的领导与邓培等人的联络下，各地工人团体尤其是各铁路职工团体大力援助了唐山工潮。开滦工人罢工过程中，劳动组合书记部曾于北京召集全国路工代表会议，邓培领导的京奉铁路唐山职工会也参加了此次会议。会议代表有32人，代表们19日抵京，20日开会，讨论援助开滦罢工办法。但是19日夜，开滦矿务局秦皇岛工人复工，开滦罢工已告结束，消息传来，会议转而讨论成立全国铁路总工会事宜，并决定组织"全国总工会筹备委员会"，最短期间内成立各路总工会，然后成立全国铁路总工会。

全国路工代表会议结束后，邓培积极联络同时参会的京奉铁路山海关工人俱乐部、京奉铁路丰台工会等京奉路各工人团体，筹建京奉铁路总工会。1922年10月的京奉路唐山制造厂工人罢工，曾得到山海关、锦州、沟帮子、皇姑屯等地的铁路工人捐款支援。罢工胜利后，邓培以工会名义派出工人代表前往上述各段站致谢，并联络成立各站工会。沟帮子、营口等地铁路工人代表也来到唐山制造厂联络并学习了职工会工作经验。在唐山制造厂工人罢工胜利以后，厂方为了分化工人队伍，借口支援关外新建厂站，把一部分职工会积极分子吕文贵、刘小刚、孙照刚、武照和、张印源、陈三、李长有、武焕清、朱俊、田学臣等14人调到皇姑屯等地做工，邓培要求这些职工会积极分子到各地后尽快发动当地工人建立工会组织。他计划京奉路从北京到奉天各站都成立工会，再将各站工会联合起来。在邓培领导的唐山制造厂职工会的支持和帮助下，京奉路自北京前门、丰台、天津、山海关，至沟帮子、皇姑屯、营口支线，都建立了工会组织。

1922年12月，邓培召集京奉路各站工会代表到唐山开会，唐山代表是邓培、王麟书和刘玉堂。会议秘密成立了京奉铁路职工总会，总会设在唐山，邓培当选为委员长，王麟书任秘书长，联络地点在欧阳胡同小楼。各站铁路工会称为分会，建立了天津分会、丰台分会等。京奉铁路职工总会成立时制定了章程，并规定会员每人每月缴纳一日工资的十分之一作为会费。在邓培领导下，京奉铁路职工总会积极培养了各站的工会骨干力量，一些路段工会的负责人如康良臣等在邓培帮助下加入了中国共产党。

二、援助全国各地铁路工人运动

京奉铁路职工总会成立后，对全国各路段工会的成立和斗争给予了坚决支持。1922年12月15日，正太铁路石家庄机器厂工人举行罢工，提出增加工资、改善待遇、承认工会等各项要求。邓培领导京奉铁路职工总会立即致电正太路罢工工人，支持他们的斗争，并督促北京政府出面解决罢工，保护工人。原电内容如下：

> 北京晨报馆转各界同胞：正太铁路的工友们，因为生活问题提出最低要求九条；当局始终无诚意解决，乃于不得已之中实行罢工。迩来军阀及资本之势力到处皆是，同胞若不急起援助并监督这二种阀的行动，则唐山矿局事件难免再见发生。并愿同胞督促正太铁路局及交通部速将该项罢工解决，免得风潮扩大，工友受罪，敝会本同一阶级的友谊表示以实力援助。[1]

1923年2月1日，京汉铁路总工会在郑州召开成立大会。邓培派王麟书和康良臣等代表京奉铁路职工总会前往参加。但会议遭到军阀政府武装干

---

[1] 《正太路罢工之一片援助声》，载《晨报》1922年12月21日，第6版。

涉，大会未及开完而散。随后，工人代表们召开秘密会议，会上决议各路工会应在罢工运动中互相支援。王麟书、康良臣与其他各路代表于2月1日晚被迫离开郑州。临行前，各路代表向京汉铁路总工会表示各工团势必支持京汉铁路工人罢工，如问题在3天之内得不到解决，各路工会即举行同情罢工，以为声援。王麟书返回唐山后向邓培报告了京汉铁路总工会成立及筹备罢工的情况，邓培决定积极准备同情罢工工作。

2月4日，郑州铁路工人因军阀之压迫，为争工人自由之权利，实行总同盟罢工。5日，劳动组合书记部通告全国各工团，要求一致援助京汉铁路总工会，"军阀今日可施之于京汉者，他日即可施之于他处，如吾人今日饮泣吞声，不复与较，非惟全国工会，将悉受摧残，吾劳动界恐永无宁日。循至莽莽神州，尽变为军阀官僚游民出没之场，而神圣劳工永沉地狱不能自拔矣。我劳动界年来发扬蹈厉，类多明达好义之士，睹此惨状，讵能容忍。尚乞本阶级斗争之精神，切实援助，是为至要"①。邓培收到京汉铁路工人罢工的消息后，响应劳动组合书记部的指示，以京奉铁路职工总会的名义向《晨报》等媒体急电二件。一则致电京汉路罢工工人，鼓励和支持他们奋斗到底。电文内容如下：

京汉路全线工友公鉴：诸君首先奋起，反抗祸国军阀，力争自由，同人不胜感佩。务望坚持到底，以达完满之自由，至必要时，同人誓与诸君一致行动，敬祝最终胜利。

一则致电全国学商各界，请各界尽力援助京汉路工人罢工。内容如下：

---

① 《京汉路罢工风潮益形严重》，载《晨报》1923年2月6日，第3版。

北京《晨报》、上海《申报》《商报》，转全国学界、商
界诸同胞公鉴：天祸中国，军阀肆虐，财尽民穷，国将不国。
近更故拂民意，倒行逆施，侧闻诸君有奋起救国运动，工界同
人极为欣感。同京汉路工友，以力争集会结社之自由，首撄其
锋，工界同人，自当一致援助。盖以此次力争自由，匪独京汉
路工人之义务，乃工界全体之义务，而且是全国人民之义务。
尚望全国学商各界同胞，予以充分之后援，并希携手同行，以
达国民救国之宿愿。①

　　然而，北洋直系军阀对京汉铁路工人罢工残酷镇压，罢工形势短短
几日内转趋危殆，京奉路职工总会决定同情罢工援助，并由邓培派出代表
前往各站联络，各站工人都愿意采取一致行动。但因一时经费问题尚未完
全解决，打算稍等数日，等支领双薪后再行发动。但是，此时北洋军阀已
经意识到各路职工恐会发动罢工，京奉路职工总会的计划被京奉路当局觉
察，京奉路当局请天津警察厅厅长杨以德等派大队军警严厉监视工人，邓
培等工人领袖的行动更是不能有一步的自由，京奉路职工总会只能将同情
罢工活动延期。1923年2月16日是春节，年关既至，京汉铁路大罢工逐渐平
息，京奉路职工总会酝酿的同情罢工活动也未能实行。但是京奉路的铁路
工人们对于二七惨案是很痛心的，邓培召集了全路代表会议，决议善后的
六个条件：一，惩办击毙工人之主使；二，恢复京汉工会，此后不得干涉
工人集会结社；三，此后军警无故不得逮捕工人；四，此后各路军人不准
送派学习司机；五，休息病假不准扣薪，过20年者并须酌酬养老费；六，
各路工人无故不得革退。邓培率领全体会员宣誓必须达到目的才停止斗
争。京奉路职工总会还决定开会追悼"二七"遇难诸先烈，以志哀感并借

---

① 《京汉路罢工风潮将不可收拾》，载《晨报》1923年2月7日，第3版。

以唤醒工界的同情心。①

为了抗议北洋直系军阀残酷镇压二七大罢工，邓培领导唐山制造厂工人实行总怠工斗争，第一天少干一小时活，第二天少干两小时活，怠工坚持了4天。邓培还领导唐山各厂矿和京奉路各路段对二七大罢工进行捐款，唐山制造厂职工会捐助3000多元，开滦煤矿也捐了1500余元。

在二七大罢工失败后，邓培致力于保存和恢复京奉铁路工人力量，他领导的京奉路工人运动的恢复和发展得到中共中央认可，1923年11月召开的中共三届一中全会上拟定的《中央局报告》指出："京奉情形也很好，唐山、山海关、天津、丰台等工会都还秘密存在，这四处尤以唐山和山海关更好。"②邓培成为复兴铁路工人运动的旗帜人物。

第二节　建立全国铁路总工会

一、筹建全国铁路总工会

京奉铁路的前身唐胥铁路是中国最早的一条铁路，这里产生了中国最早的一批铁路产业工人。铁路产业工人是中国近代规模最大的一个工人群体，而京奉铁路工人领袖邓培也成为了铁路产业工人的卓越代表。1921年11月，中国共产党中央局发出通告，就建立与发展党团、工会组织及宣传工作，决议"以全力组织全国铁道工会，上海、北京、武汉、长沙、广州、济南、唐山、南京、天津、郑州、杭州、长辛店诸同志，都要尽力于

---

① 罗章龙：《京汉铁路工人流血记》，郑州：河南人民出版社，1981年，第82页。
② 《中央局报告》，中央档案馆编《中共中央文件选集》第1册，北京：中共中央党校出版社，1989年，第136页。

此计划"[①]。邓培此前赴苏俄参加远东人民代表大会，参会过程中，他亲眼见到苏俄铁路工人为苏俄革命所做的贡献，又经列宁的建议，参照苏俄革命经验，计划回国后以铁路工人运动推动革命运动的全面开展。

邓培为了实践党的决议，在京奉路工人运动中做了艰苦努力。1922年11月20日，正值唐山革命风起云涌之时，全国各铁路工会代表32人于北京香山卧佛寺集会决议，产生了全国铁路总工会筹备委员会。邓培作为成员积极参加全国铁总的筹备工作，并迅速在短期内领导建立京奉铁路职工总会，鼓舞了其他各路职工总会的建立，为全国铁总的成立打下了坚实基础。

1923年6月中国共产党第三次全国代表大会通过《劳动运动决议案》，提出"全国铁路总工会筹备委员会应从速召集全国各路代表会议讨论各路统一之工作"[②]。大会以后，邓培致力于推进全国铁路总工会的筹建工作。邓培领导京奉路职工总会以唐山为中心，组织了8000余工人，工会基金达到1000余元。当时全国路工已经组织了4.38万余人，京奉路占到了五分之一，其影响可见一斑。

1924年2月7日至10日，在二七惨案一周年之际，全国铁路工人第一次代表大会在北京秘密召开。参加大会的代表有20余人，代表全国各主要铁路的职工会。京奉铁路职工总会和唐山分会派邓培、邓开泰和程官榜等人为代表，出席了这次盛会。邓培参加了大会的领导工作，他在会上报告和总结了北方铁路工人运动的情况。

大会讨论制定并通过了《全国铁路总工会章程》，选举了全国铁路

①　《中国共产党中央局通告——关于建立与发展党团工会组织及宣传工作的决议（一九二一年十一月）》，载中华全国总工会编《中共中央关于工人运动文件选编》（上），北京：档案出版社，1985年，第4页。
②　广东革命历史博物馆：《中共"三大"资料》，广州：广东人民出版社，1985年，第84页。

总工会执行委员会，推选了主要负责人员。根据张国焘的回忆，邓培当选为委员长，孙云鹏为副委员长，张国焘当选为总干事，办事处设在北京，全国铁路总工会正式成立。大会还发布了《全国铁路总工会成立宣言》，宣布全国铁路总工会的宗旨是"（一）改良生活，增高地位，谋全体铁路工人之福利；（二）联络感情和实行互助，化除境域界限，排解工人互相争端；（三）提高知识以促成工人阶级的自觉；（四）帮助各路工人组织各路总工会，并与全国各界工人和世界工人建立密切关系"；指出全国铁路工人组织的计划和办法是"务使已经组织好了的各路工会，团结更加严密，各路工会被封禁了的，设法恢复，还有没有组织的，从速成立团体；死伤被捕的失业工友总工会当力图救济；各路工会互相关系，总工会当力谋密切；从前各路罢工已要求到之条件，总工会当力争实行；并决定加入万国运输工人联合会，实现全世界联合之目的"；宣布了全国铁路工人的精神是"抱定坚强的志愿，牺牲的魄力，大家约定非实行互相不可，非组织坚固的总工会不可，非奋斗以解除痛苦谋到幸福不可"，要求"全体铁路工友务必拥护我们的工会，务必依照总工会的宗旨和办法做去，并须在总工会指挥之下，一致团结起来奋斗呀！只有这样，我们才能解除痛苦，获得幸福哩"。全国铁路总工会的成立具有重大历史意义。《全国铁路总工会成立宣言》认为它"简直是我全体铁路工友于痛苦不堪之中得着一颗光芒万丈的救星"。[①]

陈独秀指出全国铁路总工会的成立是标志"中国工人运动之转机"的一个重要事件。[②]全国铁路工人第一次代表大会的召开和全国铁路总工会的成立，是二七惨案以后全国工运最重大的事件。它继承"二七"革命精神，是中国共产党成立以来，共产党人致力于铁路工人运动的必然结果。全国铁总是中国共产党直接领导建立的第一个全国性产业工人组织，它的

---

① 邓中夏：《中国职工运动简史》，莒南：新华书店，1949年，第120页。

② 独秀：《中国工人运动之转机》，载《向导》1924年第58期，总第461页。

成立不仅推进了铁路工运的发展，也促进了全国工运的复兴。

全国铁路总工会成立后，邓培虽还未脱产，但仍积极贯彻执行全国铁路组织计划。因全国铁总办事处在北京，邓培经常由唐山前往北京开会，从而更有机会接受到李大钊等人的影响。

二、领导全国铁路总工会早期斗争

有了全国铁路总工会的领导，全国铁路工人运动蓬勃开展起来，各路工人组织有明显的进步。根据邓中夏在《中国职工运动简史》中的描述，在铁总的领导下，胶济路会员大增，京绥铁路车务工会会费能够收齐，正太铁路工会组织大加整饬。但1924年5月间，湖北军阀拘捕工人领袖杨德甫、许伯昊、罗海臣、周天元、黄子韦和刘芬6人，因杨德甫和周天元等人叛变，全国铁总北京秘密办事处被抄封，铁总干事张国焘、彭礼和、李斌等人被捕。稍后孙云鹏在石家庄被捕。胶济铁路工会因举行工人大会被查封，该路工人领袖郭恒祥等4人被开除并受到通缉。一时各路领袖被开除和通缉的共计有40余人，他们不能在本地立足，离开工作生活之地逃亡在外，全国铁路工人运动再次受到挫折。

1924年10月，第二次直奉大战中，冯玉祥从直系前线倒戈，发动了北京政变（亦称首都革命），驱逐了京津一带的曹锟、吴佩孚直系军阀势力，成立了国民军，倒向革命并邀请孙中山北上。国民军先后占领了北京、河北、河南、察哈尔、绥远、宁夏等地，所到之处，社会形势为之一变。"自首都革命而后，强顽的直系军阀势力被摧毁，同时南方的革命浪潮一天天汹涌澎湃起来了。全国——尤其觉醒了的中下层社会，无形在久压之下慢慢抬起头来。一时民众运动空前的活跃，全国民气空前的高涨。"[1]伴随北方社会形势的好转，在李大钊和中共北京区委的领导和帮助

---

① 冯玉祥：《冯玉祥回忆录》，北京：东方出版社，2011年，第279页。

下，全国铁路总工会争取到国民军的同情，邓培领导全国铁路总工会首先将"二七"以来被捕入狱的工会领袖救援出来。保定、北京、天津及其他各处被捕的史文彬、孙云鹏、李振瀛等一大批铁总干部获释。邓培还领导铁总开展了恢复"二七"以来各铁路失业工人的工作，组织筹募捐款交由汉口救济委员会，以抚恤"二七"罹难工友及其家属。

以北京政变为契机，邓培还领导了全国铁路总工会进行恢复和发展各路铁路工会的工作。京汉、津浦、正太、陇海、胶济、京奉、京绥等各路工会，或全部恢复，或恢复一部分。到1925年年初，全国各铁路工会恢复了元气，京奉铁路唐山工会会员达400人，京汉铁路总工会郑州分会会员达700人，彰德分会会员有200人。

第三节　组织全国铁路工人第二次代表大会

一、主持全国铁路工人第二次代表大会

1925年2月7日，中国铁路总工会在郑州举行第二次代表大会，大会共进行4日，共到代表45人，代表包括京奉路在内的12条铁路的工会，通过议决案十余件。邓培出席并参与主持了这次大会。2月7日，邓培等代表与郑州劳动者两万余人，在郑州车站后广场举行了追悼"二七"44位遇难烈士大会。下午1时5分，大会正式开幕，选举主席，举行会议。大会前后4日，会程紧密，每日早8时开至下午6时，晚上8时开至晚上10时，每日开会时长多至12小时以上，超过了平时的劳动时间，但邓培等各路代表精神十分振作，秩序严整从容，充分表现了"二七"精神。

大会议题主要有三部分，一是铁路总工会报告与各路分会报告，二是大会政治报告、战略报告及国际会议报告，还有就是讨论相关会务，解决组织、宣传、救济等问题。在铁路总工会执行委员会报告中，肯定了京奉

线唐山工会在邓培领导下"会员多至4000余人"。①而在关于现在进行方针之报告与决议中，大会提出要恢复曾经组织的工会，整顿现有工会，力谋工会的统一，建立工会的经济基础，救济失业；实现以前罢工争得的条件，增进工人的切实利益；争集会言论罢工的自由；赞助国民革命，参加国民会议，训练和教育工友群众以及增强国际联合等内容。

在邓培的领导下，京奉路职工会在大会上提交了报告，向大会报告了二七事件后京奉路工人运动开展情况。报告对反帝反封建的认识更加深刻，"外国资本家盘踞中国一日，即中国劳工之奴隶生活延长一日"。因京奉路职工会及各地分会一直处在隐蔽状态，章程简单，山海关及奉天工会组织不够，大会针对京奉路实际情况，要求京奉路职工会联络车务、工程，及机务各处之车首、火夫等，使铁路工人尽行加入工会，并要求从速组织总工会并组织关外各分工会。大会的决议实际为京奉路总工会的成立提出了具体要求，为京奉路铁路工人运动的开展指明了方向。

大会发表了《全国铁路总工会第二次代表大会宣言》，豪迈地宣称"我们因此愈觉阶级势力的伟大，这是历史的教训，鼓舞着我们无限的勇气。我们的工会运动从此又到一个新时期了"，更加明确了全国铁路总工会的历史使命，"他便是中国铁路工人防守的武器"，"是谋全体工人阶级的福利，是现代中国产业工会的中心"；也更加明确了会后的中心工作，即"为工人阶级日常生活的利益不断作经济和政治的奋斗"。②

大会最后进行选举，选出邓培、王荷波等18人为全国铁路总工会第二届执行委员会执行委员，计京汉3人，京奉2人，京绥1人，津浦2人，胶济1人，道清1人，正太1人，粤汉2人，陇海1人，广三1人，株萍1人，中东1人，满铁1人。执行委员会成立后，互选委员长3人，总干事1人，委员秘书

---

① 《铁路总工会执行委员会在第二次全国铁路代表大会上的报告》，王清彬等《中国劳动年鉴》第2编，北平：北平社会调查部，1928年，377页。

② 《全国铁路总工会第二次代表大会宣言》，载《向导》1925年第104期，总第871页。

及调查、财政、庶务、教育、宣传、交际等各部主任各1人，劳动介绍处主任1人，救济委员会正副主任1人，各部干事若干人。邓培再次当选为委员长，王荷波为总干事。铁总会址设在郑州。

在二七事件两周年之日，全国铁路总工会发布了《二七二周纪念册》，其中京奉铁路总工会刊发了《〈二七〉纪念》一文，该文于1月25日撰成，全文内容如下：

两年前的今天，京汉路的四十余工友流血死了！为了工人阶级的利益和幸福奋斗死了；为了京汉铁路总工会成立会鏖战死了；为了争求集会结社自由被军阀杀死了！工友们！记着，紧紧地记着！

两年前的今天，京汉路以及其他各路数百工友失业了！为了工人阶级的利益和幸福奋斗失业了！为了京汉铁路总工会成立会鏖战失业了！为了争求集会结社自由被军阀害失业了！工友们！记着，牢牢地记着！

两年前的今天，京汉路的数十位工友被捕入狱了！为了工人阶级的利益和幸福奋斗入狱了！为了京汉铁路总工会成立会鏖战入狱了！为了争求集会结社自由被军阀捕入狱了！工友们！记着，切切地记着！

两年后的今日，现在"二七"的凶犯——吴佩孚、曹锟倒了！我们的利益和幸福得到了，没有；我们的各铁路工会恢复了，没有；我们的集会结社权争得了，没有；我们的失业者恢复工作了，没有。工友们，想想，仔细地想想！

亲爱的工友们！在这第二周"二七"纪念日：为了我们工人阶级的利益和幸福，为了纪念为阶级殉难的四十余烈士，我们要努力奋斗恢复我们的工会。

亲爱的工友们！在这第二周"二七"纪念日：为了我们工人

阶级的利益和幸福，为了救济我们出狱和失业工友的痛苦，我们要努力帮助他们恢复工作。

　　亲爱的工友们！为了达到我们上项目的，我们要大家一致起来，继承我们殉难、入狱、失业诸工友的精神与意志，努力奋斗呵！只有我们自己一致起来，继承我们"二七"殉难入狱、失业诸工友的精神与意志，才算纪念"二七"，才能为工人阶级谋利益和幸福呵！①

从该文可以反映出邓培领导的京奉路总工会继承"二七"精神，致力于铁路工人运动的深入开展。

全国铁路工人第二次代表大会在邓培等人的领导下取得了重大成就，在中共四大上被选为中央工农部主任的张国焘认为这次会议标志着铁路工会运动自1923年二七惨案后，经过两年的蛰伏又再行抬头了。向导周报社也认为此次大会在中国工人运动史上和在中国革命史上有重大的意义。②

二、恢复建立京奉铁路总工会

邓培在参加全国铁路工人第二次代表大会后，于2月中旬回到了唐山。他根据中共四大精神和全国铁路工人第二次代表大会精神，积极动员工人群众，将职工运动与民族革命相结合，将政治斗争和经济斗争相结合，紧紧依靠唐山工人阶级，恢复建立了京奉铁路总工会。

开滦大罢工和二七惨案发生以后，外国资本家和军阀当局相勾结，派出密探，对京奉铁路职工总会和各站分会监视和压迫，致使工会遭到不同程度的破坏，唐山、天津、丰台等地分工会虽仍然存在，但不得不秘密进

---

①　京奉铁路总工会：《〈二七〉纪念》，全国铁路总工会《二七二周纪念册》，1925年，第18页。

②　《向导周报社祝全国铁路总工会代表大会》，载《向导》1925年第101期，总第842页。

行。在邓培领导下，京奉路职工会在全国铁路工人第二次代表大会上提交了报告，标志着京奉铁路总工会迈出了恢复组织的关键一步。会后，邓培积极贯彻全国铁路工人第二次代表大会的会议精神，在努力推动各地分工会组织就绪的基础上，于1925年4月间恢复建立了统一的京奉铁路总工会。邓培继续担任京奉铁路总工会委员长。工人入会须遵守工会章程，服从工会命令，并经工会执行委员查核发给会员证书。工会向会员征收经费，会员每月捐助半日工资充当会费。

京奉铁路总工会会员所发证书上明确了会员须知和守则，标明了会员的权利和义务，反映了工会建设的制度化成就。会员证书所载内容如下：

　　会员须知：全国铁路工会，只有一个，没有两个。京奉铁路总工会也只有一个，没有两个。工人入会，即主人一份子。会员若尽了会员应尽之义务，定能享受会员应享之权利。必须服从一切命令，更须努力谋公共之幸福，有福同享，有祸同当，共济则皆生，分裂则俱死。会员倘有破坏工会者，不但他失去会员之资格，且变为工会同人之仇敌。

　　会员应守之诫约：（一）应守厂规路规；（二）严守工会的纪律；（三）不做宗法社会式的工会对人问题；（四）不私斗；（五）不为一切伤生耗财之娱乐；（六）不作反工会利益的行为；（七）不行地方的界限；（八）宁可饿死，不与官僚政客、资本家作密探或走狗；（九）不得藉工会名义，在社会上招摇拐骗；（十）工会开大会时不得不到会；（十一）不可有在工会内作争权夺利之举动。

　　会员应享之利益：（一）会员入会一年，不幸死者，由本会给回半月工资；二年者给回一月；如此类推；（二）会员热心会务，因劳致疾，经会员证明无钱调理，由本会给回恤金，由代表临会时定之；（三）会员因病不能作工，亦无医药费，贫苦无依，经委员会调查确实，有工人担保，得由本会借贷，痊愈后还回，不取利息；（四）会员不幸身死，家计萧条，得由本会介绍会员，随意捐助；（五）会员因公失业，得由本会代谋职业，并维持一切路费。

此外，集会结社之自由权，言论出版之自由权，同盟罢工之自由权，最低限度工资之规定，废除包工及罚工制，八小时工作制之规定，工厂卫生之改良，节令日各纪念及星期日休假给回工资，工人死伤保险费之规定，工人补习教育之实施，工人失业之救济，限制童工工作之时间，女工产前产后之优待条件，工人住所设施及卫生改良等项，亦均为本工会力争之标的。①

在邓培领导下，京奉铁路总工会再次统一起来，在总结之前斗争经验教训的基础上，工会的主人翁意识更加强烈，纪律更加严明，宗旨和斗争目标更加明确，为今后的工人斗争奠定了更加坚实的组织基础。

第四节　领导全国铁路工人第三次代表大会

1925年10月，上级党组织决定邓培调到北京专任全国铁路总工会的领导工作，不再兼任中共唐山地委书记和京奉铁路总工会委员长，唐山地委书记由黄钟瑞接任。邓培自五四运动后参加革命，一直没有脱离生产。但在1925年以后，他不仅在党内担任中共中央候补执行委员和中共唐山地委书记，而且在工会系统中兼任全国铁路总工会领导人、京奉铁路总工会委员长。他领导着繁重的革命工作，已不能再坚持做工了。邓培接受党的安

---

① 《京奉铁路总工会成立》，载中共唐山市委党史研究室编《唐山革命史资料汇编》第7辑，1991年，第230页。

排，向唐山制造厂辞去了旋床工匠工作，离开了他长期工作和战斗过的工厂，从胥各庄登车前往北京，从此成为一名光荣的职业革命家。

1925年冬至1926年春，全国反帝反军阀风潮愈演愈烈，邓培领导全国铁路总工会，就国内发生的一系列重大政治事件发表通电，表明铁路工人的立场，坚持反帝反封建，坚决拥护国民革命，在全国产生了积极的影响，彰显工人阶级是中华民族追求独立解放的先锋力量。

1925年11月爆发了郭松龄事件，在滦州的郭松龄部倒戈，联合冯玉祥的国民军反对张作霖，北方一度出现了有利于革命的形势。全国铁路总工会就时局致电广州国民政府，认为应组织临时国民革命政府，对内则肃清一切反动之军阀势力而解除其武装，给予国民一切自由，俾各种职业团体得派代表组织国民会议，产生正式国民政府；对外则宣布解散关税会议，废除一切不平等条约，以脱离帝国主义之羁绊。①

1925年年底，随着反奉高潮的兴起，军阀统治不断动摇。帝国主义和反动军阀勾结到一起，孙传芳于上海秘密枪杀上海总工会副委员长刘华；赵恒惕在长沙无故捕去中华全国总工会副委员长刘少奇；汉口烟厂工人遭英人武装残酷屠杀，震动全国无产阶级。中华全国总工会通电愤怒声讨反动军阀和英帝国主义的残暴罪行，"或屠杀我们工人的领袖，或捕拿我们爱国志士，或屠杀我们无辜的工人"，告诉工友和全国民众"要获得解放与自由，只有拼命杀上前去与帝国主义军阀决一最后之雌雄"；号召全国工友和爱国同胞，"我们应群起团结作一劳永逸之计"，"打倒一切反动的军阀"，"结束这一次战争由军阀之战变为革命之战"，"以革命的方式来否认一切不平等条约，而达到真正民主独立共和国家"，"援救被捕的爱国志士及被难工人"。②这一通电在全国产生巨大反响，推动了赵恒惕

---

① 《中华全国铁路总工会对时局通电》，载《工人之路》1925年第178期，第3版。
② 《中华全国铁路总工会为最近上海孙传芳秘密枪毙刘华、赵恒惕无故逮捕刘少奇、汉口烟厂工人遭英人屠杀事通电》，载《工人之路》1926年第197期，第1版。

在全民舆论声讨下不得不释放刘少奇，促使英帝国主义在全中国人民的反对下被迫对汉口烟厂蒙难工人家属作出善后安排。

1925年冬，在北方发生的郭松龄事件中，张作霖求助于日本帝国主义，日本帝国主义为扶持张作霖，悍然出兵侵入我国东北，进攻反奉的郭松龄部。全国铁路总工会的通电对日本帝国主义的暴行表示强烈反对，揭露日本帝国主义“已抛弃其一切假面具实行以武力侵略”，“尚望全国国民急起直追，继续扩大排斥日本帝国主义运动，实行与日经济绝交，一面号召全国群众对日作广大的反抗日本出兵之运动，以期根本消灭奉系军阀所赖以生存之恶势力”。[①]

而随着冯玉祥的国民军占领直隶等省，北方的铁路工人组织逐渐恢复并发展。1926年2月7日至15日，全国铁路总工会在天津召开第三次代表大会。到会的全国18条铁路的工会代表共58人，代表着有组织的21万铁路工人。大会受到天津总工会的大力支持。邓培出席并主持了这次大会。

2月7日晚，大会开幕式暨天津各界“二七”纪念大会在天津南市第一舞台盛大举行。全体大会代表和天津工人代表两千余人出席了大会。邓培主持会议，他宣布开会宗旨，代表们高唱《国际歌》，全体与会人员起立向“二七”死难烈士致哀。大会期间，中共北方区委书记李大钊和中共天津地委书记李季达到会发表讲话，大会还邀请了国民党、天津总工会、北京总工会、苏联运输工会、德国工人后援会的代表登台演说和致辞。全国铁路总工会总干事王荷波作了铁总一年来的工作报告。

9日，大会在天津法租界国民饭店举行正式会议，讨论了组织、宣传、协作、救济、自卫团五大内容，听取了政治、劳动、工人与政党、路工与农民、全国总工会等20余项报告，通过了致世界无产阶级、苏联工人、广州国民政府、北方国民军、慰勉港澳工友、抗议军阀惨杀工人等30余项决

---

① 《中华全国铁路总工会为反对日本出兵满洲事电文》，载《工人之路》1926年第197期，第1版。

议。赤色职工国际、农民国际和中共中央、中华全国总工会向此次大会发来贺电、贺信，其中中华全国总工会的贺电提出全国铁路总工会应"努力扩大与严密自己组织，继续先烈精神，为民族与阶级解放而奋斗"①。

15日，大会选举邓培、罗章龙、孙云鹏、康景星、王荷波、史文彬、刘文松等13人为全国铁路总工会第三届执行委员会委员，施恒清等7人为候补执行委员，组织执行委员会。邓培继续担任委员长。铁总会址设在天津。大会通过了宣言，号召全国铁路工人积极反抗帝国主义之侵略和军阀之压迫，破坏帝国主义和反动军阀之联合战线，扫灭奉系军阀与直系残余势力，努力完成国民革命和全世界无产阶级革命。

全国铁路工人第三次代表大会召开后，邓培领导全国铁路总工会开启了新的斗争之路。1926年2月22日，粤海关税务司英国人贝尔，秉承英帝国主义的旨意，为切断两广一切进出口贸易，借口工人纠察队扣留未经查验的货艇，悍然关闭广东海关。在邓培领导下，全国铁路总工会通电号召"全国民众应一致奋起，与英帝国主义抗斗"，"本会愿率领全国10万有组织之铁路工人，作反吴讨张反帝国主义之先锋"②。在全国人民一片严重抗议声中，26日贝尔被迫重新开放粤海关。

第五节　组织广东铁路工人运动

一、广东各铁路工会的建立

国共合作后，广东成为了国民大革命的策源地。广州国民政府于1925年7月1日成立，中共中央和北京区委从革命全局出发，为加强南方的革命

---

① 《中华全国总工会贺全国铁路总工会电》，载《工人之路》1926年第238期，第1版。
② 《中华全国铁路总工会为英帝国主义封锁广州通电》，载《工人之路》1926年第275期，第1版。

力量，于1926年上半年从北方抽调了赵世炎、罗章龙、陈乔年、陈毅、史文彬、王仲一和邓培等一批优秀共产党员，派往南方工作，大大推进了国民大革命的开展。

从1903年到1926年，广东省境内已修建起粤汉（南段）、广三、广九、潮汕、新宁5条铁路。最早建成的广三铁路于1903年10月20日通车。广九铁路（大沙头至深圳）于1911年3月26日建成通车。粤汉铁路（黄沙至韶关段）于1916年6月15日建成通车。潮汕和新宁铁路均为私营，潮汕铁路于1906年10月1日建成通车。新宁铁路则于1913年8月建成通车。广东早期的铁路工人处在社会的最底层，大都是来自破落的农村。当时铁路工人的工资按日计算，一般工资在3—5角。1926年前后，四口之家的月最低生活费是32元左右，相当一部分工人无法保证最低的生活要求。广东的铁路工人不仅工资低，而且没有基本的劳动保护和医疗保障。

广东5条铁路的工人在大革命时期已达4000人以上。1922年3月，潮汕铁路就成立了工会，1925年8月粤汉铁路正式成立总工会，广三、广九、新宁铁路至1926年上半年相继成立各自的总工会，这些工会是受中国共产党领导的。然而右派工会广东机器工会及新宁铁路机器区分会、潮汕铁路黄色工会等，则与广东各铁路工会对立，使得广东铁路工人运动出现了不和谐的局面。1926年4月1日，广州工人代表大会召开，在会上，到会的绝大部分代表在中国共产党和中华全国总工会的领导下与国民党右派和其操纵的反动工会进行了坚决的斗争。虽然广东铁路工人运动中有不同的声音，但大多数广东铁路工人在中国共产党的领导下建设赤色工会，积极参加了历次全国劳动大会和历次全国铁路总工会代表大会。第三次全国铁路总工会代表大会上，邓培当选为执行委员会委员长。为加强广东铁路工人运动的领导，推进广东交通运输业工人运动的开展，全国铁路总工会决定成立铁总广东办事处。考虑到邓培是广东人，在进行工作时更加便利，铁总便派他于全国铁路工人第三次代表大会闭会后不久前往广州，筹备建立全国铁总广东办事处，亲自领导广东5条铁路的统一工会运动。

二、建立中华全国铁路总工会广东办事处

在平定杨、刘叛乱时，粤汉、广九、广三三铁路已成立联合罢工委员会，由三铁路联合到促成广东五铁路之联合乃大势所趋。中华全国铁路总工会下设的广东铁路工会联合办事处改组为中华全国铁路总工会广东办事处，5月5日在小市街广州工人俱乐部旧址正式办公。

这时，各铁路的工会组织没有统一，邓培和杨殷等奔走于各路之间，做艰苦的思想和组织工作。他们对群众宣传说："工人和职员没有根本的利害冲突，大家要团结起来，去争取整个无产阶级的地位。我们要进行反帝反军阀的斗争，只有团结起来才有力量。"工人和职员都提高了觉悟，统一工会的工作逐渐开展起来。经过不长的时间，粤汉、广九、广三三铁路工会在邓培和杨殷的领导下统一起来。但是，潮汕、新宁两条铁路仍受国民党右派马超俊等操纵的广东机器工会影响，并没有完成统一工会的工作。

1926年5月14日，在邓培领导下，全国铁路总工会广东办事处于广州太平戏院举行广东铁路工人代表大会，到会代表331人，代表有组织的铁路工人4000余人。第一天举行了大会开幕式，第三次全国劳动大会代表及第二次全省农民代表大会代表列席了会议。会场挂满了旗帜和贺匾，气氛异常热烈。大会首先由中共广东区委委员、国民党中央工人部秘书冯菊坡宣布开会。接着由王春报告广东铁路工人斗争概况，陆基报告铁总广东办事处筹备成立经过，中华全国总工会代表李森和邓培等十几人相继发表了演说。邓培提出要发展广东革命根据地的铁路工人运动，以推进全国铁路工人运动，推进国民革命发展。第二天邀请胡汉民作政治报告，由刘少奇代表中华全国总工会作全国职工运动报告，由全国铁路总工会总代表邓培作全国铁路报告。第三天由粤汉铁路工人代表李连、广九铁路工人代表周祯、广三铁路工人代表陆芬分别报告各铁路工人斗争情况，由刘尔崧作组织问题报告，由丘鉴志报告全省工农联合战斗情况，由冯菊坡作经济斗争报告，由阮啸仙作工农联合报告。第四天制定并发表了大会宣言，进行了大会选举，并举行闭幕式。

大会选出执行委员15人，计铁总特派代表1人，粤汉4人，广九4人，广三4人，潮汕、新宁铁路各1人。第一届执行委员会议选出常委5人，李连为书记长，王春为组织部主任，陆芬为宣传部主任，伍昌为职业介绍委员会主任，周祯为财政委员会主任。

大会胜利闭幕，通过组织问题决议案等多个，并在邓培主持下通过了致全国铁路工友书，内容如下：

铁总广东办事处全省代表大会致全国铁路工友书，中华全国铁路总工会转各铁路工友：去年粤汉、广三、广九三路工友全体罢工拥护革命军，驱逐军阀杨希闵、刘震寰后，各已组织全路统一的工会，潮汕及宁阳两县工友又已组织工会。广东方面五路工友，现已各在统一组织之下，从事反对帝国主义、反对军阀之运动，为国民政府前驱，完成国民革命之历史使命，以进行世界革命，达到工农阶级解放之目的。广东方面有组织铁路工人四千零八十九人，现已一致团结。在中华全国铁路总工会指挥之下，与全国铁路工友携手，从事反对帝国主义、军阀工作。五路第一次代表大会，已于五月十四日在广州举行，到会代表三百三十一人，全场并有第三次全国劳动代表大会代表，及第二次全省农民代表大会代表参加，空气非常热烈，一致高呼"拥护国民政府进行北伐，打倒军阀张作霖、吴佩孚，打倒帝国主义""拥护第三次全国劳动大会决议案""拥护全国铁路总工会""拥护省港罢工""国民革命成功万岁""世界革命成功万岁"，谨此电闻。

中华全国铁路总工会广东办事处第一次全省代表大会叩。①

邓培主持的全国铁总广东办事处的成立和广东铁路工人代表大会的召开，对于推进广东铁路工人运动的发展具有重要意义。

三、维护广东铁路工人权益

邓培领导建立全国铁总广东办事处后，在孙中山三大政策尤其是扶助农工政策的基础上，特别注意维护广东铁路工人的地位和权益。他关心铁路工人的生命安全和政治地位，强调改善工人生活待遇，支持各线铁路工人的政治斗争和经济斗争。

大革命时期的广东虽然民众革命积极性高，但是也存在土匪出没的现象。1926年8月16日，广三铁路的一趟列车在上架裘岗被大股土匪拦截抢劫。列车收票员1人被打死，木工及路面工人数名被抓走，铁路工人的安全受到极大威胁。邓培领导全国铁总广东办事处立即向广州国民政府提出派兵保护铁路、维护铁路员工和旅客安全等四项要求。广州国民政府非常重视全国铁总广东办事处的提议，当即派出军队剿匪，铁路工人安全保障得到较大改善。

广东各铁路路面工人工资相对低，生活较为困难。在全国铁总广东办事处和邓培的支持下，各路工会分别向各路局提出增加工资的要求。经过争取，路面工人的工资普遍由每天3角提高到每天5角至8角，工人的积极性大为提升。

广东铁路工人在1925年通过粤汉、广三、广九三路联合罢工的方式协助广州国民政府平定杨希闵、刘震寰军阀叛乱，广州国民政府曾特批优待工人19项条件，其中有"每逢九月一日加薪一次"的规定。1926年8月，广

---

① 中国铁路工会广州铁路分局委员会：《广州铁路分局工人运动史稿（1898—1950）》，1990年，第107页。

九铁路总工会向广九铁路局局长姚观顺提出加薪要求，被其多次推诿，至9月底仍未解决，而同期又出现工人马桥被广九铁路局开除事件，铁路工人群情激奋。9月22日，邓培以铁总广东办事处的名义致函姚观顺，内容如下：

> 迳启者：广九铁路工人每年加薪一次，本有成例在前，贵局长与该路总工会亦有成约，应当依期履行。至今将届一月，尚未切实履行，因此群情非常愤激。本月9日本办事处送去贵局长公函一件，关于马桥无辜被撤职一事，迄今多日未将马桥事解决，想贵局长对于本办事处去函实属置之不理。本办事处管辖各铁路工人，凡遇不平之事，当然据理力争。今贵局长对于广九铁路工人加薪，尚未履行；而马桥无辜被除，又不将其复职，两事办理得宜，方能免工人之误会，否则激成事变，谁尸其咎？本处已经尽费苦心，劝告工人静候解决，故特函报告。尚希立刻履行加薪条件，并恢复马桥工作。倘若3天之内，延不办理，发生事变，须由贵局长完全负责。
>
> 此致广九铁路局长姚，中华全国铁路总工会广东办事处。①

广九铁路局仍旧不解决工人加薪和恢复马桥工作。9月23日，邓培参与领导广九铁路全体工人到国民党中央党部请愿，提出了四项要求：一，撤换局长姚观顺；二，履行加薪；三，恢复工友马桥职守；四，保障19条条件，以后局长不得修改。工人部秘书冯菊坡答复工人运动委员会决定了加薪标准，已转建设厅致函广九路局照办。国民党中央党部秘书处接见人员，则答应将工人请求转中央政治会议核办。同日邓培又组织领导广九铁

---

① 《全国铁路总工会广东办事处致广九路局长姚观顺函》，载《工人之路》1926年第444期，第3版。

路总工会召开工人代表大会，列举姚观顺压迫工会、任用私人等罪行，决定和姚观顺斗争到底，如国民政府不能完全答应工人要求，则举行总罢工，会中选举出了罢工委员会。

24日，全国铁总广东办事处和邓培又派出代表到国民党中央党部工人部交涉，部长陈树人答应代呈中央常务会议，而中央常务会议仍决定由工人部处理，工人部答复办理各项要求。虽经工人部交涉，政府建设厅仍未能满足工人要求，处理结果只是一纸空文。于是邓培和铁总广东办事处决定，组织广九路工人于9月26日上午7时起罢工。由于这时正当北伐，铁总广东办事处决定罢工只限停开客车和货车，军车仍照常开行，工人600余名返回大沙头车站，并在该站内食宿。粤汉、广三两路工会闻讯后，各派纠察队驻扎在大沙头车站，协同广九路纠察队维持秩序。铁总广东办事处发表宣言誓为后盾，指出姚观顺的行为"实具帝国主义、军阀兼而有之"，妄图挑起工人与政府对立，摧残工人，"欲达统治工会目的"，并抨击建设厅"毫无诚意"。①

广九铁路工人罢工一日后，引起了广州国民政府的重视，答应工人四项要求，由劳勉接任广九铁路局局长，暂准马桥复职。铁总广东办事处遂于9月27下令复工，广九路工人罢工取得完全胜利。复工前，在铁总广东办事处领导下，广九铁路工人举行了大游行庆祝胜利，他们沿途高呼口号，散发复工宣言，表示"此后益本奋斗之精神，力任革命之工作"。②

10月1日，粤汉、广九、广三等铁路工会执行委员40多人在全国铁总广东办事处召开联席会议，邓培主持会议，会议研究了各路局工人待遇上的差异，讨论三路工人统一待遇问题，决定把统一三路工人待遇作为实现铁路工人经济斗争的一项重要工作。

---

① 中国铁路工会广州铁路分局委员会：《广州铁路分局工人运动史稿（1898—1950）》，1990年，第109页。

② 《广九路罢工胜利》，载《工人之路》1926年第449期，第3版。

10月间，一拨驻扎在广三铁路石围塘车站附近的军人，以电灯不亮为借口，手持枪支闯入广三铁路机电厂，殴打两名夜班铁路工人，并抢去多件机电厂公物。广三铁路总工会立即向铁总广东办事处报告这一挑衅铁路工人的严重事件。在邓培和铁总广东办事处的支持下，广三铁路总工会提出调防驻军、赔偿受伤工人医药费和惩办凶手三项要求，由邓培和广州工人代表委员会主席刘尔崧向国民党中央工人部面陈。国民革命军经过调查，接受了广三铁路总工会的要求，将驻军营长撤职。

全国铁总广东办事处已成为广东铁路工人的坚强后盾。

四、胜利解决新宁铁路事件

大革命时期，广东工界存在着庞大的右派反动工会势力。全国铁总广东办事处成立后，积极组织广东铁路工人起来保卫广东革命铁路工会，打击反动工会势力。

国民革命军出师北伐后，广州的国民党右派势力联合反动工会势力，压制进步工人运动。当时广东的反动工会势力以广东总工会和广东机器工会为代表。广东总工会是著名的由行会演变而成的以手工业和服务业为主的"老板工会"，其拥有的分工会数量众多，影响较大。这些反动工会势力以国民党右派势力为靠山，联合无政府主义者，勾结反动武馆教头，成立"广东机器工会体育队"等反动武装，不断破坏工人阶级团结，镇压工人革命运动。

面对国民党右派势力和反动工会的迫害，邓培和杨殷等广东铁路工人运动领袖在1926年7月领导建立了粤汉、广九、广三三支铁路工人纠察队。铁路工人纠察队配有各式长短枪，每天巡逻放哨，维护铁路交通安全。铁路工人纠察队在邓培等人的领导下，成为了一支战斗力很强的工人武装，在以后保卫铁路工会和拥护国民革命中发挥了很大作用。

新宁铁路为商办铁路，有1300余名铁路工人，该路有两个工会，一个是多由机务部职工参加的广东机器工会台山支会新宁铁路区分会，一个是

由车务、工务、工程等部门工人参加的新宁铁路职工联合会。1926年5月，新宁铁路广大工人不满广东机器工会控制，由职工联合会请铁总广东办事处指导改组建立新宁铁路总工会。而在新宁铁路总工会筹备过程中，广东机器工会的头目李德谦派其反动武装体育队，勾结当地土匪"六大寇"，破坏新宁铁路总工会的成立。六大寇即陈式容、雷杨、伍栋、伍时栋、陈俊、陈和，以陈式容为首领。他们横行市面，勒索商民，无恶不作，民众惧之如虎。总工会虽然筹设，但是新宁路机器区分会仍坚持不加入。机器区分会有300人左右，总工会人数虽比机器区分会多，但机器区分会有六大寇及其死党30余人的加入，筹设期的总工会反而时受机器区分会的压迫。

1926年9月，机器区分会向新宁铁路当局提出加薪及礼拜日补薪工要求，还要求另给300元作为该会经费。当局不允，机器区分会发起停工1日。新宁铁路总工会以机器工人工资平日已高于车务、工程等其他工人，因此同时提出增加工资要求。出任调停的防军十三师政治部秘书王荣阶令铁路当局补200元伙食费给机器区分会，却以总工会要求在后的理由拒绝了总工会要求，并要求全体工人暂时上工。总工会工友也只能复工。机器区分会以十三师政治部能替他们讲话，强迫总工会会员工人加入机器工会。筹设新宁铁路总工会的负责人蔡求前往广州铁总办事处报告情况并争取支持。10月24日，新宁铁路总工会代表蔡求会同中央工人部代表、铁总广东办事处代表再往新宁铁路当局交涉，车至公益站，机器区分会由六大寇纠集武装，将蔡求等人拉下大肆毒打。当晚7时，机器区分会又由六大寇率反动武装数十名，专车开往新宁城，包围总工会，开枪轰击，捣毁总工会招牌和办公用品。当地民团、警察亦不敢干涉。

11月2日，邓培等代表铁总广东办事处致函广东机器工会，内容如下：

> 迳启者：现据散处新宁铁路总工会快邮代电称：职会日前提出加薪及改善待遇诸要求，未蒙公司承认，尚在磋商中，忽被新宁路领首匠目陈式容、雷杨、伍栋、伍时栋、陈和、陈优、陈署

均、陈星光、陈槐等，耸动广东机器工会台山支会，不准职会工人组织新宁铁路总工会，欺侮压迫，习以为常。十月廿四日，职会职员蔡求偕各方代表由江门乘车来台，至公益站，突被素惯压迫工人之领首匠目陈式容等督率烂崽数十名，各持器械强拉蔡求下车，殴至重伤，生死未卜。同日下午七时许，复率武装烂崽数十人，专车来城向职会进攻，开枪射击，希图闯进，危害同人生命，并将职会招牌拆去。似此纠众侮辱，纠众压迫，实属目无政府，全路工友，人人自危，且异常愤激。该陈式容等日恃其为包工头之势力，欺骗压迫工人，其手下工人久已受其鱼肉，今复统率武装烂崽向我全路工人进攻，工人何辜，受此荼毒。万乞本保障工人并扶植劳工发展之旨，迅电军警维持，切实保护，并严拿陈式容归案究办，以伸法纪，而巩固北伐后方治安，不胜逼切待命之至等情。据此，当经派员前往会勘属实，并目见该陈式容连日派人四出，威逼诱胁车务工人等加入贵会台山支会新宁铁路区分会，吓以不遵从者枪毙等词，并派人四处散发传单，肆意诋毁敝处及敝处职员。此等行为，完全为资本家地主土豪劣绅压迫工人之手段，实非我革命工人所应为也。

查陈式容等平日在公益埠恃势横行，包烟包赌、包花捐及包工榨取工人血汗种种劣迹，种种罪恶，昭彰在人耳目。张师长发奎驻防公益埠时，曾经将其通缉有案，今该陈式容等尚敢有此破坏工人组织压迫工人之举，谅系本其土豪劣绅之手段，假借名义，以行其恶也。用特函询贵会，该陈式容等此次威迫诱胁车务工人等加入贵会台山支会新宁铁路区分会，殴伤工友蔡求，毁拆总工会招牌，诋毁敝处及敝处职员等种种暴行，是否事前经过贵会同意。敝处深信贵会系领导工人革命，为工人本身谋利益的。平日对于各工友间无不一视同仁，万万不致出此，务请坦白为恒。如事前未得贵会同意，则该陈式容假借贵会台山支会名义

出而作恶,为工界之败类,为社会之蟊贼,不特贵会应起而查办之,敝处应尽棉力以对待之,即人人亦得起而诛之。为事前已经得贵会同意,则敝处认此举不特为违反贵会平日之宗旨,亦为革命前途一大障碍,且为劳工运动史上一大污点,贵会应即负起完全责任,从速设法解决,免遗劳工运动者之羞。至敝处各路总工会,乃根据国民党工人运动决议案之产业组织法而组织,实不容任何人破坏,尤不容任何人违反国民党工人运动决议案。且当此联合战线之时,各工会均须统一,以固实力,更不容任何人破坏统一组织,以分散势力也。务请本工人运动决议案之精神,及联合战线统一之要旨,为新宁铁路全部工人速谋联合统一组织,则革命前途,庶其有豸。相应函达查照,时机迫切,希为见复为荷。①

此函义正词严,详细描述了10月底以来的新宁路职工风潮情况,揭露了陈式容等人的反动本质,强烈要求广东机器工会表明态度,使其进退维谷。广东机器工会迫于陈式容等人的非法行径为社会各界和国民政府所不容,始终不敢回信。

11月4日,机器区分会将车头集中公益埠,大肆罢工,风潮愈演愈烈。新宁县总工会向国民政府、省、各机关团体致电,控诉六大寇陈式容等以台山机器工会新宁铁路区分会名义横加迫害新宁铁路工友,诱迫工友入会,殴打新宁铁路总工会职员蔡求,破坏新宁铁路总工会,强迫机器工友罢工,断绝交通,"形同土匪",扰乱北伐后方治安,影响工运前途。"请求

---

① 《全国铁路总工会广东办事处致机器总会及工人运动委员会函为新宁铁路工潮事》,载《广州民国日报》1926年11月5日,第11版;《全国铁路总工会广东办事处致机器总会及工人运动委员会函(续)为新宁铁路工潮事》,载《广州民国日报》1926年11月6日,第10版。

政府，根据本党扶植劳工本旨，迅予切实严办该六大寇陈式容等。"①

　　面对反动工会的猖狂进攻，邓培领导铁总广东办事处与中共广东区委和省港罢工委员会商定，决定由杨殷率粤汉、广九、广三三路纠察队，省港罢工委员会纠察队和广州工人代表会的工人武装数百人，乘装甲火船"胜利号"和"民生号"前往新宁解决争端。11月7日，机器区分会闻讯积极备战，预备铁车多辆以为堡垒。杨殷率领纠察队抵达后，立即散发传单，希望与机器区分会谈判，意在和平解决。不料六大寇立即开枪射击，纠察队被迫还击，经过激烈战斗，击溃了反动武装，毙六大寇中五人。此时，反动势力纠集到一起，破坏工人运动。十三师政治部主任翟瑞元上书总政治部，状告铁总广东办事处武力解决新宁铁路风潮。铁总广东办事处立即予以驳斥，历数新宁铁路公司漠视工人利益，陈式容借机器区分会压迫全路工人不准组织总工会，殴打工会代表，捣毁新宁路总工会。铁总广东办事处是在具呈国民政府及致函工人运动委员会，通告广东机器工会后，不得已派纠察队前往调处，指出十三师政治部主任翟瑞元混淆视听，纵容陈式容等人的罪行，干涉纠察队保护工友。

　　新宁铁路总工会在邓培和铁总广东办事处的领导支持下终于正式宣告成立。这是广东铁路工人运动的一个重大胜利。

　　由于铁总广东办事处派纠察队及时处理新宁铁路事件，各方无不称快。11月18日，公益民众在公益酒店召集全市各界大会，筹议地方长治久安。到会者有公益各界代表及市民共300余人，到会各代表在演说中多指出六大寇在该埠种种恶行。大会决议组织工农商学联合会筹备处，选举各界代表共9人为筹备员。农工商学联合大会通电各机关，内容如下：

　　　广州中央党部、国民政府、省党部、省政府、总司令部、

① 中国铁路工会广州铁路分局委员会：《广州铁路分局工人运动史稿（1898—1950）》，1990年，第154页。

总政治部、农工商学联合委员会、台山县公署、县党部、新会县公署、县党部、江门市政府、市党部、各报馆公鉴：窃公益埠著名六大寇陈式容、雷杨、伍栋、伍时栋、陈和、陈优、陈槐等五年前谋杀客商，劫取其财，购枪结党，横行商埠，包烟包赌，包运仇货，勒索奸淫，无恶不作。历经控告县署，并经张师长发奎通缉有案。惟该六大寇仍逍遥法外，市民亦无可如何。此次新宁铁路罢工，该六大寇更从中播乱，影响地方交通治安。本月十一日，纠察队来埠调解，该六大寇率党抵拒，发生冲突。该六大寇除雷杨外，均以罪恶贯盈，死于乱枪之下，全市闻之，咸庆地方除去大害。12日举行市民大会，全市燃爆竹以庆。本日复召集本埠农工商学联合大会，筹议地方长治久安，共谋人民共同利益。大会并议决根据国民党政纲，组织斯会，即日成立公益埠农工商学各界人民联合会筹备处，特此通电上闻，尚期鉴照。公益埠农工商学联合大会叩。①

六大寇势力被消灭，多数机器区分会工友意识到以前种种行为破坏了工人团结，纷纷脱离机器工会加入新宁铁路总工会。新宁铁路总工会在邓培和铁总广东办事处的坚定支持下，坚持加薪及改善待遇诸要求，表现出强大力量。经县长刘裁甫调解，新宁铁路公司应允工人以下条件：

（一）一元以下加六，一元至一元五毫加五，一元五毫至二元加三，二元以上加二。

（二）每年补例假10天。

（三）凡星期日休息工金照给，如开工一工作二工计。

---

① 中国铁路工会广州铁路分局委员会：《广州铁路分局工人运动史稿（1898—1950）》，1990年，第155页。

（四）每年旧岁晚恩俸半月，一律由十二月二十五以前发给，但作工不满一年按月计算。

（五）每日工作8小时，如开夜工，1点作2点计，系专指机器工人而言，其余不在此例；但司机工人货车每月补十五工，客车每月补八工。车上收票工人，亦每月补八工。

（六）在公司服务工人，无故不得开除。如公司有裁员及新添各处工人时，须由工会及公司双方各派三人合组仲裁机关解决之。

（七）凡本路各处工人，因公受伤，医药等费概由公司负责。在医治期内，工金照常发给，如因公毙命，由公司抚恤费一次过六百元，限一星期内由亲属协同本会派员领取。如因公致成废疾，不能工作者，由公司理愈后，发给长粮食至身故日止。若遇工会加薪，同等增加。在公司平常服务身故，公司抚帛金二百元。

（八）工会开办劳工学校，每月由公司补助经费五百元，按月五日以前领取，发回收据。

（九）如有各处工人住所不合卫生，由公司改善之。

（十）在罢工之期内，工金照给，另补本会伙食及一切费用银五千元。

（十一）以上各项条件，自签约日起发生效力。

新宁铁路总工会代表陈日光、陈炽庭，新宁铁路总办陈宜禧，台山县县长刘栽甫。[①]

至此，新宁铁路事件以新宁路铁路工人的胜利得以完全解决。

---

① 中国铁路工会广州铁路分局委员会：《广州铁路分局工人运动史稿（1898—1950）》，1990年，第156页。

五、领导对广东机器工会的武装斗争

新宁铁路事件之后，反动的广东机器工会头目一直在寻思报复，他们教唆一部分机器工人开展所谓报仇雪耻的运动，终于造成了机器铁路战争事件。1927年元旦凌晨，在国民党右派支持下，反共组织憩庐俱乐部的部分成员联合广东机器工会反动武装体育队共60余人，乘两艘电船由黄沙竹排登岸，突袭设在长堤的粤汉铁路总工会。因粤汉铁路工人纠察队已有察觉，邓培和杨殷等领导工人纠察队进行了英勇还击，战斗从凌晨到天明，最终工人纠察队击溃反动武装，俘敌3人。

1月2日，广东机器工会派反动武装体育队数十人从芳村、五眼桥、寺贝底和珠江大桥附近，水陆两路围攻广三铁路总工会。因前日之战，邓培和铁总广东办事处早已通知广三、广九等各路工会加强戒备，广三铁路总工会以铁道装甲车作掩护，用机枪反击。附近大沥农军和秀水乡农军赶来同广三铁路总工会协同作战，击毙反动体育队数人，俘虏5人。

1月3日，广东机器工会体育队企图偷袭广九铁路总工会。这时广九铁路总工会工人纠察队也早有准备，他们联系省港罢工委员会派出纠察二大队协助在大沙头东堤桥及沿岸布满岗哨。机器工会的两艘电船于深夜2时妄图在纺织厂附近伺机偷袭，忍无可忍的广九工人纠察队开枪射击，体育队只得调转船头逃之夭夭。

最终，广东机器工会三次进攻各路铁路总工会均告失败。在邓培和铁总广东办事处的领导下，广东铁路工人经过几次战斗的洗礼，革命热情得到极大提升，工会组织得到进一步发展。

第六节　主持全国铁路工人第四次代表大会

1926年10月，北伐军攻占武汉。广州的国民党中央和国民政府于1926

年12月中旬迁到了武汉，武汉一时成为全国革命的中心。1927年2月16日至21日，中华全国铁路总工会在武汉召开第四次全国铁路工人代表大会。到会有全国15条铁路的工会代表42人，他们代表了全国14万铁路工人。邓培率领广东铁路工人代表团出席了大会，代表团成员还有粤汉铁路工人黄江、傅文波，广九铁路工人周祯，广三铁路工人陆芬和新宁铁路工人蔡求等。他们于2月中旬乘海轮离开广州前往上海，因上海仍处在北洋军阀的统治之下，邓培等代表化装成商人，躲过了军警搜查，转乘江轮于开会前夕到达汉口。

　　2月16日中午，第四次全国铁路工人代表大会在汉口老圃西舞台开幕。到会除了全国铁路工人代表外，还有中国共产党、共青团、全国总工会等各团体、各工会代表嘉宾共200余人。会场庄严肃穆，中央悬挂了马克思、列宁、孙中山以及"二七"死难烈士遗像。大会推选邓培、史文彬、刘文松、孙之明、方刚直、蔡求、席玉福、杨峻岭等人组成主席团，由京汉路总工会代表罗海臣主持会议。李立三代表中华全国总工会到会讲话，指出"现值最后决战之时，是革命民众的生死关头，必须全国一致团结，尤其是铁路工人负担的责任和使命，比较更大"[1]，充分体现了铁路工人在国民大革命中所起的重大作用。

　　在大会上，各铁路工会代表分别报告了工作情况，广三、广九、粤汉南段、京汉、沪宁、南满、新宁、粤汉北段、京奉、津浦、京绥等路代表相继报告工作。广东铁路工会的情况，邓培事前由广州邮寄汉口大会筹备处，但筹备处没有收到。粤汉、广九、广三、新宁等路代表又在邓培领导下，重新写了报告，并在大会上发言。李立三向大会作了世界职工运动状况的报告。大会讨论了政治情形与铁路工人的责任问题，指出目前帝国主义分化革命势力，联合右派，攻击左派，企图与中国军阀共同消灭中国

---

[1]　姜廷玉、肖甡：《民主革命时期历次"铁总"代表大会》，载中国革命博物馆党史研究室编《党史研究资料》第6集，成都：四川人民出版社，1985年，第690页。

革命势力，再由交通系与奉系军阀共同管理各铁路，并勾结反动派破坏工会；进而提出在严重的政治局面之下，应整顿全中国铁路工人政治要求与经济要求的目标，谋求工人阶级自由幸福的保障，努力实现国民革命。大会决议率领全国铁路工人参加北伐战争，号召全国铁路工人认清铁路工人在国民革命中的使命，为了求得民族的独立和阶级的自由解放，必须扩大北伐战争，继续进行反帝反军阀的斗争。大会还通过了《组织问题决议》《宣传教育决议》《纠察队与交通队决议》等文件。

2月19日，大会选举产生了第四届全国铁路总工会执行委员会，邓培等人被选为全国铁路总工会执行委员，推定王荷波、刘文松、李涤生、袁达时、叶云卿5人为常务委员，王荷波为总书记。这次大会结束后，邓培返回广州，全力推进全国铁总广东办事处工作。

第六章

新的革命面貌

中共三大结束后，邓培回到唐山。因当选了中央候补委员，肩上的担子更重了，他更加积极地工作，在推进党的各级组织建设、推动党的劳工运动发展等方面取得了重要成绩。

第一节　继续发展唐山党、团组织

一、继续推动唐山党组织建设

唐山中共党组织建立后，邓培一直担任负责人。中共三大之后，邓培继续出任改组后的中共唐山地委委员长。此时，中共唐山地委在唐山制造厂和唐山大学做了大量工作，发展了一批工人党员和学生党员，邓培还兼任了京奉铁路唐山制造厂党支部书记。

邓培派唐山制造厂职工会委员刘玉堂和李志良前往山海关帮助当地建立党组织并发动工人运动。刘玉堂在山海关老仓街租了3间民房开办了工人业余补习学校，向山海关工人宣传革命思想，提高了山海关工人的革命觉悟。邓培多次派人到京奉铁路关外主要站段开展工人运动。1924年年初，他到关外沟帮子、皇姑屯和营口等地指导职工会工作和推进建党工作。不久，沟帮子建立了京奉路职工总会沟帮子分会。在邓培的指导下，唐山制造厂党员欧阳强在沟帮子建立了党支部。唐山制造厂工人党员邓福林在营口建立了党小组。在关外地方党委建立以前，沟帮子和营口等地党的基层组织，受总部在唐山的京奉路党组织和中央候补委员邓培的领导。

1924年以后，在邓培领导下，唐山各大厂矿和学校如唐山制造厂、启新洋灰公司、唐山交大、开滦矿务局的党组织得到恢复和发展。华新纺织厂中共地下党组织是这一时间建立起来的。邓培先是以同乡关系发展华新工人张玉兰入党，再由张玉兰发展张风尧、刘志成等4人入党；以张玉兰家（广兴里实胡同）为联络点，邓培也常要求张玉兰等华新纺织厂党员参加唐山地委的相关会议。在华新纺织厂党组织的领导下，华新纺织厂工人运动发展起来。

邓培领导的中共唐山地委的工作取得了重要成绩，也得到北京区委的肯定。1924年5月，北京区委向中共中央执行委员会扩大会议提交的报告中指出："唐山现有党员八人（皆工人），候补二人（系交大学生）。石家庄有党员七人（工人）。唐山、石家庄皆早已成立地委。唯石家庄现因缺人主持，有等于无。唐山情形颇好。"① 在邓培的领导下，唐山党组织已从建党初期主要发展工人党员到同时吸纳先进工人和先进学生入党的新阶段，牢牢把握住了工人运动和学生运动两条主线。

二、领导唐山地方团组织进一步壮大

自从1921年7月唐山社会主义青年团建立以后，邓培虽然也注意了青年学生工作，但不及工人方面的工作成效显著。唐山团员主要是唐山制造厂的青年工人，唐大学生团的力量比较单薄，早期只有周树梧、田玉珍两名团员，后来周树梧毕业离开唐山，剩下田玉珍1人。团的二大召开前，在邓培的直接领导下，唐山团组织利用唐山大学学生会的名义创办了平民学校，发展冯亮功、邹元昌、熊世平等人入团，唐山团员人数已达22人。1923年8月20日至25日，中国社会主义青年团在南京召开第二次全国代表大会。会上通过的《关于中央执行委员会报告的决议案》认为唐山地方团"对路矿洋灰各种罢工，颇能尽力指挥；创办工人图书馆；救国运动亦多发起及参加。惟因压迫过严，未能吸收多数同志，且开会亦少，此后应设法战胜此等难关"，既肯定了唐山团推动工人运动的成就，也指出了唐山

---

① 《唐山形势颇好》，载中共唐山市委党史研究室编《唐山革命史资料汇编》第7辑，1991年，第28页。

团组织发展不够，组织活动缺乏的局限。邓培派唐山制造厂工人团员梁鹏云为代表参加了这次大会。大会选举梁鹏云为中央执行委员会候补委员。9月29日，召开第二届中央执行委员会第一次会议，因有委员李少白辞职，梁鹏云提补为正式委员。会上决定了委员的职务和分工，梁鹏云分工驻唐山。

团的二大以后，根据新章程"一地方有二十人以上，经区或中央执行委员会之许可，得派员至该地方召集全体大会或代表会，由该会选举三人以上组织该地方执行委员会"，邓培组织召开唐山团大会，改组团组织成立地方执行委员会，由邓培任委员长，阮章任秘书，梁鹏云任会计。

在中共三大和团二大召开之后，在邓培的直接指导下唐山党、团组织打破了唐山反动当局的限制，加强了对群众革命工作的领导。

10月10日，由唐山团地委组织唐山学、工、农、商各界举行了规模盛大的提灯会，庆祝"双十节"。这次群众活动唐山团地委在9月份即着手准备，团员们"颇努力"，将领导权"操之吾人之手"。①唐山各界有30多个团体数万人参加了此次提灯会，唐山市区悬旗结彩，花炮不绝。唐山制造厂等各厂矿工人在提灯游行中高呼"劳工万岁""民国万岁"的口号。提灯会上各团体均有双红十字灯，灯彩新奇，神采飞动，各有不同，邓培领导的唐山制造厂工人团体的灯帘上有两联最为醒目——"一把毛帚扫尽天下污秽，几滴血汗唤起世界光明"，表达了工人阶级要改天换地的凌云壮志。

邓培还特别加强了唐山大学团组织工作。团中央二届一次会议提出各地团组织应利用各学校学生会的名义从事各种运动。1923年1月26日，唐山大学学生会成立，由此，邓培和唐山团地委决定继续加强唐山大学的建团工作，并取得学生会的领导权。唐山大学为工科学校，学风纯正，学

---

① 《梁鹏云复信团中央》，载中共唐山市委党史办公室编《唐山革命史资料汇编》第6辑，1987年，第59页。

生大多极为用功，相当一部分学生热衷科学救国。经过五四新文化运动的洗礼，一部分学生思想渐趋活跃，但由于五四新文化运动时期各种思潮蓬勃兴起，马克思主义、无政府主义、工团主义、基尔特社会主义等纷纷传播，唐大的众多学子还未明确发展的方向。为了实践团的二大提出的学生运动决议案，邓培在会后亲自领导唐大的学生工作。邓培平易近人，是工人领袖，有一定的马列主义理论水平，在唐大学生中影响很大。他通过田玉珍、邹元昌等人领导唐大学生组织读书会，实际就是成立马克思主义研究小组，订阅党、团进步报刊，购买和学习《共产党宣言》《资本论》等马列主义著作；通过出"壁报"研究马克思主义，通过谈心交流启发进步学生思想认识，宣传打倒帝国主义和废除不平等条约，还通过开展马克思主义与无政府主义的辩论，使一些原来倾向于无政府主义思想的同学，逐步转到马克思主义方面来。读书会成员逐渐增多，一部分进步学生端正了对待人生的态度，树立了正确的政治观点，加入了团组织，并走上了革命的道路。1923年年底至1924年年初，邓培通过田玉珍先后发展唐大学生邹元昌、熊式平、冯亮功、武怀让、黄轩、马懋廷、赵洪佐等入团。这一时期，唐大建立了团支部，田玉珍、冯亮功等先后担任书记。随着读书会会员不断增多，读书会改名为社会科学研究会，成了吸收团员的机关。到1924年4月，会员已达50多人，占了唐大学生的四分之一，为唐大团组织发展奠定了坚实基础。又由于唐大学生会的领导成员6人中，熊式平、黄轩、马懋庭3人是团员，秦宗尧又靠拢团组织，这样唐山党团组织就掌握了唐大学生会的领导权。邓培还利用唐大学生会这个公开组织，联系唐山各界人士，促进了各界的大联合，宣传和开展各项革命运动，取得了很好的革命效果。

1924年1月，社会主义青年团唐山地方执行委员会进行改选。邓培因党的工作需要，不再兼任团地委委员长，由王麟书接任委员长，阮章任秘书，梁鹏云任会计；又增选田玉珍和李福庆为候补委员。这一时期，唐山团员的主体仍然是工人。5名委员（包括候补）中，除田玉珍是唐山大学学生外，其他4人都是唐山制造厂工人或练习生。而在1923年年底唐山团员调查表所列的17名团员中（邓培和阮章等人并未在其中），工人有15名，唐山大学学生1名，铁路扶轮学校教员1人。①

1924年年初以来，唐山的社会主义青年团组织在邓培领导下不断发展壮大。4月13日，青年团唐山地方执行委员会在欧阳胡同小楼召开全体团员大会，共有49人参会，邓培派阮章代表中共唐山地委出席会议。会上一方面总结了前期工作，唐山大学方面，以田玉珍为代表的唐大团组织发展迅速，利用4个月的时间通过马克思主义团体读书会发展了22名团员，推动了唐大平民夜校的建设，推进了唐大学生会的迅速发展，唐大团组织在这些机构中起到了领导作用。工厂方面，推动组织发展，吸纳了孙宝森等加入组织，参与领导了开滦煤矿和华新纺织厂工人运动。国民运动方面，参与筹建国民党党部和审查国民党老党员资格。另外，会议选举了新的青年团唐山地方执行委员会，王麟书、阮章等人去职，而根据邓培和中共唐山地委的指示提出以后团的工作应以学生工作为重点，并建议以唐大团支部为主，组织新的唐山团的领导机构。会议决定青年团唐山地方委员会升格为区执行委员会，选举了6名委员，其中委员长为武和劲，秘书为冯健，国民运动委员为田真和梁鹏云，青年运动委员为郝其光和徐炳恒，另外选出候补委员5名，分别是方迪西、赵椿年、容昌、邹枚和李福庆。在区执行委员会下设唐山大学和唐山制造厂两个地方执行委员会，区执行委员会代行唐大地方执行委员会职权。会上还从工人方面、唐校方面、农村方面和组织国民党方面制定了工作计划。

但不久因团中央改组，要求地方团组织按照中央局要求进行改组，于是青年团唐山区执行委员会改组为唐山地方执行委员会。8月20日，团中央决定唐山地委组成名单，武和劲任秘书，田真任组织部主任，冯健任宣传

---

① 《1923年底唐山团员调查表》，载中共唐山市委党史办公室编《唐山革命史资料汇编》第6辑，1987年，第66页。

部主任，柳平平任学生部主任，梁鹏云、孙宝森任工农部主任。团地委下设唐山大学支部和唐山制造厂支部。

在邓培和青年团唐山地方执行委员会的努力下，唐山团组织的队伍进一步发展起来。1924年6月7日，青年团中央集中北方各地团组织在北京召开代表会议，此时唐山共有团员70余人，其中除两个矿工外，唐山铁路工人和唐大学生各占一半。团员人数有较大增长，但同时也比较集中，开滦煤矿和广大农村的团组织活动还是不够。

第二节　中共四大再任中央候补执行委员

一、中共四大再委重任

随着国民革命的不断深入，国共两党之间的分歧不断显露，中共希望国民党依靠民众进行革命，担心国民党包括孙中山在内继续与军阀合作。1924年10月，冯玉祥发动了北京政变，电邀孙中山北上，共商大计。11月4日，孙中山发布北上命令，"决定即日北上，共筹统一建设之方略"。11月10日，孙中山发表《北上宣言》，接受了中共之前提出的召集国民会议的主张，重申国民革命的目的是对内推倒军阀，对外取消一切不平等条约，主张召集以谋中国之统一与建设的国民会议。为了推进国民会议运动，迎接全国革命高潮的到来，中共中央决定召开四大。

1925年1月11日至22日，中国共产党第四次全国代表大会在上海东宝兴路一幢石库门建筑内举行。大会代表共有20人，邓培派阮章作为唐山地委的代表出席了这次会议。新年刚过，由于中原地区军阀混战，津浦铁路不通，阮章和天津代表李逸结伴搭乘一艘太古公司客轮，从天津出发，坐船四天三夜，于1月15日左右到达上海。中共四大期间，他们住在开会所在地一幢三层楼的弄堂房子里。

陈独秀在会上代表第三届中央执行委员会作了工作报告。大会的中心议题是中共如何加强对日益高涨的革命运动的领导，大会着重讨论了中国无产阶级如何参加民族革命运动。22日，大会通过了《中国共产党第四次全国代表大会宣言》，指出："中国的解放运动现在已日见膨胀起来。全国各城市里面的群众现正努力达到召集国民会议的要求，差不多都组织了国民会议促成会。工人、农民、手工业者、商人、学生现正组织这种机关，并且高叫着消灭一切军阀阴谋，反对段祺瑞所要召集的军阀善后会议。"号召工人、农民、知识分子"极力赞助国民会议促成会"。①大会认可"中央执行委员会领导本党在国民党及国民运动中的活动，使本党日渐与实际政治生活接近而有可以领导中国国民运动之趋势"②，提出"无产阶级的政党应该指导无产阶级参加民族运动，不是附属资产阶级而参加，乃以自己阶级独立的地位与目的而参加"；尤其是在对待国民党的态度上，提出"我们在国民党中工作，对于各种运动，须努力保存阶级争斗的成分"，认为国民党"是中国民族运动中一个重要工具……而不是中国民族运动之全部"；在组织上不再盲目加入国民党，而是提出"今后我们的党员及在我们指导之下无党的产业工人，必须有工作上的需要才加入国民党"，"帮助国民党在实际运动上在组织上发展，同时也不可忘了在国民党中的争斗：反帝国主义的政治争斗，农工阶级的经济争斗"。③

而对于职工运动，大会制定了《对于职工运动之议决案》，指出"中国共产党是中国工人阶级唯一的指导者"，具体而言要切实加强"工人群众中的政治教育及党的组织"，"应当努力以工厂小组的方法去组织工会"。而在职工运动的具体计划中明确提到铁路工会运动的要求："（1）应派人

① 《中国共产党第四次大会宣言》，载《向导》1925年第100期，总第833页。
② 《对于中央执行委员会报告之议决案》，载中央档案馆编《中共中央文件选集》第1册，北京：中共中央党校出版社，1989年，第328页。
③ 《对于民族革命运动之议决案》，载中央档案馆编《中共中央文件选集》第1册，北京：中共中央党校出版社，1989年，第329页。

到各路进行下层组织；（2）应利用各种机会恢复原有之被封各路工会；（3）应在未曾组织之沪杭、沪宁、中东、南满各路速进行组织；（4）各路须努力发展本党的组织而成为各路工会的中心；（5）为使总工会与各路发生密切关系，应不时派人巡行各路并随时指导其工作。"①议决案还对矿工运动和纺织工人运动等提出了具体要求，这些对唐山工人运动下一步的开展提供了指南。对于青年运动，四大制定了《对于青年运动之议决案》，指出"青年运动必须在共产党指导之下"，同时提出"青年运动的发展应由青年自己担负"，指出了青年工人运动要加强宣传，要推进平民教育运动，学生运动应使学生能与工人农民运动结合起来。②大会还对职工运动宣传提出了具体要求，而在组织问题上强调应特别注意唐山等地扩大党员数量。

最后一日，大会选举了9名中央执行委员，4名候补执行委员，邓培再次当选为候补中央执行委员。1月22日，中央执行委员会举行第一次会议，决定了中央执行委员的分工。邓培兼任中共中央驻唐山特派代表。邓培还继续担任中共唐山地委书记。阮章回到唐山后，向邓培报告了中共四大召开的过程，传达了中共四大精神。邓培更加明确了工作方向，为继续领导唐山革命运动的正确开展打下了坚实基础。

二、中共四大后唐山党团组织的发展

中共四大专门制定了《对于组织问题之议决案》，提出"大会以为在现在的时候，组织问题是吾党生存的和发展之一个最重要的问题"，并将工业无产阶级中的先进分子、革命的小手工业者和智识分子，以至于乡村

---

① 　《对于职工运动之议决案》，载中央档案馆编《中共中央文件选集》第1册，北京：中共中央党校出版社，1989年，第342页。

② 　《对于青年运动之议决案》，载中央档案馆编《中共中央文件选集》第1册，北京：中共中央党校出版社，1989年，第365页。

经济中有政治觉悟的农民作为革命发展对象。大会认识到要让中国劳动群众有觉悟地反对帝国主义和资本主义，就需要扩大党的数量，实行民主的集权主义，巩固党的纪律。而要扩大党的数量，就必须在已有组织工作基础上，在全国范围加强党的组织建设，除上海和广州外，要特别注意唐山等地，充分利用这些地方工业工人的数量很多，大力推进党员发展。中共唐山地委在邓培的领导下，坚决贯彻落实中共四大关于组织建设的精神，派出党员干部深入唐山各厂矿，尤其是加大了对京奉路和开滦各矿的工作，党员队伍逐渐扩大。至1925年10月，唐山党员发展至39名，唐山制造厂、唐山大学、开滦唐山煤矿和华新纺织厂等都建立起党支部，党的组织建设有了一定成绩。

1925年1月26日至30日，中国社会主义青年团第三次全国代表大会在上海召开，梁鹏云代表唐山出席了大会。团的三大注重领导青年工人学徒进行经济斗争，梁鹏云被选为大会经济斗争委员会委员。在梁鹏云的参与下，大会通过《经济斗争决议案》，其中提到唐山等地的童工现象，决定要为青年工人争与成年工人同等的待遇，特别拥护青年工人的权利，要引导青年工人由经济争斗发展到政治争斗。

梁鹏云回唐山后，传达了团三大的精神，在邓培和中共唐山地委的支持下，加强了团的建设。首先，特别注意吸收唐山制造厂、开滦各矿、华新纺织厂、启新洋灰公司等各厂矿的青年工人加入团组织，并参与领导厂矿的经济斗争。其次，注重在厂矿对工人群众的宣传解释工作，充分利用劳资矛盾，采用谈话、演讲、散布传单和供给刊物等方式推进工人运动。最后，配合党组织引导青年工人参加工会。

团的三大前，唐山有团员47人，至5月底彭振纲到唐山主持团工作时，唐山团员人数将近60人。唐山大学支部约有团员20人，分成6个小组；唐山制造厂（南厂）支部有团员30人，分成4个小组。另外还有农民团员9人，为一小组。彭振纲到唐山后，特别重视在唐山制造厂、开滦矿、启新洋灰公司和华新纺织厂推进团组织建设，并重整农民和学生团组织。

邓培支持彭振纲对唐山团组织进行整顿，对唐山团地委进行改组，对各支部进行重整，将3个支部发展成5个支部，建立起唐家庄煤矿支部和赵各庄煤矿支部两个新的团支部，对新团员进行了训练。之后，唐山各级团组织加强组织生活，例会按时召开，建立工人训练委员会和农民训练委员会；成立并领导妇女协会；发展青年俱乐部，俱乐部内分演讲和游戏两部，专门吸收青年，成员有五六十人；建立夏令补习学校，主要从工农子弟中招收14岁以上25岁以下的青年学生70余名，并从中吸纳新团员数名；积极引导交通部所办职工学校工作，宣传革命思想。这一系列步骤打开了唐山团组织的工作新局面。

　　至1925年8月间，团员人数增至66人，其中1925年发展的团员有25人。工人团员此时已是主体，团员数占到53%；学生团员数占32%；农民团员数占9%，其他占6%。

第三节　出席第二次全国劳动大会

　　1925年年初，为谋全国劳动者大团结，迎接国民革命高潮的到来，在中国共产党的领导下，由中华海员工人联合会、汉冶萍总工会、全国铁路总工会和广东工人代表会四大工会团体，在上海《民国日报》发出通告，共同发起1925年5月1日在广州召开第二次全国劳动大会。邓培参加了大会。

　　1925年4月，邓培以回广东老家探亲为名向唐山制造厂厂方请假，前往广州参加第二次全国劳动大会。唐山工人出席大会的代表，还有开滦煤矿的谢作先、唐山制造厂的李华添和华新纺织厂的女工张玉兰等人。他们先经天津乘船至上海，与天津代表张寿禄、陶卓然，上海代表陶静轩等共二三十位代表，于4月25日从上海乘"凉州号"轮船前往广州。恰好国民党领导人廖仲恺和顾问加伦也在轮船上，大会代表便请廖仲恺与大家见面。

廖仲恺亲切地与大会代表会面，鼓励大家要不断地扩大组织，实行工农兵联合，打倒帝国主义，打倒军阀，建立联合革命政府。廖仲恺的讲话使大家受到了很大的鼓舞和教育。4月28日早晨6点，"凉州号"到达广州。大会会务处派人把邓培等大会代表接到越秀路的西湖旅馆。

会前，中共中央致信第二次全国劳动大会，指出"能够加敌人以最后致命的打击者，只有工农联合的力量"，"只要你们团结起来不断的奋斗，不但中国国民革命的胜利终属于你们，全世界工农专政的胜利也必然属于你们"①，极大地鼓舞了大会的召开。

4月30日，邓培出席了大会预备会议，参与讨论了大会议程，讨论组织庆祝"五一"大游行，审查了五一节传单标语，组织代表资格审查会。5月1日上午，天气凉爽，出席第二次全国劳动大会的全体代表和同时召开的广东省农民协会的代表，会同广州市工人、农民学生和青年革命军士，共20万人以上，举行了示威游行，隆重庆祝五一国际劳动节。游行队伍齐集东校场，先由工人代表演讲，后国民党工人部部长廖仲恺发表重要演说，宣讲了庆祝"五一"的意义，鼓励农工界努力奋斗。赤色职工国际派赴广州参加全国劳动大会的代表奥斯托洛夫斯基也登台发表演说，他指出工会是炮台，号召工农劳动者坚固地建立起炮台，打倒资本主义制度。随后游行队伍整队出发，手持旗帜，散发传单，高呼"工作八小时""劳工神圣""打倒帝国主义""打倒军阀""铲除资本家"等口号，全市红旗招展，呼声震天。邓中夏评价此次游行："在这样的大示威的游行中，的确不仅可以看见被压迫群众形式的团结，同时使人奋发注意的是工农兵三种被压迫的群众到处都表现同一的心灵，同一的希望。的确，这是中国有史以来第一次工农兵大联合的表现。"②邓培参加了大示威游行，为工农兵大联合所展现出的力量所震动。

---

① 《中国共产党给第二次全国劳动大会的信》，载《向导》1925年第112期，总第1027页。
② 邓中夏：《中国职工运动简史》，莒南：新华书店，1949年，第157页。

5月1日晚，第二次全国劳动大会和广东全省农民代表大会在广东大学大礼堂同时举行开幕典礼。两会代表有1000多人到场，代表有组织的70多万工农群众。其中出席第二次全国劳动大会的代表有277人，他们代表165个全国工会团体，代表54万有组织的工人。青年军人联合会及革命学生也派代表参加，组成了工农兵代表联席会议。赤色职工国际、共产党中央、国民党中央和工农两大会的代表及青年军人联合会的代表，相继发表演说。全体代表一致通过了《工农兵联合决议案》。内容如下：

> 今天全国劳动大会代表、广东全省农民协会代表、革命军人代表、革命学生代表、广州市工界代表，在广州举行盛大的联席会议，一致认定打倒军阀和国际帝国主义的革命，解放劳苦群众的革命，只有工农兵一致团结才能成功。
>
> 全国工农兵大联合万岁！
>
> 全世界工农兵大联合万岁！
>
> 全世界革命万岁！
>
> 打倒帝国主义！
>
> 打倒军阀！①

参加大会的工会团体以共产党所领导的工会为主，还有一部分是与国民党有关系的工会。大会一共开了7天，议程很顺利。邓培是大会主席团成员，参与了大会的领导工作。

大会的革命氛围浓厚，通过了30多个决议案，取得了巨大的成就，建立了中国工人阶级全国统一的工会领导机关——中华全国总工会，决定加入赤色职工国际，成为世界无产阶级革命大家庭中的一员。大会通过了

---

① 《工农兵大联合决议案》，载中华全国总工会中国职工运动史研究室编《中国历次全国劳动大会文献》，北京：工人出版社，1957年，第21页。

《工人阶级与政治斗争的决议案》，强调经济斗争要变成政治斗争，强调阶级斗争，工人阶级要推翻资本制度；工人阶级要参加民族革命运动，同时必须保持阶级的本色，革命到底。大会通过了《经济斗争的决议案》，对工人经济斗争制定了具体方案：规定最低限度的工资；八小时工作制；反对一切虐待；改善女工童工的生活；劳动保护与社会保险；取消包工制等。对工人经济斗争提出了具体要求：当有统一的组织；须得各方援助；其他工会组织应当声援；善于利用时机，集中力量进攻；发挥全国总工会的作用；发挥协作社的工作。大会制定了中华全国总工会章程，以团结全国工人，图谋工人福利为宗旨。选举产生了中华全国总工会执行委员会，邓培和其他各工会领袖共25人当选为执行委员，林伟民当选为执行委员长，刘少奇、刘文松当选为副执行委员长，邓中夏当选为秘书长。大会发表了宣言，提出"我们受痛苦的主要原因，就是外国帝国主义者侵略中国"，指出"只有打倒他们，才能解除我们的痛苦"，号召"全国工人须在中华全国总工会旗帜之下，一致团结，提携着贫农，联络着全世界无产阶级，共同奋斗"。[①]

5月7日大会闭幕，全体与会代表合影留念，邓培等铁路工人代表还单独合影留念。当晚，国民党中央在亚洲酒楼设宴，招待第二次全国劳动大会代表和广东农协代表，邓培和唐山几位代表应邀出席。当天夜间，邓培又到广东大学礼堂参加了工人代表中的全体中共党员会议，总结大会的成果。

第二次全国劳动大会的召开，具有伟大的历史意义，邓中夏在《中国职工运动简史》称其"开了中国职工运动史上最光荣的新记录"。第二次全国劳动大会的召开，显示了全国工人阶级的力量，彰显了中国工人阶级已有充分的阶级觉悟，已经意识到要同资本家抗争需要有工人阶级的大团结。这次大会中新的严密的工人组织中华全国总工会的建立，标志着新的

---

① 《第二次全国劳动大会宣言》，中华全国总工会中国职工运动史研究室编《中国历次全国劳动大会文献》，北京：工人出版社，1957年，第32页。

革命高潮即将到来，对反动势力的总攻击即将开始。这次大会还强调工农同盟，增强了革命的力量。

邓培在会后确立其工农兵联合革命的思想，对其以后领导革命工作产生了积极的影响。邓培在中国共产党的领导下，在中华全国总工会的旗帜下，率领全国铁路工人，率领唐山产业工人，共同奋斗，做出了新的成绩。

第四节　参加第三次全国劳动大会

在五卅运动精神的指引下，第三次全国劳动大会于1926年5月1日在广州召开。邓培率领全国铁路总工会代表团出席了此次大会。大会到会代表502人，代表全国699多个工会、124.1万工人会员。

这次大会由邓中夏致开幕词，强调大会召开的意义在于集中工人的力量，与各阶级建立联合战线。刘少奇代表中华全国总工会作了《一年来中国职工运动的发展》的报告，提到第二次全国劳动大会后，在邓培等人的领导下全国铁路工会恢复发展起来，肯定了邓培等领导的广东铁路工人援助革命政府肃清杨、刘叛乱为"中国职工运动复兴之现象"。孙云鹏代表中华全国铁路总工会作一年来工作报告，肯定了邓培等人领导的恢复和发展铁路工会的运动，至大会召开前，全国已有60余铁路工会；肯定了邓培等人号召铁路工人参加国民革命，尤其是由邓培领导的粤省铁路工会为拥护国民政府驱逐杨、刘而举行的罢工，以及京奉路唐山工会为同情矿工罢工而进行的斗争。正是有了邓培和全国铁路总工会的领导，中国铁路工人已在政治斗争中取得相当的地位，并致力于民族解放运动的深入开展。

这次大会主要总结五卅运动以来全国工人运动经验，明确工人运动在国民革命中的地位，制定工人运动中政治斗争和经济斗争的策略。邓培参与大会审查和通过了《中国职工运动总策略决议案》《组织问题与其运

用之方法决议案》《经济斗争最近目标与其步骤决议案》《罢工战术决议案》《宣传教育问题决议案》《劳动法大纲决议案》《失业问题决议案》《关于中国职工运动的发展及其在国民革命运动中之地位报告的决议》《关于工农兵大联合报告的决议》等十余项重要的决议案，以及其他提案40余件。大会发表了宣言，表示在政治上要拥护广州国民政府北伐，肃清北方的反动势力；要求实现最低限度如集会、结社、言论、出版等自由权；在经济上要求最高限度的工作时间和最低限度工资的规定。大会号召全国工友一致团结起来，在中华全国总工会旗帜之下，与全国农民共同努力奋斗。①大会还公开发布了《"五一"国际劳动节告工友书》《"五一"国际劳动节告农友书》《为"五四"纪念告全国民众书》《为促进北伐向国民政府请愿书》等一系列电文，指出"现我中国工人阶级及一切被压迫民众之唯一出路，即在积极参加国民革命以与军阀、帝国主义者作殊死之斗争，根本打倒帝国主义及军阀，方能保证我被压迫民众之生存"，肯定广州国民政府为国民革命之中心，向国民政府请愿出师北伐，打倒一切军阀，肃清一切反革命派，并率领全国工人一直参加并作国民政府之后盾。②由此，全国工人运动进入了支援北伐战争的新阶段，这也成为邓培下一阶段的主要工作方向。

5月12日下午，大会选举产生中华全国总工会新的中央执行委员会，苏兆征当选为委员长，邓培再次当选执行委员。新的中华全国总工会中央执行委员会为完成国民革命和打倒帝国主义踏上了新的征程。

---

① 《第三次全国劳动大会宣言》，载中华全国总工会中国职工运动史研究室编《中国历次全国劳动大会文献》，北京：工人出版社，1957年，第127页。

② 《为促进北伐向国民政府请愿书》，载中华全国总工会中国职工运动史研究室编《中国历次全国劳动大会文献》，北京：工人出版社，1957年，第134页。

第七章

大革命

第一节　推进唐山国民革命工作

一、建立唐山国民党组织

1924年，邓培领导唐山中共党团组织，在工人运动、学生运动和农村工作等革命工作中付出了大量心血，取得了彪炳的成绩。在国共合作推动民众革命的过程中，邓培领导建立了唐山国民党组织，唐山各项群众运动一时风起云涌。

第一，推进唐山工人运动。邓培积极领导在各厂矿筹建马克思主义学说读书会，扩大马克思主义的宣传阵地；同时指导唐山大学在唐山制造厂建立工人补习学校，作为唐山制造厂的宣传机关，教员主要由唐大学生担任；另外，对在工人运动中发挥重要作用的工人图书馆大加整顿和扩充。

第二，推进唐山学生运动。邓培积极领导在唐山大学继续发展唐山大学社会科学研究会，不断吸纳进步学生成为会员，引导他们从事革命工作；指导推进平民学校发展，学生达到100多人，生源主要是来自乡村，唐大团支部多位团员在平民学校任教员，主导了平民学校工作的开展；支持唐大进步学生主办各级级刊，唐大学生形成了手抄级刊的传统，两星期左右出一期，共有3个级刊，进步学生在级刊上发表各种言论，在学校产生积极影响，有2个级刊成为了唐山团支部的机关报，拥有了重要的宣传阵地；支持唐大党团组织领导唐大学生会工作，这一阶段唐大团支部已牢牢掌握学生会工作，推动了学生运动的有效开展；支持在唐大学生办理书报贩卖部，代售进步书刊。

这时唐山青年团组织的事务由邓培直接指导。在唐山团地委给团中央的报告中曾提到："交大支部干事会小组每次由邓（培）召集，非他不可。"①邓培在唐山大学学生中有很高威信。他积极推进了唐山大学团支部的组织建设，团结广大学生进行革命活动，成为唐山大学进步学生的革命引导者。

第三，推进唐山农村革命工作。农村是近代中国社会的主体结构，唐山工人多数来自农村，邓培和唐山党团组织高度重视农村。唐山党团组织利用唐山大学平民学校教育农村学生，提高其文化知识和政治觉悟，在此基础上吸收平民学校农民赵印发加入青年团，指导他在新庄村建立进德会并发展其他农民参加，为进一步成立农会奠定了基础。

第四，组织和参加各项重大纪念活动。1924年1月21日，苏联领袖和世界无产阶级革命导师列宁逝世。3月，江浩以直隶省议员、国民党员身份借用省议会礼堂隆重地举行列宁追悼大会，天津各界40多个团体、500多代表参加，京奉路应邀由邓培派工人代表参加会议并在会上讲了话。大会在于树德等人的主持下高举革命旗帜，宣传马列主义。大会散发传单，介绍列宁，介绍苏俄革命，要求恢复中俄邦交，承认苏联政府。大会精神迅速传回唐山，极大地鼓舞了唐山革命运动的开展。

在五四运动之后，唐山工会和党团组织每年都会纪念国际劳动节。1924年唐山党团也组织了五一纪念活动，散发了传单，启发工人反抗意识，推动工人运动开展。传单内容如下：

纪念"五一"节传单

我们同资本家都是一样父母生人啊，为什么我们一天要做十几点钟毫无休息的工作，我们只做牛马、机器的生活，我们的命运是如此吗？只不过资本家想多得几个红利，所以尽力的压迫我

---

① 《唐山团的组织情况报告（一九二四年）》，载中央档案馆编《河北革命历史文件汇集》甲第1册，1997年，第216页。

们多工作罢了。

我们同资本家都是一样父母生的人，为什么我们除做牛马、机器的工作外，不能求一点知识，不能得一点人生真意味？难道我们除去听人指挥而外，便当一无所知吗？只不过因为资本家的压迫无暇读书罢了！

一天一天早起听得汽笛响了，便赶紧入工厂，在煤气熏人的工厂中，或在暗无天日的矿坑里，辛辛苦苦做十几小时的牛马工作；下了工，我们还得有个人家庭的私事，一天二十四小时所余还有几何？休息的时间能够几何？一天如此，天天如此，就是钢打铁铸的人也得折磨坏了。休息不足，劳动过度，是一定要生病的。我们工人的死亡率比他们资本家要多若干倍，难道我们生命便如此的不值钱吗？我们为要减少工作时间，要求知识，要充分的休息，所以应当向资本家提出下列的要求：工作八小时，教育八小时、休息八小时。

要达到这个目的，我们必须运动；要得运动，必须有大团结，朋友们，团结起来呀！

同志们！今天是五月一日，今日是我们神圣工人的纪念节，我们今日当如何欢欣鼓舞啊！我们纪念这一天的来历，然后我们才能知道他的价值，我们才知道我们还不能够欢欣鼓舞！五一纪念日换句话说就是工作八小时的日子！一八八四年十月七日在美国芝加哥地方所开的国际的并国民的八大联合会，决议以每年五月一日举行要求一日八小时工作的示威运动，并决定示威的方法是全国罢工。第一回运动的日子是一八八四年五月一日。一八八六年五月一日到了，美国工人都停工举行了空前绝后的示威运动，结果有二十万工人得到工作八小时的目的。一八八九年在巴黎所开的万国社会党大会，也决定采用这一天为欧洲各国的劳动纪念日，在那日实行工作八小时的运动。一九一二年日本劳动界在东京也举行五一纪念会，从此以后的五月一日便成了游行示威。一九一三年中国广州地方也举行五一纪念会，从此以后便成了劳工纪念日了。五一纪念日已有三十多年的历史，每年世界各处都有很剧烈的运动，在此日与资本家冲突流血而死的已不知有多少万人，但是成绩是非常小，世界上的劳工只有一小部分达到工作八小时的目的。（在唐山）除南厂而外，洋灰窑、纺织厂、矿务局哪个不是十几点钟的工作！

奋斗啊！奋斗啊！要想得到最后的胜利，必须踩着前人的血迹，不断的奋斗啊！记住我们的目标：工作八小时、教育八小时、休息八小时。

一九二四年"五一"①

1924年5月9日"国耻日"，唐山大学党团组织召集了部分学生和唐山其它各校学生，举行盛大集会。学生们结队上街游行，散发传单，反对帝国主义侵略，号召抵制日货，极大唤醒了唐山民众的爱国热情。

第五，建立唐山国民党组织。邓培参加了中共三大，坚决拥护中共中央和北京区委的决策，意识到要以唐山共产党和青年团组织为中坚成立唐山国民党党部。

1924年1月底，在孙中山主持下，在中国共产党的帮助下，中国国民党第一次全国代表大会在广州召开。大会通过了有共产党人参加起草的、以反帝反封建为主要内容的《中国国民党第一次全国代表大会宣言》，确定了联俄、联共、扶助农工的三大政策，从此旧三民主义发展为新三民主义。会后，全国大部分地区以共产党员、青年团员和国民党左派为骨干建立或改组了各级国民党党部。国民党成为工人、农民、城市小资产阶级和

---

① 王士立：《邓培传》，北京：中国文史出版社，2014年，第158页。

资产阶级的民主革命联盟。参加国民党一大的北方共产党代表李大钊和于方舟，被分别选为国民党中央执行委员和候补执行委员。于方舟回到天津后组建了国民党直隶临时省党部，于方舟、江浩、李锡九、李濂棋、邓颖超等当选为委员，他们都是共产党员。

三四月间，根据中共中央和青年团中央关于党团员以个人名义加入国民党并帮助建立和发展国民党组织的指示，中共唐山地委和青年团唐山地委合组了一个临时委员会，专门办理组织唐山国民党组织事宜，邓培任主任。在接到指示后，唐山大学20多名青年团团员首先响应号召，全部以个人名义加入国民党，奠定了国民党唐山大学支部的基础。经过宣传和资格审查，个别参加过国民党的唐大学生重新回到国民党，也有一部分学生新加入国民党，其中部分优秀分子加入了中国共产党。到了5月，唐大国民党召开了全体党员大会，共有30多位党员参加，其中有20多名是社会主义青年团团员。邓培以国民党临时委员会主任的名义，作为唐山国民党负责人出席大会并讲了话，宣布一切登记手续完备的国民党员都是正式党员，资格审查后待上级补发党证。唐山大学此次全体大会，正式建立起国民党唐山大学区分部。

几乎同时，邓培领导唐山制造厂的中共党员和青年团员也以个人名义加入了国民党，并在工人中发展了一批国民党员，共有三四十人，随后成立了国民党唐山制造厂区分部。1924年年底，唐山制造厂和唐山大学两个区分部在邓培直接领导下，于欧阳胡同小楼召开唐山国民党代表大会，选举成立了国民党唐山区党部，邓培是负责人。区党部的领导成员全部是中共党员和社会主义青年团员。国民党唐山区党部受由中共党员控制的国民党直隶省党部领导。国民党过去在唐山没有什么组织基础，唐山国民党组织是在中国共产党帮助下建立起来的，当时唐山国民党领导机关和核心力量几乎都是共产党员和青年团员。

二、推进唐山国共合作发展

国民党唐山区党部成立后，为贯彻成立大会精神，在邓培领导下，对开滦的唐山、林西、马家沟各矿区和唐山制造厂的100多名过去参加过国民党的职工按照入党条件进行了严格的资格审查。为保证唐山国民党组织的革命性，不让反动分子掌握唐山国民党组织，国民党唐山区党部清除了一批不谙进步思潮、反对劳工运动的落后分子，使唐山国民党组织牢牢掌握在革命者手中。随后国民党唐山党部又在华新、开滦等厂矿继续发展国民党员，并相应建立了区分部。唐山国民党区党部挂出牌子公开活动，极大推动了唐山地区国民运动的开展。因唐山中共党组织一直领导唐山的工人运动和学生运动，被军阀当局一直监控，不能做公开活动。于是在共产党不能公开出面的情况下，邓培和唐山党团组织便打着国民党的旗帜公开组织工人、学生和农民等进行各项群众运动。同时唐山中共和青年团组织保持了独立性，并在公开的国民党组织的掩护下得到了进一步发展。尤其是唐山大学团支部，由于公开发展国民党组织，团的活动也相应合法化了，伴随唐大国民党组织的发展，唐大团支部也得到了大发展。田玉珍曾回忆："到1924年国共合作以后，交大团组织的活动由桌下转到桌上，开会也就公开在课堂上召开了。"①唐山共产党组织也得到了发展，一般先从群众中发展国民党员，然后在国民党员中发展左派革命分子加入共产党。由于邓培等共产党员掌握了唐山国民党组织的领导权，唐山国共两党合作得非常顺畅，有力地推动了唐山和京奉铁路革命运动的发展。

中共三大后，共产党员和青年团员以个人身份加入国民党，国共合作推进了国民革命的开展。在帮助国民党在各地建立和改组之后，应马林的要求，中共在很多地方以国民党的名义开展工作，帮助国民党在短期内快

---

① 《田玉珍回忆唐山国共合作》，载中共唐山市委党史研究室编《唐山革命史资料汇编》第7辑，1991年，第69页。

速发展。而实际上，共产国际执委会在1923年5月24日作出《对中共三大的指示》，改变了以往对中国工人阶级力量估计不足的缺点，明确提出中国无产阶级在民主革命中的领导权和农民土地革命的问题。这一指示指出新民主主义革命的领导权应当归于工人阶级的政党。中国共产党作为工人阶级的政党，应当力求实现工农联盟，满足农民的土地要求，并推动国民党支持土地革命。但是这一指示在三大结束后才传到国内，而中共在三大后的国共合作实践过程中发生了一些偏差，出现了右的倾向。维经斯基就曾指出中共在三大后花了太多的时间来建立国民党的组织，因此停止了自己在工人群众中和知识分子中的宣传组织工作。到了1924年5月，中共中央在维经斯基参与下召开了中央扩大会议，在激烈讨论之后，通过了关于在巩固和加强党的共产主义组织的同时继续留在国民党中工作的决议，该决议说明中共对国共合作的重新认识。这次会议还指出劳动运动尤其是近代产业工人运动是中共的根本工作。纵观中共三大后唐山党团在邓培的领导下不断开拓自己的工作，有一些偏差，比如短时间内党、团组织党员全体加入国民党，用了大量精力建设国民党组织，但是邓培能坚持加强唐山共产党组织的建设，维护唐山共产党组织的独立性，体现了邓培对中共革命统一战线政策的深刻理解和应用。中共四大前后，唐山的国民党组织在邓培领导下也有所发展。至1925年10月前，国民党唐山区党部在原有唐山大学和唐山制造厂两个区分部基础上，又成立了3个区分部，中共党员和共青团员在其中仍居多数。

第二节　参加国民会议促成运动

一、欢迎孙中山北上

冯玉祥发动北京政变后，直系军阀曹锟、吴佩孚政府被推翻，组成了以段祺瑞为临时执政的北京政府。冯玉祥将自己的部队改为国民军。他同情国民党的革命，电请孙中山北上共商国是。在这一段时间内，冯玉祥及国民军同情工农阶级，一定程度上促进了北方工农运动的开展。段祺瑞和张作霖为了欺骗群众，被迫也发电报邀请孙中山赴北京共商国是。11月10日，孙中山发表《北上宣言》，重申反对军阀和反对帝国主义的政治立场，响应中国共产党关于召开国民会议的主张，准备以国民党一大宣言及其政纲作为《建国议案》提交国民会议。在北上途中，孙中山强调他北上的目的是召开国民会议并由全体国民自动地去解决国事。

中国共产党一贯主张召开国民会议。1923年8月《先驱》第24号发表的《中国共产党对于时局之主张》就提出了召开国民会议，指出只有国民会议才真能代表国民，才能够制定宪法，才能够建设新政府、统一中国。1924年11月19日，中国共产党就孙中山北上发布《中国共产党第四次对于时局之主张》，号召全国人民团结起来，努力促进国民会议的召开，也指出希望国民党领袖们努力号召全国人民的团体，促成国民会议，并努力使他们所主张的国民会议预备会急速在北京召集。在国共两党的共同推动下，国民会议运动在全国兴起。

不久，中共中央发出《孙中山北上，各地应组织国民会议促成会展开活动》的通告。通告要求各地党组织联络各地人民团体，组织国民会议促成会，并由国民会议促成会设法在当地报纸上宣传，在街市和乡村中向民众游行演讲，促成大的示威运动。

1924年11月起，北京、天津、唐山等地陆续筹备和建立起本地国民会议促成会。11月底，天津国民党组织联合各爱国组织和民众筹备欢迎孙中山，邓培领导京汉铁路总工会和京奉路天津工会派代表参加。

在中央通告精神指导下，邓培领导全国铁路总工会，在全国铁路工人中宣传贯彻党的主张，号召铁路工会和铁路工人积极加入国民会议运动；同时领导中共唐山地委，积极宣传国民会议运动，发动唐山民众投身爱国运动。

11月24日，段祺瑞就任临时执政府执政，上台后承认对外条约，争取

列强支持，筹备召开以军阀官僚为主体的善后会议，以对抗孙中山所主张召集的以人民团体代表为主体的国民会议。代表军阀巨头的所谓善后会议与代表国民的国民会议运动之间尖锐对峙，成为这一时期政治的主要现象。

12月4日，孙中山乘海轮抵达天津，受到天津人民的热烈欢迎，邓培领导全国铁路总工会号召各铁路工会参加欢迎会，选派唐山制造厂工人程帝钦等人代表京奉路总工会到天津码头参加欢迎会。上午8时，程帝钦等代表齐集学界俱乐部。10时一刻，京奉路总工会、京汉路总工会等各团体持旗向美昌码头出发，码头上京汉铁路总工会自制大旗一面，在码头上临风飘扬，引人注目。11时50分，船靠码头，孙中山徐步登岸，欢迎民众大呼"孙中山先生万岁""中华民国万岁""国民会议万岁"。

孙中山北上时已身患重病，到达天津后，肝病和胃病发作，但他仍以巨大的毅力向各方宣传国民会议运动主张。各民众团体代表群集天津，前去孙中山住所探病，并对孙中山表示支持。12月中旬，邓培和张国焘率领一个有几十人参加的全国铁路总工会代表团，专程到天津探视孙中山。孙中山此时已卧病在床，他的秘书汪精卫接见了铁路工人代表。邓培和孙云鹏两位工人领袖代表全国铁路工人对孙中山表示慰问，并声明铁路工人坚决支持孙中山召开国民会议的政治主张。汪精卫当即代表孙中山表示谢意，并提出等到孙中山病愈，就与工人代表约期相见。

孙中山于12月31日抱病到达北京，在天津新车站，民众热烈欢送孙中山，并通电全国，抨击军阀政府之善后会议，支持孙中山北上宣言要点。然而军阀政府不顾全国人民的反对，于1925年2月5日悍然召开了善后会议。

二、组织唐山国民会议促成会

在此背景下，国民会议促成运动迅速在全国形成高潮。唐山各界民众团体在邓培和国共唐山地方组织的领导下，顺应全国形势，于2月1日在唐山扶轮小学召开了唐山国民会议促成会成立大会。各界群众团体代表揭露善后会议的军阀本质，讨论唐山国民会议促成会之主张，决议组织长期讲演队，组织通讯社，赞助并加入全国国民会议促成会联合会，择期组织召开唐山市民大会。同时，唐山国民会议促成会发表《唐山促成会宣言》，内容如下：

现在唯一解决时局的方法，就是孙中山先生所提倡九种团体组织的国民会议，九种团体是（一）现在实业团体，（二）商会；（三）教育会时；（四）大学；（五）各省学生联合会；（六）工会；（七）农会；（八）共同反对曹吴各军；（九）政党。这种国民会议，是全体国民的，与善后会议所产生国民会议，迥然不同，为促成孙中山先生所提倡的国民会议，全国各地方几乎都已有国民会议促成会的组织，我们唐山，也随时奋起，由唐山的商会、工会、农会唐山大学及各学校联合会及各界团体联合组成相同的国民会议促成会，于今日正式成立。谨将我们预备向国民会议提出的要求，列举如下：（一）废除一切不平等条约，收回关税租界取消领事裁判权；（二）取消一切限制人民言论，出版集会自由的条例法律；（三）废除督军及一切与督军一类的名义实同的军职，裁减兵额至维持国防的限制度；（四）整理财政，取消征税以外一切苛税杂捐；（五）定保护农工利益的法律；（六）发展教育，尤注意于平民教育；（七）收回教育权；（八）妇女应享有与男子相等的权利；（九）民选省长市长厉行自治；（十）没收此次战争祸首的财政，以赔偿此次战争人民的损失；（十一）我们赞成上海国民会议促成会向现在临时政府所提出的三种要求：甲、立即召集人民代表之国民会议预备会议，在三月内召集正式会议；乙、立即取消人民之治安警察法；

丙、立即明令恢复历来非法解散工会、农会、学生会。①

由唐山国民会议促成会宣言可以看出，在邓培的组织下，唐山民众革命觉悟日益提升，政治诉求日益显现，唐山的革命形势日益高涨。

三、悼念孙中山

1925年3月1日，中国共产党和国民党左派在北京大学礼堂召开了国民会议促成会全国代表大会开幕式，到会代表200余人，代表20余个省区，120余个地方国民会议促成会。邓培领导的唐山国民会议促成会也派代表程盛参加了这次大会。大会共开了一个多月，这是一个民众的大会。大会通过了章程，确定以促成国民会议的召开为宗旨，反对军阀善后会议，哀悼孙中山，反对帝国主义。大会打击了军阀政府，传播了革命思想，对于引导民众参加新民主主义革命起到了积极作用。

在国民会议促成会全国代表大会进行期间，孙中山于3月12日在北京不幸逝世。邓培代表全国铁路工人对孙中山去世表示深切哀悼。唐山的共产党员、共青团员和国民党员60多人在邓培的领导下，在唐山工人图书馆召开了追悼孙中山大会。

3月29日下午，邓培领导中共唐山地委、国民党唐山区党部组织唐山市民召开追悼孙中山大会，唐山工农商学各界民众3000多人齐集唐山大学操场，隆重悼念一代伟人孙中山的逝世。会场南端搭有灵棚，棚内有孙中山遗像，两旁陈列着各团体所赠花圈和挽联。各团体代表相继悲痛演说，会后各界民众排队游行。追悼孙中山的活动宣传了革命，动员了唐山人民群众奋起努力。

---

① 《唐山促成会宣言》，载上海《民国日报》1925年2月1日，第1张第3版。

第三节　支持巩固广州国民政府

1925年2月，广东革命政府对陈炯明部发动第一次东征，时任左翼的滇军总司令杨希闵和围攻惠州的桂军总司令刘震寰却按兵不动。1925年3月12日，孙中山在北京病逝，杨希闵和刘震寰以为夺权时机已到。3月底，在中国共产党、苏联顾问的帮助下，以粤军与黄埔军校校军组成的右路军击败陈炯明部，获得了第一次东征的胜利。4月，在英国支持下，杨希闵和刘震寰两部共4万多人包围广州，妄图颠覆广东革命政府。杨希闵和刘震寰于5月中旬到香港召开会议，邀请反对广东革命政府的唐继尧、段祺瑞、陈炯明的代表和陈廉伯等参加，企图推翻广东革命政府，建立反动政权。杨、刘在会上得到陈廉伯贿赂50万元，急急忙忙赶回广州布置兵变。就在此时，东征军共3万人回师广州声讨杨、刘。5月下旬，杨、刘派兵占领各重要机关，并且调兵遣将，想阻止东征革命军和驻北江的北伐军回师广州。

第二次全国劳动大会闭幕后，参会的邓培暂留广州，代表全国铁路总工会检查粤汉、广九、广三等铁路的工会工作。在日益危急的形势下，他号召各线铁路工人团结起来，参加保卫广东革命政府的革命斗争。

在中共广东区委的密切配合下，国民党工人部派冯菊坡、刘尔崧、杨殷等发动铁路、电船、电讯等各业工人举行罢工，讨伐杨、刘。在中共领导下，广三、广九、粤汉三铁路工人也被动员起来。6月1日晚，邓培与广州工人代表大会顾问杨殷在东堤的一个小艇上，召集广三、广九、粤汉三铁路工人代表开会，成立三铁路罢工委员会，并联合潮汕、新宁铁路总工会提出"不灭杨刘，工运不兴"的口号。2日和3日，广三、广九、粤汉三大铁路相继总罢工。罢工委员会在河南凤凰岗设罢工委员会指挥部。总罢工后，除留守外的三铁路职工及员司均撤离岗位。司机、司炉和机器工人集合于河南宝岗、龙导尾一带。所有能开走的机车车辆，都开到叛军防地

以外，不能开走的，则将其部分重要机件拆除。叛军因此与石龙、三水、韶关等地的交通被断绝，叛军的作战部署被打乱。相反，各路平叛的革命部队，得到铁路工人的援助。革命大军所至，工人马上复工，抢修抢运，使部队得以迅速歼灭叛军。

3日起，东、西、北三江驳轮工人亦相继罢工，阻止杨、刘通过水路补充兵源。兵工厂工人以罢工中断对敌人武器弹药的供应。此外，工人们组织了宣传队，到广州市区张贴标语，揭发叛军扰民的罪行，号召市民起来赶走叛军；工人们同时还组织了情报组，协助政府刺探敌军军情。郊区农民和农民自卫军，也积极行动起来，担任联络，袭扰敌后，截获散兵等。

6月12日，经过激烈战斗，杨、刘叛乱宣告平定。邓培参与领导的铁路工人罢工，是迅速平定杨、刘叛乱的一个重要原因。广东军民将解决杨、刘叛乱的功劳归于铁路工人。韶关的湘军教导师师长陈嘉祐，见到粤汉路的工人代表，就跷起大拇指说："铁路工人顶呱呱！这次没有三路工人罢工，就没有广州革命政府。"三路工人罢工反映了广东工人保卫革命政权的坚强决心，6月12日《广州民国日报》刊录了《罢工各工团之宣言》，全文如下：

　　罢工各工团昨发出宣言云：此次罢工有两方面意义。第一方面为革命政府打头阵，将食贵米烧贵柴之滇桂军铲草除根，使和平再在广东地面开花结果。第二方面为自己身上打算。自滇桂军入到广东门口之后，我等工人日夜血汗换来之金钱，有形无形之中，尽数被骗入彼等总司令军长师长团长营长荷包之内。我等工人数十年保存之生命，亦尽数被彼等兵士之子弹及枪尾所收买。我等工人所提之要求，非被其甜言蜜语所拒绝，即被其红头黑脚所吓退。我等工人作工时多数被其兵士枪椿脚踢。因此，为我等工人身上打算，若不将此种祸根铲除，我等工人永无安乐之日。

　　滇桂军在广州一日不去，广东人民之身，必日渐瘦削。彼等军阀之身，必日肥大。彼等羽毛丰满之日，即广东人民茹刀饮弹之时，今日如无炮声，明日亦有枪响。总而言之，军阀与和平势无两立。军阀不去，和平不来。因此为革命前途打算，若不将此等祸根铲除，革命亦无发展之望。我等此次罢工即含有以上两种意义。可知我等并非盲目，并非白撞，乃依正当之路出发，以期达到目的地——和平与利益。但我等工人何须为革命打头阵，此理由亦显而易见。第一理由，前可以负起革命之责者，只有工人、农人。试观此次战争之中，学生则埋头不出，商界则闭口无声，只有工人、农民摩拳擦掌，严阵以待。或则罢工，以阻其出路。或则组织农民，从截其归途。工农为拥护革命政府起见，应参加此次战争。第一理由因革命政府之责任，普遍为民众谋利益，特别为工农谋利益，工农为实现其利益起见，应参加此次战争。但我等工人对于革命政府之信仰，非徒为其好听之口号，非徒为其好看之标语，非徒为其有长篇大论之宣言，亦非徒为其有白纸黑字之政纲，乃普遍为其能真正实行其口号、其标语、其宣言与其政纲，特别为其能真正实行我等罢工工人之要求条件而已。我等相信革命政府若非徒托空言，若非徒负虚名，若非欺骗群众，当能答复我等工人之要求也。特此宣言。粤汉铁路总工会、广九铁路总工会、广三铁路总工会、电报工会、土木建筑总工会。①

平叛的过程展现了广东工人的力量，平叛的胜利亦可以说是工人罢工的胜利。6月17日《广州民国日报》刊登《粤汉广九广三联合罢工胜利宣言》，内容如下：

---

① 《罢工各工团之宣言》，载《广州民国日报》1925年6月12日，第2版。

　　此次革命政府之胜利，并非因为子弹之多于敌人，枪刀之长于敌人，及大炮之利于敌人，只因为民众力量都拥护革命政府而不拥护敌人。兵工厂工人即罢工于前，我等粤汉、广九、广三、电报等工人复罢工于后，因此而使滇桂军阀战前既失二百余万子弹之接济，战中又失东西北三江运输之便利。然后革命军东则得以一举而直抵石滩石牌，北则得以一举而直抵新街江村，西则得以一举而直抵石围塘，此种罢工无异于打仗，此种力量无异于数万军队。革命政府得此民众力量之拥护，不但可以保证其胜利于现在，且可以保证其胜利于将来。我等工人此次之拥护革命政府，乃为我等自身利益而拥护革命政府，我等之拥护革命政府完全出于自动。所谓自动，其性质不属于路见不平拔刀相助之侠士救人行为，非属于重赏之下请缨杀贼之勇夫卖身行为，亦不属于眼明手快趁火打劫之强盗投机行为，我等自动参加此次反滇桂军阀战争，乃谋解除我等前此所受之痛苦，战时之拉夫封船，苛捐杂税下之失业及物价增加，番水难杂赌下之金钱丧失，势力压迫下之低小工钱及长久时间，以及其他种种有形无形之痛苦。我等工人在此战争所得者就是上述痛苦之解除，使我等工人此后不致有拉夫封船之事，不致失业，不致食贵米、烧贵柴，不致日夜得来之钱尽数倒入番摊杂赌公司之荷包，不致日夜捱十四小时之工作，不致入不敷出。我等工人此次之拥护革命政府，非因其有金字之招牌，非因其有好听之口号及好看之标语，非因其有长篇大论之宣言，亦非其有五光十色之政纲，乃因其将来实行我等民众之要求，尤其是我等工人之要求。盖所谓革命政府者，不只靠空洞之招牌，漂亮的口号及标语，堂皇的宣言，及多方面的政纲，且须靠实施之精神方可表示其意义也。但革命政府之能否实行我等工人之要求，非但现（视）革命政府实施之精神如何，且亦视我等工人之力量如何，及组织如何，而后可以决定。孙中山先生生前曾对民众发表宣言，亦曾对工人发出明令，内皆对于拉夫有禁止之规定，但其后宣言自宣言，明令自明令，拉夫如故，工人所受之痛苦亦如故。其故无他，我等工人无坚固之组织及无伟大之力量可以为政府之后盾及督促其实行而已。因此我等工人仍旧须继续图谋我等力量之发展，以为实行我等要求之保证。我等在此次战争之胜利，非在于滇桂军之驱除，盖所应驱除者亦不只滇桂军阀，乃在我工人要求之实行。我等工人要求一日不能实行即我等一日未获得胜利。工友其联合起来，坚固我等组织及扩大我等力量，为我等下列要求而奋斗：（一）制定工厂法（规定八小时工作制度及最低限度之工资，保护童工、女工），（二）保障工会之权力（罢工、言论及职业介绍之权），（三）打破包工制，（四）参加工厂行政，（五）扶助工人文化机关之发展，（六）扶助工人生产及消费合作社之发展，（七）工厂卫生之设备及寄宿舍之设置，（八）禁止拉夫封船。粤汉、广九、广三三路联合罢工委员会。①

罢工胜利宣言反映出三路罢工不仅反对杨、刘和拥护革命政府，而且争取工人待遇之改善和政治上之自由权利。通过罢工，三路工人的阶级意识和革命觉悟都得到进一步地提高。

第四节　支持广州国民政府北伐

一、领导全国铁路工人支持北伐战争

1926年7月1日，在中国共产党的推动下，广州国民政府发表《北伐宣

---

① 《粤汉广九广三联合罢工胜利宣言》，载《广州民国日报》1925年6月17日，第6版。

言》。7月9日，国民革命军正式出师北伐。7月11日，邓培参与领导全国铁路总工会通电全国，表示赞助北伐。电文强调：

> 敝总工会领导全国铁路工人与帝国主义、反动军阀苦斗久矣。京绥、京汉等路工友在反奉战争期内，不但实际参加反奉的大战，现在仍继续不懈。铁路工人深知在取得民众整个的利益之上，即包有无产阶级的利益。是以铁路工人粉身碎骨，在枪林弹雨中为民众的利益而战。敝会敢代表全国铁路工人大声疾呼曰："我们要和一切革命之武力携手，我们要和一切与民众接近之武力携手，我们要和全世界之一切被压迫阶级携手。国民革命成功万岁！国民革命成功万岁！民众的联合战线万岁！"①

北伐军出师以后，中华全国总工会致函铁总广东办事处，要求组织北伐铁路交通队随军出发。邓培领导铁总广东办事处召集常会讨论进行办法，决定由各路工友分别负担，每路司机2人，司旗4人，工务4人。各路工友对参加北伐铁路交通队热情高涨，报名十分踊跃。很快广九、广三、粤汉三路组成了每路12人共36人的北伐铁路交通队，推举广九铁路机务段长陈秀柏担任队长。7月18日，广九路特设公宴招待三路交通队队员。随后，北伐铁路交通队会同全国总工会交通队一起随军北上，他们冒着炎热酷暑，和北伐军一起翻越崇山峻岭，协助北伐军在汨罗修路基和桥墩，4天时间恢复交通，对于北伐军向岳州胜利进军起到了巨大的作用。他们在汀泗桥战役中两三日修好车轨和坏车头，帮助北伐军进军攻鄂。曾七等队员还由鄂入赣，在南浔路破坏铁轨，使敌人不能运兵，为克复九江和南昌立下奇功。广州国民政府对于广东铁路工人和北伐铁路交通队所作之贡献，公

---

① 《全国铁路总工会赞助北伐》，载《工人之路》1926年第374期，第3版。

开向全国总工会提出表扬。

1926年12月中旬，北伐已取得阶段性胜利，铁路交通队凯旋返粤，受到邓培的高度赞扬。邓培等铁路工人运动领导人号召广东铁路工人努力学习北伐铁路交通队的勇敢革命精神，全力支持国民革命取得胜利。

二、支持省港大罢工

广州是国民大革命时期的中心城市，邓培1926年春后在广州主持全国铁总广东办事处，同时也作为执行委员参加全国总工会的领导工作。邓培以广东各铁路为中心，积极参与领导南方职工运动。

国民大革命期间，广东影响最大的一个事件是从1925年6月坚持到1926年下半年的省港大罢工。1926年年中，广州国民政府酝酿北伐，省港罢工委员会"因另有建树新中国之企图，早已准备解决"，希望通过谈判解决罢工，但英帝国主义始终不予接受罢工条件。7月15日，广州国民政府在农工商学各界支持下与港英政府代表开始谈判。而港英政府竟然提出五卅屠杀系自卫行动、沙基惨案系中国先开枪等泯灭事实、违背公理的观点，还提出以广九、粤汉两路接轨及援照广九路协约雇用英人总工程师总会计师为条件通过所谓"实业借款办法"，以至于谈判破裂。这一消息直接导致了广东各界同胞反对英帝国主义运动的爆发。

7月，中共广东区委在文明路广东大学操场举行反帝大会，邓培领导铁总广东办事处积极发动粤汉、广九、广三等铁路工人参加，表示坚决拥护省港罢工委员会提出的斗争要求。8月，中共广东区委决定举行"援助省港罢工周"，邓培发动广东铁路工人积极捐款，亲自率领广东铁路工人代表团，到省港罢工委员会慰问罢工工人。代表团向省港罢工委员会献了旗，邓培代表广东铁路工人向省港罢工委员会委员长苏兆征表达了坚决支持省港罢工工人斗争到底的立场。为支援爱国反帝的省港大罢工，在邓培、杨殷和铁总广东办事处指导下，粤汉铁路总工会在8月13日召开的执行委员会议上决议援助省港大罢工，一是致电慰问罢工工友请其继续奋斗；二是

组织宣传队，谴责英帝国主义者无诚意解决省港罢工条件；三是给予省港罢工以经济援助。粤汉铁路总工会在致罢工委员会电中肯定省港罢工"大挫帝国主义之威风"，指出"若云无条件投降，凡有血气之同胞，不屑为也，若云接受实业借款，何异饮鸩止渴，吞饵止饥"，号召罢工工人再接再厉，继续奋斗，自信表示最后之胜利终归罢工工人，表达了粤汉铁路总工会二千工友愿为罢工工人之后盾，并给予罢工工人以经济上之援助。①

8月17日，在铁总广东办事处支持下，粤汉铁路总工会召开全路代表大会，继续讨论经济援助省港大罢工办法。开会时铁总广东办事处顾问杨殷报告了省港大罢工的经过，深深打动了在场工友。大会决议："第一次捐工资一天，大约二千元。此后则每月捐工资半天，大约每月一千元至罢工胜利为止。定廿七日收齐捐款送往，并赠继续奋斗旗一面。同时通电全国各工会一致经济援助省港罢工。"②8月31日，广九路总工会召开第五次代表大会，决议以精神上、物质上援助省港大罢工。

见罢工愈演愈烈，英帝国主义实行炮舰政策，以武力破坏罢工。9月4日9时，驻泊沙面的两艘英舰公然违背国际法，忽然闯入西堤河面，炮口指向大新公司前检验货物处，下令驱逐大小船只，占领省港码头罢工工人饭堂，罢工工友与市民不与其冲突。5日，英舰非法逮捕两名罢工纠察队员并押往沙面。③

在此期间，广三铁路粤通轮船也被英舰强迫停轮检查，"且派兵登陆架炮露械"，实行挑衅。为此，在邓培和铁总广东办事处的支持下，广三铁路总工会于9月10日召开全体会员大会，会中众工友愤激异常，誓死反抗，一致决议拥护省港罢工，由9月起每工友按月捐工资半天，至罢工胜利日止，并全力拥护北伐。大会还通电全国同胞，"为免除生命危险计，为中

① 《粤汉铁路总工会援助省港罢工》，载《工人之路》1926年第410期，第3版。
② 《粤汉铁路工友援助罢工之热烈》，载《工人之路》1926年第411期，第2版。
③ 《英舰强入省河挑衅六志》，载《工人之路》1926年第432期，第2版。

华民族图存计，惟有农工商学加紧团结起来，实行拥护省港罢工，扩大武装纠察队员，严密封锁香港，拥护北伐，打倒大英帝国主义"。①

9月22日，在邓培和铁总广东办事处的支持下，广九铁路总工会致函省港罢工委员会，表示"谨率全体工友，誓为罢工后盾，务底成功"。广九铁路总会还通电发表拥护省港罢工宣言，呼吁"最亲爱的同胞们就要一致起来，拥护省港罢工"，指出广九铁路总工会全体工友"致誓死为省港罢工工友作后盾，并决定每人先捐薪一天，作经济的援助，以后每人每月捐薪半天，以至省港罢工解决"，还提出"拥护省港罢工到底！中华民族解放万岁"的口号。②9月23日，广九铁路总工会又组织全路工友慰问代表团，赴省港罢工委员会慰问罢工工友，将捐得的900元交给了罢工委员会，表达共同奋斗之意。在慰问中广九铁路总工会执行委员会率领全体工友发布慰问罢工工友书，赞扬省港罢工工人"在恶劣环境的当中，继续不断的奋斗和牺牲，已经一年零三个月了"，"确是为民族解放增一异彩，即后来中华民族解放史最光荣的一页"，指出"罢工工友们，我们已看见敌人的毒计了，我们应该准备实力向帝国主义者决一死战，尤其是集中势力专向一向最可恶的英帝国主义者进攻"，广九铁路工人"一致的誓死为你们的后盾"。③

省港大罢工从经济上和政治上沉重地打击了英帝国主义的嚣张气焰，在邓培和铁总广东办事处的领导下，粤汉、广三、广九三铁路工人坚定支持罢工，成为罢工坚强后盾，为罢工的坚持做出了重大贡献。

三、援助其他民众运动

1926年10月26日，广州石井兵工厂借口工人工作不力，突然命令全体

---

① 《广三路工友对英舰挑衅之愤激》，载《工人之路》1926年第440期，第2版。
② 《广九铁路总工会拥护省港罢工宣言》，载《工人之路》1926年第445期，第1版。
③ 《广九铁路工友慰问罢工工友书》，载《工人之路》1926年第450期，第1版。

工人离厂，工厂停工，导致1700多名工人失业。工人们无以为生，前往国民党中央党部工人部请愿，要求厂方立即复工，兵工厂工人联合会发出《为兵工厂停办事吁请各界援助宣言》。根据中共广东区委指示，10月30日召开的广州市工人代表会立即发动广州各业工人起来声援石井兵工厂工人。邓培领导铁总广东办事处发动粤汉、广九、广三等线铁路工人声援石井兵工厂工人的复工斗争。11月15日，包括粤汉、广九、广三三铁路工会在内的广州工人代表大会各工会代表200余人前往国民党中央党部请愿，三铁路工会代表也发言要求政府坚持扶助农工的政策。16日，国民党中央政治会议主席谭延闿表示接受工人要求，同意工人复工，停工期间薪水可照发。最终，石井兵工厂工人斗争取得胜利。通过这次各工会的联合斗争，加强了铁路工人和机器工人的团结。

国民革命军出师北伐后，国民党右派反动势力在广东占据主导地位，广东工人运动的形势不断恶化。1926年12月6日，国民党中央政治会议决议不准工会擅自拘人，制止工人持械游行，不准工人擅自封锁工厂和商店等。1927年春，国民党右派反动势力加紧压制广东工人运动。在1927年年初机器铁路战争事件爆发后，国民党广东政治分会决定机器工会会员服务于各铁路者，铁路工会不得强迫其退出机器工会，新宁铁路因去年纠纷而毙命者，应由新宁铁路工会从优赔偿抚恤费。最终铁路工会在国民党反动势力高压之下付出了6600元抚恤费。国民党广东政治分会实际上成为了机器工会等反动势力的后台。为了反击国民党右派反动势力的高压，邓培领导铁总广东办事处坚持斗争。他与广东民众运动的领导人刘尔崧、李森、何耀全等人商议，以中共广东区委、中华全国总工会广州办事处、省港罢工委员会、香港总工会、中华海员工业联合总会、中华全国铁路总工会广东办事处、广州工人代表大会执委会、广东农民协会等8个民众团体名义，3月16日在《广州民国日报》发表了《对时局的宣言》，反对国民党右派势力压制工农民众运动，要求"国家的各机关，实行民族革命的工农政策"，宣言号召"反对帝国主义到底""反对军阀到底！打倒妥协投降的政策！一切权利归人民的党"。宣言得到人民群众的热烈拥护，但是国民党右派反动势力置若罔闻，仍旧实行压制工农运动的政策。

四、探望三水乡亲

邓培长期在唐山工作，其间因成亲和接妻北上等原因曾回三水数次，1926年年初南下工作后，曾三次回乡探望乡亲。邓培读了私塾后就去当学徒，走上了务工的道路，但他没有忘记曾经哺育他成长的农村故乡。他对农村有深刻的认识，在长期从事革命的过程中，非常注重工人运动与农民运动的结合，非常注重在工人运动中联合农民。每次返乡，他都积极推动家乡的农民运动。而当乡亲们有困难到广州找他帮忙时，他总是热情相助。

1926年秋，邓培从广州回到石湖洲邓关村住了三四天。据邓培家乡老人回忆，他为亲朋好友从广州带回了四箩饼、茶叶和一些熟烟。一天中午，邓培在本村邓氏祠堂门口招待全村乡亲，知道在省城领导革命运动的邓培回乡后，男女老幼100多人早早来到祠堂门口，高高兴兴地参加全村茶话会。乡亲们有的吃饼，有的喝茶，有的抽烟，聊着天，大家很开心，气氛也很热烈。邓培向乡亲们指出北伐战争进展顺利，国民革命一定能够成功，大家将来必定有好日子过。他乘势推动本村农民运动，除旧布新。他号召乡亲们在村里成立农协社，发展本村公益事业，保卫村民安全，推行乡规民约，加强村民团结，支持国民革命。邓培批评村中旧俗陋规，反对歧视收义子，反对男婚女嫁和生子时要摆酒请客等奢侈浪费现象。他要求大家破除迷信，建立乡村新风尚。乡亲们聆听了邓培近三个小时的讲话，邓培的很多观点深深打动了他们，会场时常发出欢快的笑声和热烈的掌声。

会后，邓培和乡亲们一起拟定了新乡规12条，不久邓关村在邓培的提议下成立了农协社，社址就设在邓氏祠堂，选举邓顺芝为社长，邓庆祥为副社长，还选定两位文书和两位干事。农协社把邓培参与拟定的新

乡规写在一块大木板上，上漆后悬挂在祠堂中厅，有力地推动了邓关村的移风易俗。

　　1927年4月6日，这一天是清明节，邓培回乡扫墓。他在堂弟邓玉安的陪同下，到祖父和父亲墓前祭拜。邓培回城时，亲朋好友把他送到村头，这竟是邓培母亲以及石湖洲邓关村的乡亲与邓培的最后一次分别。

第八章

革命精神永放光芒

历史
文化
史

第一节　为革命而牺牲

1927年4月12日，蒋介石在上海发动了反革命政变，以"清党"为名，大肆屠杀共产党人和革命群众。留守在广东的以李济深和钱大钧为首的国民党势力也蠢蠢欲动，广州的革命形势岌岌可危。4月13日晚，中共广东区委召开紧急会议，决定广东区党委、团区委和各工农团体联名发表抗议上海"四一二"大屠杀宣言，并决定各重要负责同志即日停止公开办公。广东铁路工人运动的主要领导人邓培和杨殷根据中共广东区委的指示，连夜召集广东铁路系统的党员干部举行紧急会议，布置应对措施。会议决定，反动派一旦动手，各路铁路工人立即烧毁机车锅炉，拆除路轨，破坏反动军队的铁路运输。为了保存力量，邓培又安排了李连、王春等铁总广东办事处工作人员迅速转移。

4月14日晚，广州戒严司令钱大钧下令全城秘密戒严，广东省防军师长兼广州市公安局长邓彦华（三水县白坭人）调派大批反动军警占领电话局、电报局，断绝广州与外地的一切通讯联系。4月15日凌晨2时，反动军警联合反动工会势力开始在广州实行反革命大屠杀。他们突然包围省港罢工委员会、广州工代会、全国总工会、全国铁路总工会广东办事处、省农民协会，进步学生、妇女团体所在地，逮捕大批共产党员及进步人士、进步青年共2000多人。广东机器工会和广东总工会的工贼们配合警备司令部的军队，向粤汉和广三铁路总工会发起进攻。

这时邓培住在广州小市街全国铁总广东办事处。15日清晨他在办公室准备把党的文件妥善清理和焚烧后转移。工作未完，国民党反动军队就包围了办事处。几个荷枪实弹的敌人破门而入，大声喝道："你就是邓培？"邓培面无惧色，从容地回答道："我就是邓培！"①邓培厉声痛斥国民党反动派可耻的背叛革命行为。几个国民党兵像恶狼一样，把邓培扣上手镣，装入黑布袋，押往南关戏院。与邓培关押在一起的还有刘尔崧、萧楚女等人。邓培的亲属去探望，邓培安慰亲属道："不要紧，过几天就能出来。"

第二天他被转到广州河南南石头惩戒场。南石头惩戒场原来是关押一般刑事犯人的，"四一五"反革命政变以后变成了国民党反动派囚禁共产党员和革命者的监狱。邓培在这里受尽了非人的折磨。在阴森恐怖的审讯室里，国民党反动派逼迫邓培供出全国铁路总工会的共产党员和工会干部的名单及住址，邓培严词拒绝。敌人用金钱引诱说："如果你供出一个铁路工会干部，就奖给你100元；供出一个共产党员，可奖200元，还可以奖些美酒和丝绸衣服。你供得越多，得奖越多。"邓培回答说："你们就是奖我1万元臭钱，我也不要。要我供出共产党员和干部是绝对不可能的。"敌人见利诱不成，恼羞成怒，转而用酷刑，拿起皮鞭向邓培身上打去，邓培浑身皮开肉绽，鲜血淋漓。敌人再威逼他招供，邓培怒目相视，高声说："别说用皮鞭打，就是拿出更毒的刑具来，我也不怕！"敌人接着又把他吊起来，施行"吊飞机"的酷刑，用刺刀刺他的全身。邓培被折磨得遍体鳞伤，鲜血流淌。但他意志坚定，怒斥敌人："你们听着，共产党员是不怕死的。你们用尽所有酷刑，我都不怕。我宁死也不投降！这就是我最后的回答。"②这是一名中国共产党员的铿锵自白，敌人的软硬兼施在有崇高信仰的邓培面前彻底地失败了。凶残的敌人于4月22日夜间秘密将邓培杀害。邓培时年42岁。

---

①　姜廷玉、肖牲、姜华宣：《邓培》，《中国工人运动的先驱》第3集，北京：工人出版社，1984年，第102页。

②　《赖先声谈邓培在狱中情况》，载中共河北省委党史研究室编《党史人物》第1册，北京：中共党史出版社，1994年，第149页。

第二节　深切悼念

在"四一五"反革命政变中，邓培英勇牺牲。他的牺牲是中国共产党和中国工人运动的巨大损失，中国共产党、中华全国总工会、中华全国铁路总工会和各革命组织都对他的牺牲表示了深切哀悼。面对国民党右派的疯狂进攻，为挽救革命危机，中共于1927年4月27日在武汉召开了第五次全国代表大会，在《职工运动决议案》中明确指出国民党右派"组织法西斯主义，来屠杀工人领袖，破坏工会；现在苏、浙、闽、广、皖、赣、川等处，已很明显的表现出来了"，针对国民党右派杀害邓培等工人运动领袖的行径，提出"要极力从政治上经济上向资产阶级勇猛地进攻"。[①]邓培等人的牺牲是中共早期革命的重大损失，成为了国共合作破裂的一个重要标志，也成为中共开始独自领导中国革命的一个重要起点。

1927年6月19日，第四次全国劳动大会在武汉召开。根据汉口《民国日报》的记载，大会第五天，即6月24日，刘少奇向大会作了报告。报告结束后，他提出"全国总工会执行委员何耀全、李森（即李启汉）、刘尔崧、戴卓民、邓少山（即邓培），均被李济深所杀。我们未死诸同志，应踏着死者的血迹，为死者复仇"[②]，随后在李立三等人临时动议下，全场代表全体起立默哀3分钟，悼念为革命而牺牲的邓培等人，一时全场沉寂。当日，由邓中夏作《会务报告决议案》，其中第五点指出"第二届执行委员李森、何耀全、邓培、刘尔崧、戴卓民诸同志，被反革命派所杀，大会誓愿

---

①　《职工运动决议案》，载中央档案馆编《中共中央文件选集（一九二七）》第3册，北京：中共中央党校出版社，1989年，第72页。

②　《劳动运动新策略：第四次劳动大会重要报告》，载《晨报》1927年7月8日，第2版。

为诸烈士复仇，继续其精神奋斗"①，这一决议案得到全会一致通过。大会还通过了《广东工会运动决议案》，提出"在最短期间收复广东，为死难烈士报仇，解除工人所受的压迫"。②6月27日，中共致第四次全国劳动大会的信中写道："本党李大钊等同志们在北京之死难，汪寿华等同志们在上海之死难，邓培、李森、刘尔崧等同志们在广州之死难，杨昭植等同志们在湖南之死难，其惨烈当为中国工人阶级及本党永远不忘之事"，充分肯定了正是邓培等烈士的血成为了"中国革命成功的担保""中国民族脱离帝国主义之压迫剥削而解放的担保"。③

在建党时期曾长期与邓培一起从事工人运动的罗章龙，在获悉邓培遇难的消息后，忆起1922年与邓培一起组织开滦五矿大罢工，与群众共甘苦，一起吃大锅粥，两人又在罢工中一起被捕，还共一副手铐，于是赋诗一首《怀邓少山》以寄托哀思："禹城几齐州，风云显状猷。开滦竞赴敌，五矿赋同仇。共吃大锅粥，同镣作楚囚。怆怀老友逝，征战几时休。"④这首感怀诗堪称史诗，记录了两人领导北方工运的一段激情岁月。

邓培为唐山早期革命做出了重大贡献，他牺牲的消息很快传到唐山，唐山工学等各界群众，为邓培的革命精神深深感动，在白色恐怖下，秘密组织了悼念活动。唐山党组织派代表到邓培家中对其亲属进行慰问，并决定以后每月都给邓培家送一些生活费。1928年，邓培的妻子陈梦怡带着几个孩子迁回广东，陈氏不久染病去世。邓培的母亲黄带则于三水解放后不久病逝。邓培和陈梦怡共生育了7个子女，除第5个孩子夭折之外，其他6个子女在1949年前后都参加了革命工作。邓培为革命光荣牺牲，新中国成

①　《劳动运动新策略：第四次劳动大会重要报告》，载《晨报》1927年7月8日，第2版。
②　中华全国总工会中国职工运动史研究室编：《中国历次全国劳动大会文献》，北京：工人出版社，1957年，第222页。
③　《中国共产党致第四次全国劳动大会的信》，载《向导》1927年第200期，总第2211页。
④　罗章龙：《椿园诗草》，长沙：岳麓书社，1987年，第47页。

立后邓培子女受到了政府的关爱优抚。邓培后被认定为革命烈士，1952年中央人民政府给邓培家属颁发了毛泽东主席签发的光荣纪念证。长期居住在广州的邓培长子邓国强的家门口悬挂着广东省人民政府颁发的"烈士之家"的牌匾。

第三节　纪念邓培

一、纪念场所

为了纪念邓培，弘扬革命精神，1951年唐山市总工会决定整修刘屯新民后街7号（原印度房头条胡同1号）邓培故居，在院内重建了三间正房，两间西厢房，并在院内种上苹果树、黑枣树和各种花卉，院子大门上书"革命烈士邓培同志故居"。

三水邓培故居

位于广东三水石湖洲邓关村的邓培故居，始建于清末，抗战期间被毁坏，抗战胜利后由邓培亲属维修过。为使邓培故居成为纪念邓培、传承革命精神的教育基地，1993年和2002年，广东三水市委、市政府两次对故居进行修葺，除保留原貌外，扩大了周围的面积，设立了专门的展厅，陈列了部分邓培革命实物。

2018年，佛山市三水区委、区政府扩建邓培故居。邓培故居于1994年、2006年、2022年先后被评为三水市、佛山市、广东省文物保护单位；2017年，被评为三水区、佛山市"党员教育基地"；2018年，被评为"佛山市青少年传承红色基因教育基地"；2019年，被评为"佛山市三水区红色地标""佛山市国防教育基地"；2021年，被评为"佛山市中共党史教育基地"，入选"佛山十大红色文化名片"。

1958年唐山冀东烈士陵园建成，1986年复建，烈士纪念堂里陈列有邓培的遗像和遗物，纪念堂外雕塑了邓培的铜像。北京的中国革命博物馆也陈列了邓培领导工人运动的历史资料。1987年，邓培生前长期工作过的唐山机车车辆工厂建起了邓培的雕塑。1990年，三水在城西南公园内建立了邓培铜像，全国人大常委会原委员长彭真为铜像题写"邓培烈士"四个大字。

全国各地的邓培纪念场所成为了各地民众瞻仰邓培崇高革命精神、进行爱国主义教育的重要基地。

二、纪念论著

新中国成立后，《工人日报》和广东、河北等地的报刊发表了大量纪念邓培的文章。1958年广州市民政局成立了革命烈士传略编写小组，尹树康于1960年写出了《中国职工运动杰出的活动家邓培同志》。1959年河北省民政厅编写出版的《河北革命烈士史料》中也刊载了《邓培同志传略》一文。南开大学历史系1956级王士立、谢永生等与中共唐山机车车辆工厂宣传部的同志，于1961年合作编写出《八十春秋》（唐山机车车辆工厂

史）一书，书中重点叙述了邓培领导唐山工人运动的光辉历史。中共唐山地委党史研究室，也在这一时期编撰了《冀东革命史》（打印稿），里面记述了邓培的历史功绩。

改革开放后，各界更加重视对邓培的纪念和研究。1981年广东省三水县政协出版的《三水文史》第2辑中刊登了何锦洲撰写的《邓培烈士传》。1982年《河北文史资料》第6辑刊载了王士立撰写的《中国铁路工人运动的优秀活动家——邓培》。1983年出版的《南粤英烈传》收录了谢颖铿撰写的《邓培》一文，《中共党史人物传》（第9卷）收录了姜华宣、肖甡和姜廷玉合写的《邓培》一文。1984年6月唐山市委党史办公室主办的《唐山党史资料通讯》编辑出版了纪念邓培专辑。1985年人民出版社出版的《革命烈士传》收录了《邓培》一文，1986年王永均、刘建皋合编的《中国现代史人物传》也编写了《邓培》一文。1987年中共唐山市委党史办公室出版的《唐山革命史资料汇编》第6辑中收录了大量邓培的革命历史资料。1987年三水县地方志编纂委员会办公室编写的《三水县概况》中收录了《中国工人运动的先驱邓培烈士》。1988年出版的《冀东革命人物》收录了王士立编写的《邓培》一文，1989年出版的《冀东名人传》收录了王士立撰写的《邓培》一文。

1991年出版的《佛山中共党史人物》第一辑中收录了中共三水县委党史研究室撰写的《邓培》一文。1991年唐山市总工会工运史志研究室编写的《唐山工运史话》中收录了王树信撰写的《邓培与唐山第一次工运高潮》。1994年，《唐山文史资料》第18辑全辑为王士立编写的《中国工人运动的先驱邓培》，该书为第一本成熟的邓培传记。1994年出版的《佛山英杰》中收录了刘恒生编写的《工运先驱名垂青史——记邓培烈士》。1995年出版的《三水县志》收录了《邓培》一文。2001年出版的《一身正气 两袖清风：中国百位革命家纪事》中收录了薛松的《北方"工运"卓越领导者邓培》一文。2002年《河西文史资料选辑》第4辑收录了邵华的《党创建时期天津共产党人邓培》一文。2003年，佛山市三水区档案局和唐山市政协文史资料委员会合编了由王士立撰写的《邓培烈士传——一个铁路工人成为中国工人运动优秀活动家的历史》。2007年《广东党史》发表了高金山的《中国早期工人运动的领袖邓培》一文。2007年《中国劳动关系学院学报》发表了阎永增的《邓培与唐山工人运动》一文。2011年出版的《佛山人物志》中收录了《邓培》一文。2011年《档案天地》发表了曹立朝的《档案记载：唐山工人阶级的最早领袖邓培同志》一文。2012年出版的《佛山历史人物论丛》中收录了谭永多编写的《中国工人运动的先驱——邓培》一文。2012年出版的《红色风暴铸忠魂——工运先驱卷》收录了《列宁亲自接见的工人领袖——邓培》一文。2013年《唐山学院学报》发表了王士立的《邓培对工人运动的开创性贡献——纪念邓培烈士诞辰130周年》一文。2014年，中国文史出版社出版了由王士立编写的《邓培传》。2015年《兰台世界》发表了斯琴和崔丽娜合著的《邓培与中共早期工人运动》一文。2016年，中国工人出版社出版了由王士立编写的《铁骨丹心：邓培》一书。2016年11月，《佛山历史文化丛书》第1辑《佛山历史人物录》中收录了《工运先驱邓培（1883—1927）》一文。

众多纪念论著刻画了邓培的奋斗人生，彰显了邓培崇高的革命精神，为新时代的党史学习和研究，尤其是邓培研究，提供了丰富的素材。

第四节　邓培精神

邓培一生爱国爱民。他出生于近代西方列强入侵之际，成长过程中民族意识和反抗意识不断增强，尤其是在经历了义和团运动、辛亥革命和五四运动后，反帝爱国观念确立起来，最终在马列主义的指导下，融入到轰轰烈烈的大革命当中，以谋求中华民族的独立与复兴为己任。他出生于农民家庭，青年时成为产业工人，热爱学习，并与爱国知识分子相联结，扎根于民众当中，为争取人民群众的解放而努力终身。

邓培一生追求进步。他从小发奋努力，经过学徒考核成为工匠，学知识、学技术、学英语，投身民主革命，建立工人组织。他善于学习先进理念，具有国际视野，通过苏联之行提升了境界。尤其是在接受马列主义后，加入中国共产党，追求工人阶级和人民的解放，追求中华民族的独立和复兴。

邓培一生忠诚勇敢。他是民主革命时期中国工人阶级的一员，他始终致力于工人运动，忠诚于工人阶级的解放事业。他加入中国共产党后，忠诚于党的革命事业，鞠躬尽瘁，死而后已。邓培从青年时开始参加斗争，参加革命，领导革命，面对帝国主义、封建军阀势力、中外反动资本家、国民党反动派，他从没有退缩，没有屈服。在中国共产党的领导下，他坚定革命信念，勇敢无畏，不怕牺牲。

邓培一生艰苦奋斗。他生活俭朴，为人朴实，一直保持工人本色，始终联系群众，全心全意为人民服务。在革命进程中，他始终保持坚忍不拔、百折不挠的斗争精神，直至牺牲也从未动摇。

邓培从广东三水走出，于河北唐山开始革命活动，北京、天津、上海、广州、郑州、武汉等地都留下了他的革命足迹。邓培是中国近代革命史上的重要人物，是中国无产阶级的杰出代表，是中国铁路工人运动的先驱。他的一生，是爱国爱民一生，是追求进步的一生，是忠诚勇敢的一生，是艰苦奋斗的一生。他的革命功绩将永远镌刻在中国革命历史的丰碑上！他的革命精神将永远激励中国人民砥砺奋进！

"佛山历史文化丛书"已出版书目

第一辑

10《佛山粤剧》
09《佛山祖庙》
08《佛山传统建筑》
07《佛山历史人物录》
06《佛山明清冶铸》
05《佛山中医药文化》
04《佛山家训》
03《佛山商道文化》
02《佛山古村落》
01《佛山状元文化》

第二辑

10《佛山古今桥梁掠影》
09《佛山武术史略》
08《佛山纺织史》
07《佛山彩灯》
06《佛山木版年画历史与文化》
05《石湾窑研究》
04《明清佛山地方治理研究》
03《佛山历代诗歌三百首》
02《佛山北帝文化与社会》
01《西樵山与岭南理学的传承》

第三辑

01 《詹天佑：从南海幼童到中国铁路之父》

02 《陈启沅传》

03 《骆秉章传》

04 《冼冠生和冠生园》

05 《佛山古代铸造工匠技艺》

06 《李待问传》

07 《佛山龙舟文化》

08 《大绅与通儒：李文田传》

09 《中国机械名师温子绍》

10 《吴趼人评传》

第四辑

01 《南粤黎明——佛山一九四九年前后》

02 《佛山桑基鱼塘史》

03 《佛山历代著者辑要》

04 《佛山酒文化史》

05 《石湾陶塑史》

06 《佛山词征》

07 《黄节文选》

08 《鸿胜馆史略》

09 《佛山照明灯具产业史》

10 《梁储传》

第五辑

10	09	08	07	06	05	04	03	02	01
《佛山惠门四子与岭南文化》	《佛山铜凿剪纸》	《佛山古镇老街巷》	《李氏骨伤流派与李广海》	《庞嵩评传》	《明清佛山家风家训研究》	《佛山历代状元进士谱》	《清代佛山社会经济》	《明代佛山社会经济》	《珠江三角洲农业志》

第六辑

10	09	08	07	06	05	04	03	02	01
《佛山石头霍氏研究》	《三水红头巾史略》	《佛山华侨华人史》	《顺德自梳女历史足迹》	《佛山「铺」历史研究》	《广三铁路史稿》	《佛山桑园围史》	《明清南海县志研究》	《佛山先秦考古与岭南文明》	《南粤星火——中共佛山早期党组织的创建和革命活动》

第七辑

01 《工运先驱邓培研究》

02 《邱熺与牛痘术在中国的传播》

03 《南海陈氏机器家族》

04 《清正敢言何维柏》

05 《朱九江评传》

06 《戴鸿慈评传》

07 《简朝亮评传》

08 《方献夫传》

09 《区大相传》

10 《广府名士梁九图》